新经学讲演录

姜广辉 主讲
肖永贵 唐陈鹏 录音整理

钦定四库全书

詩經集傳卷六

大雅三 説見小雅

文王之什三之一

文王在上於昭于天叶铣下同周雖舊邦其命維新有音鳥

宋 朱子 撰

中国社会科学出版社

图书在版编目(CIP)数据

新经学讲演录/姜广辉主讲；肖永贵，唐陈鹏录音整理. —北京：中国社会科学出版社，2020.9（2020.10重印）

ISBN 978-7-5203-6235-1

Ⅰ.①新⋯　Ⅱ.①姜⋯②肖⋯③唐⋯　Ⅲ.①经学—研究　Ⅳ.①Z126.27

中国版本图书馆 CIP 数据核字（2020）第 059561 号

出 版 人	赵剑英
责任编辑	刘　艳
责任校对	陈　晨
责任印制	戴　宽

出　　版	中国社会科学出版社
社　　址	北京鼓楼西大街甲 158 号
邮　　编	100720
网　　址	http://www.csspw.cn
发 行 部	010-84083685
门 市 部	010-84029450
经　　销	新华书店及其他书店
印刷装订	北京君升印刷有限公司
版　　次	2020 年 9 月第 1 版
印　　次	2020 年 10 月第 2 次印刷
开　　本	710×1000　1/16
印　　张	18.75
插　　页	2
字　　数	252 千字
定　　价	69.00 元

凡购买中国社会科学出版社图书，如有质量问题请与本社营销中心联系调换
电话：010-84083683
版权所有　侵权必究

目　录

自序 / 1

开篇语 / 1

综　论

第一讲　经、经学与经数 / 7

　　一　"经"的字义与以"经"称书 / 9

　　二　汉代儒学专经与"经学"名称的出现 / 11

　　三　从"六经"到"十三经" / 13

　　余论 / 18

第二讲　中国经学发生的历史背景 / 21

　　一　中国古代的地理气候环境 / 21

　　二　上古传说 / 23

　　三　夏、商、西周三代 / 27

　　四　春秋以降的"圣人"崇拜思潮 / 33

目 录

第三讲 "六经"是中华传统文化之源 / 39
    一 对"六经"是摧毁,还是守护 / 40
    二 "六经"的文献特点 / 46
    三 "六经"的基本内容及其思想价值 / 49
    余论 / 59

第四讲 先秦大儒与经典传承 / 62
    一 孔子对中华元典的守护与诠释 / 64
    二 孟子:第一个将孔子奉为"教主"的人 / 69
    三 荀子:推崇"五经"达于极致的儒者 / 72

分 论

第五讲 《尚书》的语言特征及其重要理念 / 77
    一 今文《尚书》文本属于"老古文" / 78
    二 《尚书》所传达的重要理念 / 82
    余论 / 89

第六讲 礼学在中国文化中的重要地位 / 91
    一 礼仪是宗教仪式的蜕变 / 93
    二 由"礼"造就社会秩序 / 98
    三 礼仪是表达敬重的形式 / 100
    四 礼学思想贯通"六经" / 102
    余论 / 105

第七讲 先秦诗学特点与孔子解《诗》方法 / 107
    一 《诗》的分部及其特性 / 107
    二 春秋时期的"赋诗断章" / 112
    三 孔子的解《诗》方法 / 116
    余论 / 118

第八讲 《周易》演生史述要 / 122
    一 商代与西周的卜筮之法 / 125

二　春秋时期的筮占活动与以《周易》说理 ／ 128
　　三　战国后的《易经》《易传》文本 ／ 135
　　四　司马迁、班固对《周易》演生史的建构 ／ 139
　　余论 ／ 141

第九讲　《春秋》经的大义 ／ 144
　　一　孔子为何作《春秋》／ 145
　　二　"公天下而求治道" ／ 147
　　三　"尊王室而正僭窃" ／ 150
　　四　"贵仁义而贱诈力" ／ 154
　　五　"内中国而外四裔" ／ 157
　　余论 ／ 159

第十讲　《论语》的魅力与活力 ／ 161
　　一　儒学的恒久魅力 ／ 162
　　二　"立德"乃是人生根本 ／ 168
　　三　亲情之爱与人类之爱 ／ 171
　　四　"和谐"思想的现代活力 ／ 175
　　余论 ／ 179

第十一讲　《孟子》的弘道精神 ／ 183
　　一　经学成立所需要的四个条件 ／ 184
　　二　创造"圣人救世"论以推崇孔子,兼推崇《诗》《书》／ 188
　　三　"士"阶层的道义担负与人格重塑 ／ 190
　　四　建立普世性的价值准则 ／ 194
　　五　建立经典诠释的基本原则 ／ 198
　　余论 ／ 202

第十二讲　《大学》的宏规 ／ 206
　　一　《大学》为"大人之学" ／ 206
　　二　对于"三纲领"的理解 ／ 208

三　对于"五心法"的理解 / 213

　　　四　对于"八条目"的理解 / 222

　　　五　从"诚意"到"意"本论 / 226

第十三讲　《中庸》的奥义 / 229

　　　一　《中庸》的成书历程及历史地位 / 229

　　　二　《中庸》之"中" / 231

　　　三　《中庸》之"诚" / 236

第十四讲　孝道与《孝经》/ 243

　　　一　"孝道"观念是中华文化的内核 / 244

　　　二　《孝经》的成书年代与作者问题 / 247

　　　三　"天子之孝"与"以孝治天下" / 250

　　　四　《孝经》的历史地位及其影响 / 255

　　　余论 / 257

补　论

第十五讲　"新经学"与"人文信仰" / 263

　　　一　"信仰"是人类一个普遍的精神现象 / 263

　　　二　"信仰"的分类及其相互关系 / 267

　　　三　一段往事的回顾 / 274

　　　四　"价值观"问题的突出 / 281

　　　五　重建共同的"人文信仰" / 283

自　　序

1996年，我在中国社会科学院申请了《中国经学思想史》的研究和编撰课题，其第一、第二卷于2003年出版。次年，我在谈到中国哲学史与中国经学史的研究状况时，说过这样一段话：

> 检讨和反思八十年来中国哲学史和思想史的研究状况，我们得到这样一种认识：以往的中国哲学史（或思想史）缺少"根"，即经学，而以往的中国经学史又缺少"魂"，即价值和意义，因此想要写一部有"根"的中国哲学史（或思想史），须先写一部有"魂"的中国经学思想史。（《经学研究的回顾与展望》，《中国社会科学院院报》2004年3月23日）

2010年，在我主编的《中国经学思想史》（四卷六册）全部出版之后，我又承担了国家社科重大课题《中国经学史》的研究项目。前者是一个集体研究项目，后者则是一个独立研究项目，其研究对象是两千余年儒家经典的诠释历程，我于是又开始了一个漫长而艰难的研究之旅。

其研究过程这里不必备述。简言之，那还是一种以训诂考据形式为主的经学史研究。古人有"十年磨一剑"之说，我所做的这种经学研究到底如何呢？

我自思这种经学研究，还是与前人纯训诂考据式的经学研究有很大不同。李白曾有"雄剑挂壁，时时龙鸣"的诗句，如果把我的经学研究比作"雄剑挂壁"的话，那"时时龙鸣"的声音，就是中国文化的"根"与"魂"。只不过，它仍被训诂考证的形式束缚着。如果脱略这种训诂考证的形式束缚，那这种"龙鸣"的声音当会响成一片。这样想，便有一种豁然贯通的感觉。兴奋之余，便诌诗一首："鱼化腾蛟语化诗，惊天泣鬼聩聋知。太阿炼就如秋水，雄剑龙鸣会有时。"这首诗反映了我当时的心境。

两年前，我给博士生开"群经述义"课，略去训诂考证，只讲经典的主旨大义。后来学生肖永贵和唐陈鹏根据录音整理出讲稿，要我审看。讲稿保留了课堂上口语化以及时而插科打诨的风格，也保留了许多引申发挥、联系社会现实的例证，两年后再品味当时所讲的内容，觉得还是很有意趣的。

但重点不在于此。重点在于我所讲的内容与传统经学已有明显不同，这种不同表现为如下五个"新"：

一是理论视域新。这是指我能从价值观的理论视域来研究经学。近二十年里，我一直强调中华文化的"根"与"魂"问题：中华文化的"根"就是"六经"，"六经"所承载的核心价值观就是中华文化的"魂"。"六经"去，则学无根；学无根，则国无魂。这个问题非常重要，可惜经学发展两千年，并无人有此认识。为什么？古人没有价值观的概念，没有价值观的理论，只会说经典如"天之经，地之义"般重要，肤廓笼统，说不出所以然。古人对于经典及其注释的熟悉程度，今人很难与之相比。但今人也有超胜之处，那就是理论工具的强大。我们可以用价值观的理论研究经学；可以用诠释学的理论研究经学；可以用"文化记忆"的理论研究经学；等等。正是因为有这些新的理论视域，我们才敢于打出"新经学"的旗号。在我看来，只有用价值观的理论，用"根"与"魂"的概念去看待经学，经学研究才能获得新的生机，经学也才有重新研究的必要。否则，我们花那么多精力研究这些"老古董"干什么？

20世纪初，蔡元培作为南京临时政府教育总长，主持"废除尊孔读经"，其后胡适作《中国哲学史大纲》，不从"六经"讲起，而从诸子百家讲起。蔡元培为之作序，称赞其书："截断众流，这是何等的气魄！"然而在我看来，"废除尊孔读经""截断众流"，无异于对中华文化斩"根"断"魂"。我辈处于一百年后的今日，所要做的工作就是接"根"续"魂"。我们不要再做斩"根"断"魂"的人，而要做接"根"续"魂"的人，开创"新经学"。

需要指出的是，以新的理论视域来研究传统经学，并不意味将经学加以华而不实、花里胡哨的所谓"理论包装"。说实在的，这样的经学研究还不如那种质朴的旧式经学研究好。新的理论视域是让我们有一双能透视的眼睛，帮我们透过现象看到本质。

二是时代意识新。经典文本看似不变之物，经典诠释看似陈陈相因，实际并非如此。你只要多读几部注释，就会发现经典文本在理解上充满歧义和变量，可诠释的空间十分巨大。而在理解和解释上，最大的变化原因，来自"时代意识"。对于经典中的问题，不同时代的人会有不同的回答。皮锡瑞在其《经学历史》中提出："凡学皆贵求新，惟经学必专守旧。"在我看来，经学也像其他学问一样，守旧则死，开新则活。一部经学发展的历史，就其总体和本质而言是"求新"的历史。皮锡瑞的"守旧"一词用得并不准确，经学实际上是在守护"底线"，比如"仁义礼智信"等基本价值，一代一代接着讲，不能放弃。但不能认为经学整体仅仅是守护"底线"，而不求与时俱进、向前推展。

今日之时代，既不同于自汉至清的传统经学时代，也不同于20世纪批判经学的时代。此一时代的经学研究目标，是要开创"新经学"，而不能简单理解为向传统复归。我所说的"新经学",是与传统经学相对的概念。谈经学,首先要以传统经学为基础,不能脱离传统经学的学术规范来标榜"新经学"。但"经以载道",经学的目的在于传承中华民族的核心价值,并服务于时代需要。今日中国随着世界大潮已进入了全新的时代,在这样的时代中,经学当然也要有新的发展、新的面貌。我们今天讲"新经学",要像方以智所说的那样,"坐集千古之智",使经学中的智慧和经验融入今日的时代意识中。这种经典阐释的目标朝向现代中国以至人类的根本利益和历史发展方向。这是大目标,不是小目标。当然,我们在提倡"新经学"的同时,也不反对"旧经学"。"旧经学"仍有存在的必要和发展的空间。有人喜欢按"旧经学"的路子做学问,也应予以尊重。

三是破译思路新。经学研究有经学本身的问题。一些研究是非常具体的,并且是不容忽视和绕过的。那种两千年未曾突破的课题,今人有无机会和能力进行实质性的突破?若能做到这一点,就能让那些从事旧式经学研究的人也心服口服。传统经学曾被称为"专门之学",又被视为"学究之学"。"专门之学"就是只专一经,或一经之中只专一传。如治《公羊传》者不治《左氏传》之类,违反者被视为背叛"家法"。"学究之学"就是"学究一经"。因为学问不能宏通,所以历史上的许多经学问题不能解决。东汉郑玄之所以受后人推崇,是因为他能突破"师法""家法",遍治群经。但即使如此,历史上仍有不少大的经学问题没有解决。比如,关于汉代齐诗的"四始五际"说。这一学说最初记载在《诗纬泛历枢》中,主要是三段话:

> 《大明》在亥,水始也。《四牡》在寅,木始也。《嘉鱼》在巳,火始也。《鸿雁》在申,金始也。
>
> 卯,《天保》也。酉,《祈父》也。午,《采芑》也。亥,《大明》也。然则亥为革命,一际也。亥又为天门,出入候听,二际也。

卯为阴阳交际，三际也。午为阳谢阴兴，四际也。酉为阴盛阳微，五际也。

卯酉之际为革政，午亥之际为革命。神在天门，出入候听。

两千年之间，学者对这三段话只是转录，无人解释，遑论破译。我破译了这个学说，并在《哲学研究》上发表文章，指出此学说实际是关于政治改革和社会革命的时间节点理论。这个理论非常重要。这个破译，得益于我对汉代象数易学的了解，以及对诗经学的了解，同时也得益于我平时对历史上改革和革命历史规律的关注。关于这个问题，本书中有简单的介绍。欲知其详，可索阅《哲学研究》2013年第2期《齐诗"四始五际"说的政治哲学揭秘》。

此外，在周易学史上，"艮之八""随之八""得贞屯悔豫，皆八"一类也向无善解。毛奇龄甚至最后说："吾不解也。若此者，阙之可也。"（《易小帖》卷四）而我认为，我对这个问题已经能够说清说透，具体情况也会在本书中做一个交代。还有，书中关于今文《尚书》属于老古文的观点、《大学》除了"三纲领""八条目"之外还有"五心法"的观点，虽然算不上"破译"，但也属于创新之见。

四是研究取舍新。研究内容的取舍，要抓大放小。这里所说的"大"是指经典的主旨大义。"小"是指训诂考据的学问。在传统学术中，关于训诂考据的学问就称为"小学"。清代"小学"蔚为大观，盖过了经典主旨大义的学问，以致梁启超在《中国近三百年学术史》一书中谈到"清代学者整理旧学之总成绩"时批评说："以经学论，讲得越精细，越繁重，越令人头痛，结果还是供极少数人玩弄光景之具，岂非愈尊经而经愈遭殃吗？"说来奇怪，中国经学传承两千余年，其间经部之书汗牛充栋，却很难找到通论儒家经典主旨大义的书，绝大多数有关经学的著作都是在讲训诂考证，似乎只有以训诂考证的方式说经，才叫"经学"。历史上，正是经学传统中的这种"繁琐哲学"把经学做死了。如果我们今天还走这样的老路，同样会把经学做死。在我看来"主旨大义"好比是西瓜，"训诂考证"好比是芝麻。只搞"训诂考证"，不求"主旨大义"，就是"抓了芝麻，丢了西瓜"。芝麻再多再好，毕竟堆不成西瓜。

我并不是完全反对训诂考证的方法。我自己也做训诂考证，毕竟有些疑难问题，非训诂考证没办法解决。在考证方面，我也非常自信，并且出版过《义理与考据》等论著。我要强调的是，经学不是为考证而考证，考证的最终目的在于把握经典的主旨大义。

五是治学工具新。古人治学也有其工具，如"类书"就是。所谓"类书"，就是遍采群书，辑录各个门类或某一门类的资料，随类相从而加以编排，以便于寻检、征引的一种工具书，例如：欧阳询等人编纂的《艺文类聚》；白居易等人编纂的《白孔六帖》；李昉等人编撰的《太平御览》；王钦若、杨亿编纂的《册府元龟》；章如愚编撰的《山堂考索》；王应麟编撰的《玉海》；明清两代官修的《永乐大典》《古今图书集成》《佩文韵府》《骈字类编》；等等。类书按类编排，非常方便查考有关资料。但类书只是方便一般学者查考的工具书，它对于大学者做学问而言，并没有太多用处。那么，大学者靠什么做学问呢？主要是靠博闻强记的天赋和后天的勤奋。当年，顾炎武、阎若璩、戴震、王念孙、王引之等考据学家有一个共同的特点，就是博闻强记，过目成诵。他们的大脑有点像今天的"电脑"。他们除了有这种过人的天赋外，还异常勤奋，他们的每一份考证成绩都付出了艰辛的努力。阎若璩曾说，为了寻找"使功不如使过"典故的出处，他曾费了二十年的时间。

类似的问题，当代人利用数据库等信息技术很容易解决。利用数据库信息技术进行历史考证，被称作"E考证"。用电子数据库去搜集资料，其最大的特点就是快而全。传统学人很难从浩如烟海的文献中去穷尽研究资料。而今天我们在电脑上搜索四库全书数据库，以及其他电子数据库，会在非常短的时间内，穷尽研究资料。有了这样好的治学工具，我们要善加利用。不过大家在采用"E考证"方法时，有一个问题要注意，就是一些电子数据库在资料录入时可能会出现差错，所以大家在引用时一定要找到可靠的文本加以核对，确保无误。

我给大家讲课的内容，看似随意发挥，但是我告诉大家，我讲的无论是宏观问题，还是微观问题，都是搜索查考、研究、核校过的。虽然讲得通俗，但讲的内容是准确的。

以上是我所说的本书的"五新"，也是对"新经学"之"新"在何处的回答。

两千五百年中，孔子和儒家诸贤守护和传承中华元典，厥功甚伟。今天我们正处于中华文化伟大复兴的新时代，对于作为传统之源的中华元典仍然需要守护和传承，就像作为黄河、长江、澜沧江的"三江源"需要保护一样，源清则流清。但文化的源流，又不同于江河之水一去不复返。恰恰相反，它还有一个特殊的规律，就是不断地"返本开新"。"返本"就是回到中华元典中去寻找智慧，"开新"就是要以新的理论视域重新诠释中华元典。如今又到了一个"返本开新"的新时期，而这正是我们创建"新经学"的历史际遇。

这部讲稿，原拟题名《群经述义录》，因为它有上述新意，所以我给它换了一个更大气一点的书名：《新经学讲演录》。在我看来，新经学的"新"在于将现代价值理论与传统经学结合起来，而成为一种新学术。其学术宗旨在于，经过现代诠释之后的经典理念能被今人理解和接受，并融入现实的日常生活当中。换言之，即以"新经学"为平台，重建"人文信仰"。本书不在乎建构一种从概念到概念的理论体系，而在乎一种潜移默化的信念沟通，并将此信念"见之于行事"。孔子曾说："我欲载之空言，不如见之于行事之深切著明也。"在我看来，从概念到概念的理论，便是"载之空言"，是不会有生命力的；能融入现实日常"行事"中的信念，才会"深切著明"，焕发生机。正如陈傅良所说："谈龙肝，夸凤髓，足以骇人之听矣，至于济饥，曾不若菽粟之有益也。"（《八面锋》卷十三）。

由于这部书由讲课录音整理而成，书中但凡出自常见古籍的引文，皆不注出处。若所引文献不常见，方注出处。我们的主要目的不是为学界增加一种学术著作，而是为人们增添一点精神食粮，如果满书都是"学而时习之"（《论语·学而》）一类注释横梗其中，那便读之不畅了。

这部书共有十五讲。前四讲为综论，讲述经学概念的由来、经学形成的历史背景、"六经"为中华文化之源、先秦大儒对于经典的传承等。中间十讲为分论，实际是对"十经"的分别讲述，这"十经"就是传统意义上的"五经"加"四书"，再加《孝经》。其中《礼经》是"三礼"合起来讲，《春秋经》是"三传"合起来讲。最后一讲是补论：以"新经学"为平台，重建人文信仰。

以上所谈，权作这本小书的序言。

姜广辉
于千年学府岳麓书院
2019年春，时逾古稀

开 篇 语

从今天开始，我要给大家讲一门新课，主要是讲儒家经典的思想内涵。儒家经学很难，难在经典原文文字艰深，不借助训诂考证很难读懂，而训诂考证又极其繁琐。真要按照训诂考证的方式来讲课，可能会使同学们感到头大，失去继续学习的兴趣。所以，这里我所讲的，主要是这些年我研究传统经学的心得和新见，略去那些繁琐的训诂考证部分，只给大家讲述各部经典的主旨大义。

在我看来，研讨经学，有"治经"和"论经"两种路数。"治经"，主要是对专家学者而言，经学较难董理，往往要从文字训诂、史料考订下手，这需要一种严谨的学风和缜密的考证方法。"论经"主要是对广大读者而言，社会各阶层都有许多人对经典感兴趣，希望在较短的时间内能对经典的主旨大义有所了解，而不需要看那些繁琐的考证资料。这种方法，就是《孝经》开篇所说的"开宗明义"。为此，我给这部讲稿起了个名字，叫"群经述义"，讲课时我可能会随机做些引申发挥，尽可能把它讲懂说透，将来把录音稿整理出版，可以叫《群经述义录》。

我开这门课，希望大家能坚持听下去。有什么好处呢？现在我讲的内容，考虑的是经过整理成书后，将来能作为高校经学教学的教材或参考书。在座的同学毕业以后可能会去高校当老师。现在很多高校还开不了经学这门课。要开经学课，就要读经吧？读经不能一蹴而就，也不能带着学生照着书念，要对它加以解释。现在解经的书很多很杂，有些书实在是误人子弟。所以，今天如果有人能把前人较好的解释消化了，作出一个较为准确恰当的解释，你拿着去用不是更好？假如各位将来要在高校开经学课，在各位还没有形成自己的一套学术体系的时候，可以拿我的现成的书去讲，我欢迎大家拿去作为教材用。

我知道现在有些高校老师用我主编的《中国经学思想史》作教学参考书。但这套书部头太大，内容难懂。它可以对专业研究人员有帮助，但若用于高校教学，未免过于艰深，不太好用。

近些年我写的几部解释经典的书，如《易经讲演录》《诗经讲演录》等，都是为高校老师写的经学方面的教科书或参考书。现在有多少青年教师能开《周易》《诗经》课呢？肯定没有多少。如果一下开不了，可以先拿我现成的书去讲，而且这些书的内容都是新的。这部将来出版的《群经述义录》也服从于这个目的。

下面，我想稍微说得远一点，就是中国新时代重建人文信仰的问题。对这个问题今天我不想深谈，只是提示一下。传统经学有很多关于人文信仰的思想资源，要发掘这些思想资源，首先就要了解儒家经典的主旨大义，可惜两千余年中却很少有通论儒家经典主旨大义的书。所以，总结儒家经典主旨大义的工作，就需要我们来做。而我们今天来讲它，在不违背经典原意的前提下，也有我们今天新时代所侧重、所要深入发掘的问题，这就是我们所说的"新经学"。

传统社会成功地把儒家经书作为信仰的经典，那在很大程度上是靠权力、政策（如科举教育等）的机制来推行和运作的。一旦权力政策的机制不存在了，"废除尊孔读经"便应运而至。在我看来，今日要重建人文信仰，不能再靠权力的机制来强制推行和运作，而要靠发掘经典所蕴含的义理来吸引、说服大家。

有鉴于今天人文信仰迷失的现状，一些儒学界朋友主张变儒学为宗教，强行让人们去信仰它。在我看来，这个办法不仅行不通，反而会引起人们的反感。我的想法是：作为儒学研究者，应该将儒学是什么、经学是什么、其中有哪些有价值的思想，明明白白、清清楚楚地告诉民众，为大家提供一个可以平等探讨的平台，以凝聚共识。

"信仰"原是个宗教性的话题。你问外国人信仰什么，他们会简单、直接地回答你，他（她）信仰什么宗教，或什么宗教也不信。古代中国人很少用"信仰"一词。很多中国人不信任何宗教，所以你问中国人信仰什么，有时就会是一个很沉重的话题。即便如此，"信仰"又是一个很重要的话题。原因是中国现代所说的"信仰"已经不限于宗教，而是扩大、延伸到政治领域和人文领域，而且集中在政治领域和人文领域。这个问题甚至变得有些纠结，比如说，信仰马克思主义与信仰儒家文化是否有冲突，就是一种纠结。不过我认为这种纠结是人为造成的。解决这个问题的关键在于，要区分政治信仰和人文信仰，不要将两者混为一谈。比如说，你信仰马克思主义，这属于政治信仰；同时你内心又喜欢中华文化或西方文化，这属于人文信仰。两者并不冲突，甚至可以有机结合。

人文信仰与政治信仰既有所联系，又有所区别。政治信仰关系政治的方向和导向，而人文信仰则在于人们的心灵安顿和对文化的喜爱与选择。现代社会，有人比较喜爱西方文化（如思想、绘画、音乐等），有人比较喜爱中国的传统文化，这完全是人们的自由，任何人无权干涉。但作为国家层面的人文信仰的倡导和引导并不那么简单，它既要弘扬中华优秀传统文化，也要吸收世界上其他民族的优秀文化。比如在价值观上，当西方近代的平等、民主、自由、法治的思潮传入中国后，这些思想为中国进步人士所欢迎，并为之进行了近百年的奋斗，直到近年这些先进思想被纳入了二十四字社会主义核心价值观中，与中国原有的文明、和谐、爱国、敬业、诚信、友善等价值主张相结合，算是"中西合璧"吧。

但中华文明与西方文明作为两大文明体系的内涵远不止于此。这里有一个以什么为文化本体的重大选择问题。这个问题关系到国家的文化战略和文化安全问题。

这学期的课程，就是由我来向大家介绍经学是什么，它的主旨大义有哪些。在那些主旨大义中，我们尤需特别关注的是中华民族的核心价值观，例如：（一）"民本"思想；（二）"德治"思想；（三）"修身"思想；（四）"孝道"思想；（五）"仁爱"思想；（六）"中和"思想；（七）"诚信"思想；（八）"大一统"的国家观念；（九）"天人合一"理念；（十）"协和万邦"理念；等等。

另外需要交代的是，在每一讲的"正论"之后，可能还有"余论"。"正论"是讲此部经典最基本的学术问题。"余论"是讲此部经典生发出来的议题。一部经典可能会生出许多议题，但本书的各篇"余论"只选择其中的一个议题发论，文皆不长。它于"正论"可能会稍有游离，但因为它关注的是如何联系社会实际，具有经世致用的意义，因而它又可能是很重大的议题。

综　论

第一讲

经、经学与经数

在中国文化体系中，往往用"经"来命名一个学派或教派的最重要文献，如儒家有"五经""十三经"等，墨家有"墨经"，道家有"道德经"等，印度佛教的重要文献翻译成华夏语被称为"佛经"，基督教的根本教义翻译成华夏语被称为"圣经"，伊斯兰教的根本教义翻译成华夏语被称为"古兰经"等。南北朝刘勰说："经也者，恒久之至道，不刊之鸿教也。"（《文心雕龙·宗经篇》）明代徐阶说："经也者，圣人以扶人极，以开来学，其道甚大，群籍不得并焉。"（引自朱彝尊《经义考》卷二九七）如此说来，经典之重要价值远超其他书籍。经之为经，就在于它是最重要的文献。最重要的文献，就应该特别加以对待和重视，这是顺理成章的。对于什么是"经"、什么是"经学"，传统社会中的知识阶层无人不懂。在我看来，作为华夏民族的每一个成员，都应该对本民族的重要经典有基本的了解和认知。

然而中国的现实社会却不是这样，现在如果我说"我是学经学的"，大概95％的人不懂"经学"为何物，甚至在高级知识人才中，特别是学理工科的，大多数人都不懂什么叫"经"、什么叫"经学"。

综论

时代变迁，学术变化很大。关于什么是经、哪些书是经、什么时候成为经、什么是经学等这样一些基础性的知识，在今日，甚至一些颇有名望的人文学者都不一定能说清楚。曾经有一位很有名的宗教学专家质问我：为什么谈经学只限于研究儒家经典，研究佛教、道教的经典为什么不能算经学？我向他解释说，经学的内涵与外延是历史流传下来的，不是由今人主观规定的。我还审看过一部介绍《尚书》的重要著作。其中说："《尚书》这部经只有宋代才成经典。"这不是很大的笑话吗？汉代有明文称《尚书》为"《尚书》经"嘛。

有鉴于此，我这部讲稿开篇先把"什么是经""什么是经学"这两个问题讲清楚。要讲清这两个问题，需要用第一手材料来说话，只有用第一手材料说话才能说服人。你不能说"我认为如何如何"，这不行。没有材料作为根据，讲"我认为如何"就太主观了。

我在中国社会科学院的时候，曾征询基督教研究专家的意见。我说基督教也有其经典，它的"经"是什么意思？我得到的回答是：经不是一般的book，它是大写的BOOK，意谓最重要的书。

如果用"最重要的书"来解释各学派、各宗教的经典是说得通的。在中国，儒家、墨家、道家、法家都把他们学派最重要的书称为"经"。后来由印度传来的佛教典籍被翻译成汉文，也称之为"经"。

在古代，若说"经"，各家各派都有。若说"经学"，则专指关于儒家经典研究的学问。这是古人约定俗成的概念。我们现在有时使用"儒家经学"的提法，事实上，不加"儒家"两字，"经学"二字也是特指"儒家经学"，并不会被人误会成包括研究佛教经典和道教经典的学问。我们说只有研究儒家经典的学问才叫"经学"，是按传统的学术规范说话，并不是我们心胸狭隘，缺乏包容度。假设我们现在用另一个词——"经典学"，我想那就什么都可以包括进去了。"经典学"是现代词汇。既是现代词汇，就可以包括西方的基督教经典，也可以包括印度各大宗教的经典，还可以包括伊斯兰教的经典，当然也可以包括马克思主义经典。

在我看来，这是一个现代学术所使用的泛称，可以包括古今各种学派的经典之学。但是，"经学"是一个历史词汇，两千多年来一直专指儒家的经典之学。所以，我们将来用这个词的时候，还是按照传统的意义用。所以这里可以明确界定："经学是关于儒家经典研究的学术专称。"

下面就经与经学的概念问题谈谈我的理解及其根据。

一 "经"的字义与以"经"称书

关于古代书籍的名称，最早有"册"和"典"的概念。《尚书·多士》说："惟殷先人，有册有典。"中国古代书籍最早的形制是竹简，即把文字写在竹简上，一支简叫"简"，许多简编在一起叫"册"。"册"是一个象形字。

"典"字上面那部分，其实是"册"，现在写得不像册了。下面的"丌"表示桌几。放在桌几的册，就是典，以示很重要，并且得到了先人的尊重。换言之，典是重要的书。《尚书·多士》是周公讲给殷商遗民的话，说你们殷商先民已经有册、有典了。这是古代中国文献中最早关于"册"和"典"的记载，说明殷商时代就有书籍典册了。

关于"经"字，甲骨文中没有发现，但是青铜器铭文中有"巠"字。根据郭沫若先生的考释，"巠"就是"经"的初字。"巠"是织布机的象形字，上面一横是织布机的上梁，中间的三个弯折代表织布机上挂的经线，底下的"工"形是织布机的底座。"巠"就是从织布机的形象来的，重点表示的是织布机的经线。

织布机的经线是常挂着的，纬线则随着梭子穿插于经线之间。正因为经线常挂着，所以这个"经"字引申出了"常"的意思。后来"经常"两字常连用。

将"经"和典籍联系起来，是后来的事。战国时期的学者用"经"来称重要典籍，它所表达的是常法、常礼、常道的意思。汉代以后，"经典"两字就连用了,比如孙宝说:"周公上圣,召公大贤。尚犹有不相说,著于经典,两不相损。"(《汉书》卷七十七)这是"经典"二字最早连用的材料。东汉时,王符《潜夫论》也提到:"先圣之智,心达神明,性直道德,又造经典以遗后人。"在古代,"经"和"经典"是同义词,并没有不同的含义。

战国时候,诸子百家争先恐后将自家学派最重要的书、先师的书称为"经典"。因而王国维说:"经者,常也,谓可为后世常法者也。故诸子百家同其先师之书,亦谓之经。"他概括得非常准确。

先秦诸子百家中最早称自家著作为"经"的,可能是法家。春秋时期齐国的管仲是早期法家,不过《管子》一书应该是战国时期的管仲学派整理结集的,其中有些重要篇章可能同管仲有关。此书《务民》篇中有"士经章",用了"经"字。司马迁认为《务民》等篇章是管子所作。这样看来,春秋时期就有了关于"经"的文献。《晋书·刑法志》记载:战国初期魏文侯的老师李悝撰有《法经》。《法经》虽然简单,却是最早用"经"来称书的。后来墨家也称其先师之书为《墨经》,《庄子·天下篇》说:墨子弟子"俱诵《墨经》"。

先秦儒家中,孔子、孟子对《诗》《书》虽然非常重视,但并没有加"经"字而称之为《诗经》《书经》。

按《庄子·天运篇》的记载,孔子曾见到老子,他对老子称"丘(孔子自称)治《诗》《书》《礼》《乐》《易》《春秋》六经"云云。但是后来的学者都认为《庄子·天运篇》不是庄子本人所作。如南宋黄震就说:"'六经'之名始于汉,《庄子》书称'六经',未尽出庄子也。"(《黄氏日抄》卷五十五)意思是说,《庄子·天运篇》不是庄子本人写的,是后人写的,放到了《庄子》这部书中。近代罗根泽撰有《庄子外篇探源》,认为《庄子外篇》是汉初作品。

荀子所生活的时代已经是战国晚期。《荀子·劝学篇》里有"始乎诵经,终乎读礼"的话,我们知道,六经中有《礼经》,《礼》应该是包括在经中的。荀子将"经"与"礼"对谈，而由"读礼"二字可见，礼已经具有文本、文献的形式，但此《礼》的文献并不包括在经中，"始乎诵经，终乎读礼"，似乎《礼》比经还重要。在荀子那里，"经"似乎只局限于《诗》和《书》。由此可见，至少在儒家那里，"经"字的使用有一个过程，"经"字的意义是逐步扩大和提高的。

再到后来，我们看到《吕氏春秋》中有一段话讲到《孝经》说："《孝经》曰：'高而不危，所以长守贵也。满而不溢，所以长守富也。'"《吕氏春秋》直接提到了"孝经"这个词，说明先秦时期已经有"孝经"这个名称了。所以，在战国后期，儒家开始用"经"来称自家著作了。

就道家来说，现在的《老子》一书，又称《道德经》。但在先秦之时，并没有《道德经》这个名称。西汉司马迁《史记》写到老子时，说："老子修道德，著书上下篇，言道德之意五千余言。"也还没有《道德经》的名称。

1973年出土的马王堆帛书本《老子》有甲本、乙本，两种版本都是"德"篇在前，"道"篇在后，两篇都没有加"经"字。所以《道德经》应该是后来才有的名称。

综上所述，先秦诸子百家称自家重要著作为"经"，尚处在一种个别的、萌生的状态，并未成为一种普遍现象。

二 汉代儒学专经与"经学"名称的出现

到了汉代，我们看到了这样一种现象，就是在汉代文献中，在提到《诗》《书》《礼》《易》《春秋》这五种文献时，会在后面加一个"经"字，这种情况在先秦时期是没有的。我们来看汉代的文献：

1. 称"诗经"的材料有《史记·儒林传》："申公独以《诗经》为训。"当然，汉代称"诗经"的材料并不止此一例。

2. 称"尚书经"的材料有《汉书·杨胡朱梅云传》："吴章治《尚书

经》，为博士。"

3. 称"易经"的材料有《汉书·魏相丙吉传》：魏相"明《易经》，有师法"。

4. 称"春秋经"的材料有《汉书》中引用"《春秋经》曰"云云，不止一次。

5. 称"礼经"的材料有《白虎通义》引用"《礼经》曰"云云。

由上述材料可知，《诗》《书》《礼》《易》《春秋》在汉代都被加上了"经"字。这种情况说明中国文化自汉代始进入了一个尊"经"的时代。

本来，《诗》《书》《礼》《易》《春秋》在汉代皆被加"经"字，皆被确立为经，这是毫无疑义的。前面我们提到，有某位权威学者竟在书稿中称"《尚书》这部经只有宋代才成经典"，这显然是不准确的。

下面我们再讨论"经学"一词究竟是什么时候出现的。"经学"二字不见于先秦文献，最早见于汉代文献。现代学者大都认为"经学"二字最早见于《汉书·倪宽传》，其中讲到倪宽见汉武帝，"语经学，上说（悦）之"。其实，这种意见有待商榷。《汉书·贾邹枚路传》记载邹阳语："邹鲁守经学。"邹阳是汉景帝时人，比倪宽要早。从邹阳到倪宽，相距时代不远。我们可以推断，此一时期，"经学"已经成为一个常用词。其内涵特指儒家的经典之学。经学代表着中国文化的主干。后世虽然有佛学、道教的经典之学，但佛学、道教的经典之学并没有被纳入"经学"的概念之中。这一点我们必须再三强调，以避免历史错置的误会。

在中国学术史中，经学是一个专有名称，它是关于"中华元典"及其衍生经典的学问。"元典"谓最初的典籍，特指《诗》《书》《礼》《易》《春秋》五经。"衍生经典"是从"元典"衍生出来的，如由《春秋》衍生出"三传"，由《礼经》衍生出"三礼"；后来又有所谓"四小经"，即《论语》《孟子》《孝经》《尔雅》。这些书加在一起，组合成后世所说的"十三经"。

三 从"六经"到"十三经"

儒家经典的数目长期处在变化之中，不同时期有不同的数目，最常见的说法有"六经""五经""十三经"几种。还有"四书五经"的说法，其中所说的"四书"其实也是经。

这些说法的变化过程究竟是怎样的？下面略作介绍。

（一）"六经"

前面讲到《庄子·天运篇》说孔子去见老子，孔子说："丘治《诗》《书》《礼》《乐》《易》《春秋》六经。"根据南宋黄震和近代学者罗根泽的意见，《庄子·天运篇》是汉初作品，这个意见是可取的。所以我们把"六经"的最早提法定在汉初。

近年出土的《郭店楚墓竹简》有一篇《六德》，其中说："夫夫，妇妇，父父，子子，君君，臣臣，六者各行其职而狱犴亡由作也。观诸《诗》《书》，则亦在矣；观诸《礼》《乐》，则亦在矣；观诸《易》《春秋》，则亦在矣。"《郭店楚墓竹简》已经提到了《诗》《书》《礼》《乐》《易》《春秋》这六部书。现在考古学界将郭店楚墓的下葬年代定在约公元前300年前。那就意味着：在公元前300年前，儒家学者已经把《诗》《书》《礼》《乐》《易》《春秋》六部书相提并论了。虽然没有说出"六经"两字，但也可见那时的学者对这六部书特别重视，后来学者把这六部书合称为"六经"，是有缘由的。

到了汉代，已经明确有了"六经"的提法。汉朝初立，关于一些重要的典礼如帝王巡狩、封禅等找不到相关仪式方面的文献根据，汉文帝曾让博士诸生从"六经"中寻找资料。《史记·封禅书》称，汉文帝"使博士诸生刺'六经'中，作《王制》，谋议巡狩、封禅事"。这时已经有了"六经"名称了。

在《汉书·武帝纪》中也提到："孝武初立，卓然罢黜百家，表章六经。"这里需要注意的是，汉代"乐经"已经失传了。既然"乐经"已经失传，为什么还称"六经"呢？此时，凡称"五经"都是实指《诗》《书》《礼》《易》《春秋》；而凡是称"六经"则是泛指儒家经典。后世一直延续这样一个传统，直到清代儒者还称"六经"，如王夫之所作楹联："六经责我开生面，七尺从天乞活埋。"这里的"六经"乃是泛指儒家经典。

（二）"五经"

汉初陆贾（约公元前 240—前 170 年）《新语》说："纲纪不立，后世衰废，于是后圣乃定五经，明六艺。"这应该是汉代文献中最早出现的"五经"一词。

汉武帝时"置五经博士"，未说"置六经博士"，这里的"五经"是实指的。

（三）"一经"

《后汉书·翟辅传》："孝文皇帝始置一经博士。"如前所说，汉初陆贾《新语》中已有"五经"的观念。这里出现的"一经"词汇，并不是说此时只有一经，而是说只将五经中的一经设置博士官，这一经就是《诗经》。王应麟《困学纪闻》说："'文帝始置一经博士。'考之汉史，文帝时申公、韩婴皆以《诗》为博士。五经列于学官者，惟《诗》而已。景帝以辕固为博士。"韩婴修习《韩诗》，申公修习《鲁诗》，辕固生修习《齐诗》，当时都是《诗经》博士。到汉武帝时，置立"五经博士"。王应麟接着说："《儒林传·赞》曰：'武帝立五经博士，《书》，惟有欧阳；《礼》，后；《易》，杨；《春秋》，公羊而已。'"（《困学纪闻》卷八）《书经》博士是欧阳生；《礼经》博士是后苍，后是姓；《易经》博士是杨何；《春秋》博士是公羊高。没有提《诗经》博士是谁，是因为《诗经》博士在文帝时已经设立了。

（四）"七经"

后来又有"七经"的说法。关于"七经"，有两种说法：一说《诗》《书》《礼》《乐》《易》《春秋》"六经"之后加《论语》。《后汉书》卷六十五《张纯传》载：张纯"乃案《七经谶》《明堂图》"云云。《七经谶》属谶纬一类书。唐李贤注："七经，谓《诗》《书》《礼》《乐》《易》《春秋》及《论语》也。"汉代《乐经》虽然不传，尚有《乐纬》一类书，日本学者所编《纬书集成》就收有《乐纬》三种，即《乐动声仪》《乐稽耀嘉》和《乐叶图征》。所以张纯的《七经谶》完全有可能包括《乐经谶》。李贤注不无合理之处。

另一种意见认为所谓"七经"包括《周易》、《尚书》、《毛诗》、《周官》（即《周礼》）、《春秋左传》"五经"加《论语》《孝经》。孔颖达《春秋左传正义》称："傅咸为七经诗，……王羲之写。"南宋王应麟《困学纪闻》卷八说："今按：《艺文类聚》《初学记》载傅咸《周易》《毛诗》《周官》《左传》《孝经》《论语》诗，皆四言，而阙其一。"其所阙者，当即《尚书》。与前一种意见相比，少了《乐经》，而多了《孝经》。

历史文献中虽然有"七经"的提法，但并未被学者普遍接受并传播。

（五）"九经"

"九经"的说法流行于唐代以后。主要是指《周易》《尚书》《毛诗》加"三礼"（《礼记》《仪礼》《周礼》）、"三传"（《春秋左氏传》《春秋公羊传》《春秋穀梁传》）。唐太宗时，谷那律（公元？—650年）被褚遂良（公元596—659年）称为"九经库"。说这个人熟悉"九经"，有关"九经"的内容可以随口说出。唐初，孔颖达编《五经正义》，有

《诗经》《尚书》《礼记》《周易》《春秋左氏传》。"春秋三传"中选取的是《左传》,"三礼"选的是《礼记》。后来,学者认为"三礼""三传"都很重要,于是,"三礼"中的《仪礼》和《周礼》,"三传"中的《公羊传》和《穀梁传》也都作为经来看待了。

(六)"十经"

梁朝沈约(公元442—513年)撰《宋书》,其书卷三十九《百官上》称:"国子助教十人,《周易》《尚书》《毛诗》《礼记》《周官》《仪礼》《春秋左氏传》《公羊》《穀梁》,各为一经,《论语》《孝经》为一经,合十经助教,分掌国子。"所谓"十经",就是上面说的九经加《论语》《孝经》,实际是"十一经",因为《孝经》篇幅短小,就将它与《论语》合在一起,作为一经,故称"十经"。

上面"十经助教"四字,似应读为"十位经典助教",而不是"十部经典的助教",它主要是讲职官设置,不是讲经典的数目。"十经"并不是作为专门概念提出的。

(七)"十二经"

唐玄宗末年,科举考试,除了"九经"之外,也考《孝经》《论语》《尔雅》等书。据杜佑《通典·选举三》:唐天宝十一年(公元752年),"明经所试,一大经及《孝经》《论语》《尔雅》"。九经中的每一经都称为"大经",相对而言,《孝经》《论语》《尔雅》被称为"三小经",不与"九经"同等。据《唐会要》卷六十六载:唐文宗于太和七年(公元833年)命人"于国子监讲堂两廊,创立《石壁九经》,并《孝经》《论语》《尔雅》"。即于"九经"外,增加《孝经》《论语》《尔雅》三书。此石经至开成二年(公元837年)完成,史称《开成石经》。这时《孟子》还不被视为经。此时虽无"十二经"之名,而有十二经之实。

(八)"十三经"

在"十三经"中,《孟子》是最后被确立经典地位的。《孟子》究竟是在什么时候被确立为经典的？这些年有的大学者也没弄明白,如杨伯峻说是五代之时后蜀最先将《孟子》列为经典的,比宋朝早。杨伯峻《孟子译注·导言》称:"到五代后蜀时,后蜀主孟昶命毋昭裔楷书《易》《书》《诗》《仪礼》《周礼》《礼记》《公羊》《穀梁》《左传》《论语》《孟子》十一经刻石,宋太宗又加翻刻,这恐怕是《孟子》列入经书的开始。"依杨氏之说,《孟子》在后蜀孟昶时已经被作为经书了。杨氏此说是不准确的,也是没有根据的。其实,宋代晁公武《石经考异序》对此事记述得很明白,他说:"石经《孟子》十四卷,皇朝席旦宣和中知成都,刊石置于学宫,云伪蜀时刻六经于石,而独无《孟子》,经为未备。"意思是说,后蜀所刻石经,并无《孟子》。北宋末年,徽宗宣和年间(公元1119—1125年)席旦做成都知府时才补刻《孟子》。

那么,《孟子》到底是在什么时候被确立为经典的？是王安石变法时期。宋神宗熙宁二年(公元1069年),王安石任参知政事,改革科举考试方法:"罢诗赋、帖经、墨义,士各占治《诗》《书》《易》《周礼》《礼记》一经,兼《论语》《孟子》,每试四场,初大经,次兼经。"(《宋史》卷一五五《选举一》)。《孟子》一书自此以国家法典的形式正式升格为"经"。王安石变法失败,他所立的新法几乎全被司马光废除了,唯独科举改革没有被废除。《孟子》的经典地位,自然也被保留、延续了下来。

《孟子》的经典地位一经确定,便意味着"十三经"之实已经存在了。但是用以表示儒家十三部经典的整体性概念——"十三经"概念的出现,却是偏晚的。就我目前所见,较早见于文献记载的是元末戴良(公元1317—1383年)《九灵山房集》卷二十:"经者,出于圣人之手,而存乎《易》《书》《诗》《礼》《乐》《春秋》、孔孟氏之籍,以故世有

综论

四经、五经，以至六经、九经、十三经之名。"

至于第一次以"十三经注疏"为名，将十三部经书及其注解一同刻板印刷，则是在明世宗嘉靖年间。所以清代杭世骏《经解》说："明嘉靖万历间，南北两雍前后并刻，而十三经之名遂遍海宇矣。"南北两雍指的是南京、北京的国子监里的两个"辟雍"。"辟雍"是指古代皇帝讲学的地方，皇帝即位后，要象征性地去辟雍讲一次学。两个"辟雍"里，都刻了十三经，十三经之名由此传遍天下。

乾隆皇帝《御制重刻十三经序》则说："汉代以来，儒者转授，或言五经，或言七经，暨唐分'三礼''三传'，则称九经。已又益《孝经》《论语》《尔雅》，刻石国子学，宋儒复进《孟子》，前明因之，而十三经之名始立。"这个概括是很准确的。

上面我们概述了儒家经典从六经发展到十三经的过程。现在许多学者，即使是人文学者，未必能将十三经说全。这里我们再说一次，十三经包括《周易》《尚书》《诗经》《仪礼》《礼记》《周礼》《春秋左氏传》《春秋公羊传》《春秋穀梁传》《论语》《孝经》《尔雅》《孟子》。

《尔雅》虽然被列在十三经中，但因为它是字书，不讲义理，所以我们这学期讲座不涉及《尔雅》。

由于朱熹从《礼记》中抽出《大学》《中庸》特别加以强调，并与《论语》《孟子》合编在一起，称为"四书"。所以，我们这学期讲座也将《大学》《中庸》作为讲述的内容。

余 论

上面谈到"经学"在传统文化中约定俗成的含义，我们今日研究经学和经学史，自应限制在经学概念固有的内涵和外延上，而不应扩大它的范围，把道教和佛教对其经典的研究也包括进来。如果这样，古今学术便无法对接，学术分界也乱套了。

但这不意味我们要故步自封，把对其他经典的研究排斥在外。我也主张对其他学派的经典展开研究，譬如对中国诸子百家的经典研究，对道教、佛教、基督教、伊斯兰教等经典的研究，对整个西方文化经典的研究，以及对马克思主义经典的研究。既然经典是各个学派最重要的著作，那它同时也是人类最宝贵的文化财富，理应受到人们的尊崇和重视。而为了称谓的概括性和周延性，我们可以另外起一个名字，叫它"经典学"。"经典学"的概念可以将各派的经典研究都包含进去。

另外，值得我们注意的是，在世界其他国家大都有"古典学"的科目，这个概念下的研究，主要是以古希腊、古罗马等文献为依据，研究那个时期的历史、哲学、文学等。在世界一些著名的大学，如哈佛大学、耶鲁大学、剑桥大学、牛津大学、海德堡大学、慕尼黑大学、巴黎大学、莫斯科大学、东京大学等高校中，都设有"古典学系"。古典学甚至成为了这些大学的招牌学科与专业。卡尔·马克思当年也是修习古典学的，尼采是古典学专业的教授，伽达默尔也是一位古典学专家。西方学者普遍认为，古代经典凝聚着一个民族各个方面的经验和教训，这种经验和教训经历过历史的淘汰与锤炼。它是对整个民族精神的探讨、反思和弘扬的公共平台，也可以说是精神家园，因而具有强大的感召力和凝聚力。古代经典对子孙后代来讲有着非同一般的意义，保护它，研究它，是后世学者的天职和责任。

看到有关西方著名大学中开设古典学系的报道，我不禁为百年前废除"尊孔读经"的短视行为而感到汗颜。中国有句古话说"亡羊补牢，犹未为晚"，今天重开经学课程，筹备经典学科系，正是"亡羊补牢"之意。这个工作必须而且应该由我们来主导，而不是把我们的"经学"纳入西方的古典学体系中去。这才是我们今天研究"经学"和"经典学"的正确态度。

本讲重点提示："经"的初字"巠"，是织机的象形字，表示织机的

综论

经线。因为经线是常挂着的,所以由"经"而引申出"常"。后来"经常"二字常连用。战国时期"经"字用来称谓最重要的书。王国维说:"经者,常也,谓可为后世常法者也。故诸子百家同其先师之书,亦谓之经。"概括非常准确。汉代《诗》《书》《礼》《易》《春秋》各专经皆加上了"经"字;"经典"二字开始连用;同时有了"经学"的概念。此后"经学"二字成了关于儒家经典研究的学术专称。这是古人约定俗成的概念。"六经""五经"之名皆当始于汉代。自北宋王安石变法,《孟子》升格为经后,《易》《书》《诗》《周礼》《仪礼》《礼记》《春秋左氏传》《春秋公羊传》《春秋穀梁传》《论语》《孝经》《尔雅》《孟子》"十三经"始全。

第二讲
中国经学发生的历史背景

一 中国古代的地理气候环境

远在七八千年之前，中国先民就在黄河流域种植了粟子，在长江流域种植了水稻。但是长期以来由于生产工具简单原始，农业耕作只能限于土质松软的冲积平原地区。因而，中国人口便自然而然地集中于黄河流域。

吴申元先生说："自上古至春秋时代，中国人口集中于黄河流域，长江流域人口极少。"华夏民族最初相对集中地生活在黄河流域，面对相当严峻的自然生存环境的挑战。英国著名历史学家汤因比将文明的起源归结为环境与人的"挑战"与"应战"，这是两个条件的一种特定结合：从环境条件而言，它对人的生存并不太有利，从而构成对人的生存的"挑战"；而从人的条件而言，一个社会集体能发挥其潜在的创造才能而作克服环境困难的"应战"。有了这种互相交替的"挑战"与"应战"，才能发展成为文明社会。汤因比分析古代中国文明的起源说：

综论

如果我们再研究一下黄河下游的古代中国文明的起源，我们发现人类在这里所要应付的自然环境的挑战要比两河流域和尼罗河的挑战严重得多。人们把它变成古代中国文明摇篮地方的这一片原野，除了沼泽、丛林和洪水的灾难之外，还有更大得多的气候上的灾难，它不断地在夏季的酷热和冬季的严寒之间变换。

黄河流域是古代中国文明的摇篮，是中华儿女的母亲河。中华文明之所以在这里诞生，并形成其自己的特点，就在于这里的艰苦环境向生于斯长于斯的人们提出了挑战，而这里的人们世世代代为了生活而顽强斗争，回应了环境的挑战，从而也创造了文明。

关于黄河流域的环境条件，中国现代有位著名气象学家名叫竺可桢，他在研究黄河流域的气候灾难后，得出结论说：

> 据中国历史上所载，自公元初以至19世纪，其间在华北境内发生之旱灾980次，水灾650次，此皆历史上著名之天灾也。……世界上人口稠密之区并无一地，其雨量变化性之大有如华北者。此外人之所以称中国为灾荒国也。

由于当时农业生产工具简单原始，只适合在冲积平原上耕作。从土壤条件而言，应该说黄河流域是有其优越性的，这是黄河流域人口集中的主要原因之一。但从气候条件而言，其变化性就太大了，以至水灾、旱灾频仍，而水灾、旱灾就一般性而言，都不是局部性的。这种情况就需要动员社会集体的力量灌溉抗旱、筑堤防洪。

华夏民族为了生存而应对大自然的挑战，变得聪明而富有智慧。苏轼曾说："凡人智生于忧患，而愚生于安佚。"这无论是对个人还是民族而言，都是真理。华夏民族在与常年的自然灾害的斗争中，养成了不屈不挠、坚忍不拔的民族性格。这些上古以来的历史，回答了"我们是谁"

的问题：中华民族是从"忧患"中淬炼出的民族。中华民族精神的强大正源于此。

二　上古传说

一般而言，古代传说本不足以论史，因为古代传说中常常人神不分、真伪夹杂，人们会习惯地将传说混同于神话。又有谁愿意把神话当作历史呢？然而讲中国的上古历史，又须从传说讲起。为什么？因为中国古代传说不等于神话。这是我的发现，也是我的观点。

我以前学习和研究史前史，读到美国人类学家摩尔根的《古代社会》。摩尔根将史前史分为蒙昧时代、野蛮时代、文明时代，前两个时代又各自分为低级阶段、中级阶段和高级阶段。依摩尔根的分期，蒙昧时代的低级阶段，人们为了在大猛兽中间生存，不得不住在树上；蒙昧时代的中级阶段人们掌握了摩擦取火的本领；蒙昧时代的高级阶段，从弓箭的发明开始，这一时期人们开始使用磨制的（新石器时代的）石器。野蛮时代的低级阶段，人们开始由渔猎转入畜牧业，其特有标志是动物的驯养、繁殖和植物的种植；野蛮时代的中级阶段，人们已懂得谷物的种植；野蛮时代的高级阶段，从铁矿的冶炼开始，这一阶段发明了文字，并应用于文献记录，逐渐过渡到文明时代。这是摩尔根对西方史前各文化阶段分期的大略。

随后我读到清人马骕编的《绎史》，发现此书所排列的中国古代传说有一个有巢氏、燧人氏、伏羲氏、神农氏、轩辕氏前后延续的系列，这个序列正好与摩尔根所述的蒙昧时代、野蛮时代的各个阶段一一对应。我据此提出，中国上古传说由来有自，很可能是由上古时代口耳相传的"集体记忆"保存下来的。因而这些传说有真实历史的影子在。

根据这个发现，我写了一篇文章——《论中国古代文化基因的形成》，三万多字。首次发表于杜维明先生主持的世界人权学术讨论会上。

当时来了多位外国著名学者。会上，外国学者讲了什么，杜维明先生现场翻译给中国学者听；中国学者讲了什么，他又现场翻译给外国学者听。他在翻译并评论我这篇文章时说："姜先生的文章是这次会议上最长的论文，其中讲了中国上古的神话。"我当时立即插话纠正说："不是上古神话，是上古传说。传说与神话不同，有真实的史影在其中。"我这篇文章根据传说来立论，从实证历史的角度看，不免有些大胆。但我了解到许多学者，包括一些大学者都很赞同我的看法。

关于中国上古历史的记载，主要依据《周易》《尚书》《诗经》《仪礼》《春秋》这几部经书。这几部书不仅是中国古代最重要的书，也是最古老的书。还有哪些书比这些书更早？没有。这些书就是中国从上古流传到今天的最古老的书，我们称之为"中华元典"。"元"有"开始"的意思。

关于"六经"或"五经"，有两个排序方法。最早的排序，或者说先秦的排序是"《诗》《书》《礼》《乐》《易》《春秋》"，这是儒家根据这些文献在当时教育上受重视的程度或作为教材的先后来排序的。然而到了西汉刘歆那里，便依据各部经典中出现得最早的人物来重新排序：《周易》在《易传》中谈到了伏羲，因而把《周易》排在了最前面；《尚书》首篇《尧典》谈到了尧、舜，因而排在《周易》之后；《诗经》中最早谈到殷商的祖先契和周族的祖先后稷，因而排在《尚书》之后；《礼》相传为周公所作，因而排在《诗经》之后；《春秋》为孔子所作，时代最晚，所以排在最后。

《周易》《尚书》所谈到的伏羲、尧、舜、禹的事迹，属于后人的追述。因为没有伏羲、尧、舜、禹时代的文字作佐证，我们将之视为"传说"，它接近我们通常所说的"口述历史"。是古人通过历代口耳相传的方式保存下来的集体历史记忆。

中华元典"五经"与基督教的《圣经》不一样。基督教《圣经》开篇的《创世纪》讲"上帝创世"，没有什么历史依据。中华元典"五经"

所讲的历史是有根据的,它有真实历史的影子。

中华元典"五经"所反映的上古历史,与其他民族的英雄史诗有很大不同。其他民族的英雄史诗常常歌颂武力征服,讲他们的英雄先祖征服了哪些国家和部族,作为史诗流传下来。什么是"史诗"?就是关于先祖的历史故事,通过古老诗歌的传唱流传下来。那时候没有文字,只能靠口头传诵。诗歌有韵,便于背诵,便于记忆。有的传播者是盲人,盲人的记忆力超强。荷马就是盲人,他所传的史诗就称作《荷马史诗》。《荷马史诗》就是一部英雄史诗。英雄史诗的中心人物是英雄,史诗的内容是歌颂武力征服,一个部族征服其他部族。

中华民族没有英雄史诗,你见过哪一部书是英雄史诗?没有。但中国也有史诗,《诗经》里"颂"和"大雅"的一些内容就是史诗。里面歌颂周人先祖,但歌颂的不是征服其他部族,而是歌颂周人先祖如何筚路蓝缕,建设家园,歌颂先祖有什么发明,如《后稷》篇歌颂后稷对农业的贡献。这说明中华民族自古以来崇尚的是"人文化成",而不是武力征服。

《周易》中所提到的伏羲氏被视为中国的"人文始祖"。伏羲氏时代是什么时候呢?是农业文明之前的渔猎时代。那时人们靠捕鱼、狩猎、采集植物种子维持生存。

往后是神农氏时代,神农氏也在《周易》中被提到。神农又被称为"炎帝",因而有"炎帝神农氏"的说法。神农时代,人口慢慢多起来,只靠以前捕鱼、狩猎和植物种子采集不足以维持人们的生存。后来人们渐渐发现,植物的种子不仅可以吃,还可以种植、收获,于是有了农业种植,正如《白虎通·号》记载:"古之人民,皆食禽兽肉。至于神农,人民众多,禽兽不足。于是神农因天之时,分地之利,制耒耜,教民农作,神而化之,使民宜之,故谓之神农也。"农业时代和以前的渔猎时代有很大不同,在渔猎时代,有时打猎要跑到很远的地方。这就需要有很大的空间范围。农业社会不一样,农业种植只要有一块田地,就可以养活较多的人，人们由此可以相对稳定地居住在一个地方。在传说中，神农也是医药发明的祖先，所谓"神农尝百草"，说的就是这件事。

然后是黄帝时代，今天中国人自称是"炎黄子孙"，即炎帝、黄帝的子孙。

这是华夏文明的酝酿期。相传黄帝时期有许多发明，如房屋、舟车、衣裳、水井等。"黄帝"又称"黄帝轩辕氏"。"轩辕"跟车有关，有人说是最早的北方高车。我们现在看内蒙古牧民转场，当一块放牧地的草被马、牛、羊吃过后，就要转场。牧民毡房等物要用车拉着走，这种车可能就与"轩辕"有关，在黄帝时期那可是非常先进的生产力。《汉书》记载："黄帝作舟车，以济不通，旁行天下，方制万里，画野分州，得百里之国万区。"交通的方便加强了不同地域人们的交流，促进了不同文明的碰撞融合。

那个时候，所谓"伏羲氏""炎帝神农氏""黄帝轩辕氏"不一定是一个人，可能是延续若干代的氏族。中国古籍《尸子》说"神农氏传七十世"；《春秋命历序》说黄帝传十世。按这种说法，"炎帝""黄帝"所指就不是某个个人，而是一种氏族世代的代称。

根据现代考古界的说法，中国农业文明至少在七千年前的河姆渡流域和六千五百年前的西安半坡地区就已经出现了。这个时期应该是传说的神农时代的早期。又过了两千多年，才到黄帝时期。我们说中国有五千年文明，从考古学的角度说，当然不止五千年文明。但从有文字记载的历史来说，从甲骨文算起到现在，不到三千五百年。之所以要说五千年文明，是顺着司马迁《史记·五帝本纪》讲的。司马迁从炎帝、黄帝开始讲中国历史，五千年是个约数。

因为司马迁《史记》关于夏朝有明确的世系记载，我们通常把夏朝以前的历史称为"传说"。但也有人认为应该更严格一点，凡没有当时文字佐证的历史，都可以视为"传说"。如果这样，距今三千五百年前的历史暂时都应以"传说"看待。这种看法也不是没有道理。但我个人还是愿意从上古传说时代说起。

司马迁《史记·五帝本纪》从黄帝开始写，黄帝—颛顼—帝喾—尧、舜。黄帝以后的颛顼值得提一下。从颛顼时代开始有了原始的垄断性的宗教。原始社会，巫术盛行，每个人都可以通过"巫术"与天神沟通，人人都可以传达所谓"天神"的旨意，这就导致了社会的混乱。为了平息这种混乱，颛顼时期开始进行原始宗教的改革，明令规定只有大酋长指定的巫师才可以进行与天神沟通的活动，禁止其他人胡乱作巫术，断绝地上其他人与"天神"相沟通，叫"绝地天通"。这样就形成了政治统治集团垄断性的宗教。

再往后值得特别提出的是尧舜时代。尧舜时代是中国原始氏族社会的鼎盛时期。尧舜时代，最高政治权力实行"禅让制"，尧让位给舜，舜让位给禹。实质上，"禅让制"属于原始社会后期部落联盟的推选制。尧舜时代提倡人与人之间的平等、友爱、和谐的关系，构成了儒家大同社会的理想模式，为儒家所津津乐道，因而有"祖述尧舜"的说法。

三　夏、商、西周三代

大禹之后，其子启建立了夏王朝。但人们由于尊崇禹，故将禹视为夏王朝的缔造者。但从文献记载看，禹本人并没有构建"家天下"的意图。真正构建"家天下"的应该从夏启算起。此时私有制已经出现，适应私有制发展的国家制度便也应运而生。夏王朝已经具有了国家的形态，按照传统的理解，夏王朝是中国最早的国家。

夏、商、西周，被儒家学者称为"三代"，并被认为是中华文明的黄金时代，如北宋思想家张载说："为治不法三代，终苟道也。"意思是说，政治改革应效法三代，不效法三代终究是苟且之道。儒者大都抱持这种意见。其实，儒家学者所说的"三代"相当笼统，因为关于夏代和商代的材料很少，它的制度和文明到底有多好，都是儒者们想出来的。所以他们笼统地说"三代",其实主要推崇的是西周礼乐文明。

在夏代和商代、商代和周代交接之际,有两个重要事件:一个是商汤王的革命,一个是周武王的革命。

"革命"这两个字,近年用得非常滥,什么技术革命啊、思想革命啊,好像只有用了"革命"二字才算彻底,才算达到了最高层级。这两个字在古代不轻易讲。古代讲"革命"有其特定意义,即指一个新王朝推翻旧王朝。"命"指"天命",是上天给予一个王朝天然的合法性。商汤王和周武王打着上天赋予新命的旗号,去革除前朝的旧命。儒家至少从孟子开始,就明确肯定和拥护"革命",认为国君暴虐无道,人民有起而革命的权利,推翻旧王朝,建立新王朝。

夏朝和商朝,长期以来保留着原始氏族时代的孑遗,严格来说,还不是一种典型国家的形态,而更像一种高级的部落联盟。在当时小邦林立的形势下,夏、商统治者与其他邦国的关系,更像是盟主和盟员国的关系,不是君臣关系。

商朝末年,还有许许多多小邦。商王朝属于大邦,号称"大邦殷"。它经常派兵去征伐其他方国。可能是由于它的军队大部分在外,留守都城的军队不是很多。周武王联合其他西部八个邦国,突袭了商的首都,牧野一战,大败殷商军队,周武王攻进殷商都城,斩杀了商纣王,推翻了殷商王朝,建立了周王朝。

周王朝一下子掌握了一个非常大的产业。它所统辖的辽阔地域中,有那么多小邦国,怎么管辖呢?周族人很聪明,他们不想采用殷商那种联盟式的管理方式,以致小邦诸侯总是叛乱;而是采用"分封制",将自己的族亲和功臣分封到各个地区做诸侯,实施有效管理。这些诸侯权力很大,土地权、行政权、军事权等,什么权力都有,并且可以世袭君权。他们对中央王朝的义务,就是纳贡、助祭和藩卫。西周时期,疆域很广,分封姬姓五十余国。当时西周政治是任人唯亲,不是任人唯贤。任人唯亲从什么时候开始的?就是从西周分封制开始的。在当时形势下,也是不得已而为之。当时，只能信任和依靠自己的族亲和功臣。在那个特定的时代背景下，任人唯亲有其合理性，周人就是靠"任人唯亲"统治那么大一个疆域的。西周初期，中央王朝用分封制的方式把诸侯国控制得很好。当时周族人的核心价值观就四句话："亲亲，尊尊，长长，男女有别。"这四条中，"亲亲"是最要紧的。什么是"亲亲"？就是亲近那些有血缘关系的族亲，在政治上就是任人唯亲。如果没有"亲亲"的原则，凭什么分封自己的亲属啊？政治的地缘关系要靠家族的血缘关系来维系，在周族的观念中，"同姓则同德，同德则同心，同心则同志"。近现代革命队伍中的人互称"同志"，"同志"一词就是从这儿来的。周族人同时认为："非我族类，其心必异。"不是同一个族群的，你没法揣测他的心理。这个思想到现在还流传着，你跟他不是一个族群的，便对他抱着警惕之心。

现代社会，很多大企业依然是家族企业，包括美国洛克菲勒的家族公司等，这些家族公司，可能会聘请有能力的外人来管理，但它不会让外人来继承财产和资本。

"尊尊""长长"，强调的是一种社会秩序。地位低的人要尊敬地位高的人，年幼的要尊重年长的。"男女有别"对于社会管理也很重要。原始社会没有私有财产，实行群婚制，男女杂处。西周时期早已是私有制，强调对偶婚，强调家族血缘关系的纯粹性，因而强调"男女有别"，女人不能再同丈夫以外的男人发生关系。这种价值观有相应的族规和国法来维护，由此而形成一种社会秩序。

周公最了不起的地方，就是"制礼作乐"。按我的理解，不是说"礼""乐"制度都是由周公首创和制定的。古代的"礼""乐"，可能有相当一部分，是原始氏族社会自然而然传习下来的社会风俗。关于这一部分内容，研究法学的人称之为"自然法"。与"自然法"相对的是"成文法"——人为制定的国家法典。但我们必须说，西周的"礼"并不全是自然法，其中有一部分是以周公为代表的政治家制定的礼乐制度，即所谓"制礼作乐"。

周公所制定的"礼"的核心内容是"宗子法",即嫡长子继承制,也就是历史学家通常说的"宗法制度"。制定这个制度的宗旨在于维护西周政权的稳定。

在世袭制的时代,究竟什么人可以继承君位,这是一个最为重要的政治问题。一个王朝政治,往往在最高权力继承者的确定之时、在政权更替之时发生争夺内斗和社会动乱。

西周天子和诸侯国君主,在正妻之外,还有许多妾妃,因之而有许多子嗣。正妻所生儿子称为"嫡出",妾妃所生儿子称为"庶出"。那时的君主跟后世差不多,有很多后妃,因而有很多子嗣。那选谁来做继承人呢?如果继承人没有确定,当一位君主去世后,他的儿子们就可能凭借自己背后的势力,为争夺君位大开杀戒,造成国家动乱,有时候一乱,几十年都平定不了。

一位国君去世,谁来做新一任的君主?在殷商时代,有两个办法:一是"兄终弟及",兄长去世了由弟弟继承君位。二是父子之间的继承。父亲去世了,由儿子继承大统。但是,儿子也不止一个。那怎么办?那就由嫡长子来继承。周公研究殷商的历史,发现殷商实行嫡长子继承制时,政治相对稳定。

周公于是规定周王朝实行"嫡长子继承制",就是说君后所生的长子有继承权。嫡长子也叫"宗子",宗子为君,余子皆是臣,有嫡庶而有贵贱之分。同样是兄弟,地位从小就是不一样的。

立为太子就更不一样了。立谁为太子,与智商高低没有关系,只看他是不是嫡长子。这是老天定的,一旦定下来,别的王子就不能争了。继承人若没定下来,王子之间就会相互争夺,因而导致天下大乱。嫡长子继承制的好处,就是使国家不乱,社会不乱。国家和社会不乱,对人民来讲就是最大的好处。这看起来是一个非常自私的制度,却体现了天下的大公。这里我们援引一段王国维的话。王国维是近代一位伟大的学者，他研究甲骨文、金文很有成就。他有一篇重要文章叫《殷周制度论》，其中说了一段很精辟的话。他说："所谓'立子以贵不以长，立嫡以长不以贤'者，乃传子法之精髓。……盖天下之大利莫如定，其大害莫如争。任天者定，任人者争；定之以天，争乃不生。"这段话是讲嫡长子继承制的历史合理性。天下安定，是人民最大的利益。至于君王的儿子之间立谁不立谁，是否公平，并不重要，重要的是能使国家长治久安。国家几十年、几百年不乱，靠的就是这个制度。这个制度不仅周王室要实行，各诸侯国都必须实行。不实行嫡长子继承制的诸侯国，周王朝和其他诸侯国有权讨伐它，因为它背叛了祖制。西周后来灭亡就与周幽王背叛祖制有关系。周幽王废了申后和太子宜臼，立褒姒之子伯服为太子，乱了祖制。由于周幽王废了申国公主和外孙，引起申国的不满，申国便联络犬戎攻打周幽王，把周幽王杀了，扶立太子宜臼为国君。这件事说明"嫡长子继承制"在当时是一个非常重要的制度。

然而，依靠分封制度来维系的西周政治，发展到后来，出现了尾大不掉的问题。随着时间的推移，周王室与各诸侯之间的血缘关系越来越疏远，而各诸侯国日益壮大，周王室日益衰落，使得各诸侯国逐渐轻视周王室。利益关系比血缘关系更为重要。碰到利益冲突，同姓之间也会争得你死我活。吕思勉的《中国制度史》讲到"宗法"制度时有这样一段话："行封建之制者虽强，有自亡之道焉。……必欲以百世不迁之大宗抟结之，使虽远而不散。其所抟结者，亦其名而已矣，其实则为路人矣，路人安能无相攻？"这是说，血缘关系越来越淡以后，亲属之间的关系就如同路人之间的关系一样淡薄。路人之间碰到利益冲突，很容易互相攻击。吕思勉又讲了另外一段话，他说："封建之始，地广人稀，诸侯壤地，各不相接，其后则犬牙相错矣。"分封之始，地广人稀，诸侯国之间没有明确的国界。各诸侯国发展若干代，一两百年之后，人口增多，国与国之间的疆界犬牙相错。到此时，很容易产生国与国之间的矛盾和竞争，战争也就多起来了。说到底是一种利害之争、利益之争，血缘关系此时已经不再起什么作用。因此，春秋战国时代各诸侯国之间的战争便是不可避免的了。

如上所说，在华夏文明形成时期，有过一个强大的社会政治结构，即血缘宗法制度。在血缘宗法制度基础上所形成的文化，就是血缘宗法文化。这种文化有它的宗教信仰。中国古代的宗教有两大特点：一是信奉上天，上天也叫上帝。"上帝"这个词不是从西方来的，是中国上古时候就有的。二是信奉祖先。由此构成中国人"敬天法祖"的宗教传统。

在周天子所主持的祭礼中，有两个最重要的祭祀：一是"郊祭"，即"祭天"；二是"禘祭"，即祭先祖。这两种祭礼是为周天子所垄断的，其他任何人（包括各国诸侯）不可以举行同样的祭礼，否则便是"僭越"。周天子是大宗，从理论上说，只有大宗可以祭祀文王。周公的后代，虽然也是文王的后代，因为是小宗，只能祭祀周公，不能祭祀文王，否则就是"僭越"。宗教祭祀权力被宗子垄断，这是中国古代宗教的最显著特点。在这种情况下，宗教很难独立发展。在西方，由于宗教独立发展，出现了"教权"高于"皇权"的情形，皇帝加冕还要跪在教主面前。中国不是这样，宗教的权力牢牢控制在最高统治者手里。

当时诸侯、卿大夫最害怕的过错就是"僭越"，但后来"礼崩乐坏"，"僭越"的事情就渐渐多了起来。在那时，礼仪排场有严格的等级规定，天子有天子的礼仪排场，诸侯有诸侯的礼仪排场，卿大夫有卿大夫的礼仪排场。诸侯用了天子的礼仪排场，就是"僭越"。诸侯的卿大夫也用起天子的礼仪排场，那就更是"僭越"。比如，天子祭祀时有八佾舞，舞者有八排，每排八人，共有六十四人，是周天子的规格。鲁国的卿大夫季孙氏在家宴上也搞"八佾舞于庭"这一套，那当然是严重的"僭越"，以致孔子说"是可忍，孰不可忍"。对于这种严重的"僭越"行为若能忍受，还有什么不可忍受的呢？司马迁《史记·孔子世家》评述说："季氏亦僭于公室，陪臣执国政，是以鲁自大夫以下皆僭，离于正道。故孔子不仕，退而修《诗》《书》《礼》《乐》，弟子弥众，至自远方，莫不受业焉。"这是说孔子完全看不惯季孙氏"离于正道"的行为。在孔子的言论中，以及在先秦儒家文献中，有很多批评僭礼行为的内容。

我们现在似乎不太讲礼仪规格，但实际上也有。2015年9月13日大阅兵，习主席乘阅兵车在行进中时慰问官兵说："同志们辛苦啦！"官兵回答："为人民服务。"这就是现在的军礼。好像有哪个学校开学搞军训，校长也坐上敞篷车阅兵，站在车上喊："同学们辛苦啦！"同学们回答："为人民服务。"校长在上面感到很过瘾，接着又喊："同学们晒黑啦！"同学们回答："校长更黑！"这就是"僭越"。听说还有个土豪，在乡里也建了一个天安门。天安门是中国国家庄严神圣的象征。你土豪再有钱，但天安门能随便建吗？土豪无知，不知道这是"僭越"。我们在这方面也应该有相应的知识教育和立法监督。

四 春秋以降的"圣人"崇拜思潮

史家对于周朝的历史是这样看待的：周朝约有八百年，分为西周和东周。周幽王被杀以后，申国扶持太子宜臼继承王位，是为周平王。西周的都城镐京被犬戎毁了，周平王迁于洛阳，史称"平王东迁"。早在周成王之时，周公和召公就在洛阳建了一个东都。镐京在今日的西安地区，西安与洛阳差不多在一个纬度上，从镐京一直往东，到洛阳的行程差不多有八百里路，现在乘高铁不到两小时。但在周代，交通工具最好的是马车，一天行程不过五十多里路，要走半个月的行程。

东周的历史可以略分为春秋时期和战国时期。因为孔子写了一部《春秋》，《春秋》从鲁隐公一直写到鲁哀公，共十二位国君，这个时期被学者称为"春秋时期"，其实就是东周前半期。东周后半期则是战国时代，"战国时期"的取名则是借鉴《战国策》这部书。这是历史学家的一个较为笼统的说法，大约从汉代开始就已经这样说了。

春秋时期，由于宗子继续垄断着宗法宗教，宗法宗教很难发展起来。

宗法宗教没有教主，宗子并不是教主，他不负责教化臣民。换言之，宗法宗教没有教化臣民的功能。而且当时的士大夫不敢"僭越"，不敢谈天子礼郊祭、禘祭的事情，连谈都不能谈，谈了就是"僭越"。在这种情况下，宗教很难发展起来。

这样的文化背景就逼着发展另一种精神信仰——圣人崇拜。圣人崇拜突破了传统的宗子垄断的宗教，你那一套我不敢"僭越"，我另搞一套"圣人崇拜"。圣人可以不是宗子，可以是普通的士人。由于当时"礼崩乐坏"，社会混乱无序，极其黑暗，经常出现"臣弑其君、子弑其父"一类的事情。这是人伦道德最坏的时期。

谁来拯救这个社会呢？谁来重新建立一种新秩序呢？当时的思想家就推出了"圣人"。"圣人"是什么人？顾颉刚先生有一篇文章题目叫《"圣""贤"观念和字义的演变》，他说：

"圣"的意义，从语源学上看，最初非常简单，只是聪明人的意思。……没有什么玄妙的深意。……甲骨文中，"聖"字未见，金文中，"聖"或省作"耴"。……从形体上看，"聖"只是"声入心通"。……春秋以前的一些典籍出现的"圣"，都是最初的原意。……（春秋以后，）圣人这个观念变得非常崇高，并逐步向神秘和玄妙莫测的方向来发展。（《中国哲学》第一辑，生活·读书·新知三联书店1979年版，第80—86页）

顾先生的论述很准确。"圣"的造字，从最初的字形看，左边一个"耳"，右边一个"口"，意谓你说的话，他耳朵听了之后，就能心领神会。"圣人"二字最初只是聪明人的意思，并没有很神秘的意义。春秋以后的"圣人"概念就具有了崇高权威的意义，他的降生将为社会重定规则和秩序。那么，谁是这个人呢？那个时候出现了很多学派，这些学派的学者都推崇他们的先师。儒家推孔子，墨家推墨子，法家推管子。当然当时最受推崇的还是孔子。不仅儒家学者说孔子是"圣人",其他学派的学者也说孔子是"圣人"。大家都崇拜圣人,那圣人说的话便被尊重、被崇信。经典受尊重也是因为它是圣人述作的。经典的编纂删修经过了圣人之手,那便是不可以更改、动摇的,正如韩愈所说"曾经圣人手,议论安敢到"。随着圣人后来被神圣化,经典也就跟着被神圣化了。

其实,孔子在当时并不认为自己就是圣人或仁人。他说:"若圣与仁,则吾岂敢!"他很谦虚。但后世人在说到"圣人"的时候,就是专指孔子。把孔子当作圣人,是从孔子的弟子开始的,孔子的弟子对他崇拜到无以复加的地步。子贡就说:"自生民以来,未有夫子也!"自有人类以来,就没有像孔子这么伟大的人,他们甚至认为孔子"贤于尧、舜远矣"。

孟子提出了一种"圣人救世"说,他认为人类曾有三次大灾难。第一次是大洪水的灾难,是尧、舜、禹三圣协力治水,"然后人得平土而居之"。第二次灾难是商纣王这个暴君带来的灾难,由周文王、周武王、周公,三圣两代"翦商"除暴。第三次灾难是"世道衰微,邪说暴行有作,臣弑其君者有之,子弑其父者有之",孔子通过作《春秋》这部书来救世。孟子的看法对后世影响很大。所以,孔子虽然伟大,但若没有弟子们弘道,没有孟子如此尊崇孔子,可能就不会有此后两千年的儒学传承。

正因为当时有"圣人救世"的理论,就有了经学孕育的温床。中国的"圣人崇拜"不像西方那种靠上帝、救世主来救世,而是用一套学说来救世,它背后隐藏着的是"学术救世"说。经学就是在这样一个"圣人崇拜"思潮下发生、发展起来的。

通过上述讲授,我们可以了解到这一点:经学是历史发展的产物,不是哪个人想建立就能建立起来的。我最近看到一位很有名的教授写了一篇文章,讨论现在的儒学热、国学热,他说:"不要把儒学经学化。"于是就有人反驳说:"不经学化,那应该是怎么化呢?"在我看来,我们的儒学研究者不应该把经学当作负面词汇,把经学等同于教条。虽然这位学者名望很高，但是他只懂哲学，不懂经学。哲学是从西方来的，用西方的哲学范式来理解和解释中国的固有学问，未必合适。中国的经学从发生到发展都有它的必然性、合理性。而且，总的来看是有积极意义的，不要因为后世有教条一类等负面的东西，就把经学看坏了。如果是那样，就把两千年的主流文化都否定掉了。

我们这个国家，从秦、汉一统之后，疆域很大，怎么统一人们的思想呢？不靠经学根本没有办法。秦统一之后，先下令在全国范围内推行"车同轨，书同文"的政令，先统一了文字。文字统一，文字的意思相对确定，政令就能够得到通畅准确的传达。文字统一之后，就是文化思想的统一。

近百年来一谈文化思想统一，就被人说成是文化专制。这种认识有失偏颇。其实，早在两千五百年前，《墨子·尚同》篇就已经谈到过这个问题，其中说：

> 天下之人异义，是以一人一义，十人十义，百人百义。其人数兹众，其所谓义者亦兹众。是以人是其义，而非人之义，故相交非也。内之父子兄弟作怨雠，皆有离散之心，不能相和合。……天下之乱也，至如禽兽然。无君臣上下长幼之节、父子兄弟之礼，是以天下乱焉。

用现在的话说，一人一个"主义"，父子兄弟之间也会因为"主义"不同而成为敌人。那样岂不天下大乱？我们这么大的国家，若文化思想不统一，那一定会分崩离析。但要讲思想统一也须有个前提，那就要找到一种多数学派都能接受的文化思想资源。因为"六经"是诸子百家共同的源头。所以董仲舒提出"罢黜百家，表章六经"，后来这句话被讹传为"罢黜百家，独尊儒术"。其实两者是有区别的，"罢黜百家"的"百家"包括除孔子之外的其他儒家学者所创建的学派，孟子、荀子长期以来皆不受待见，是因为被当作"诸子"看待。孔子之所以被尊重，是因为他是第一位"表章六经"的人，是"六经"的守护者和权威诠释人。同时，孔子也是各派都承认的"圣人"。正因为如此，孔子和"六经"成为中华文化统合的思想平台。这件事不能只看作是汉武帝和董仲舒两个人的事情，而是整个中华民族的历史选择。而这也是后来经学能够发展两千年的深层原因。

需要指出的是，汉儒对于"六经"文本的解释，并非全据原始儒家的思想，其中也吸收了法家的思想。比如，"三纲"思想并非来自先秦的原始儒家，而是来自先秦法家。《韩非子·忠孝》一文说："臣事君，子事父，妻事夫，三者顺则天下治，三者逆则天下乱，此天下之常道也。"这一思想为汉儒所吸收，就变成了"君为臣纲，父为子纲，夫为妻纲"。为了维护政治的统一，统治者加强了对于思想文化的掌控力度，从而制约了思想文化的自由发展，这也是一个事实。所谓"有一利必有一弊"也。

文化思想的统一靠的是经学，以经学所传达的价值观来作为社会政治的指导思想。当民国肇建之初，蔡元培提出"废除尊孔读经"，严复站出来极力反对。严复可以说是近代传播西学的第一人，但他却说：中华民族有两千多年统一的历史，统一的思想基础就是经学。严复传播西学，但不因西学而否定中国固有学问的价值，实在令人钦佩！

在我看来，经学起了引导和维护国家统一的历史作用，不能把经学看扁了、看坏了。我们讲"中国经学史"，要充分认识到经学在历史上的积极意义。至于消极意义呢，我要说，几乎所有的学说都会有它的消极意义。中国社会科学院哲学所有位前辈学者叫贺麟，曾经主张"新心学"，与冯友兰主张的"新理学"有所不同。当时有人说：儒学杀人，儒学是个杀人的学问，心学杀人，王阳明的心学是杀人的学问。贺麟于是反问："请问哪个学问不杀人？"哪个学问都可能杀人，都可能死人，都可能有其消极的一面。我们要学会全面地、历史地、辩证地看问题，不

综论

能因为某种学问有消极的一面，就全面否定它。否则，我们将无学问可讲。

本讲重点提示：华夏文明最早是在黄河流域形成的。这一地区常年的气候灾难，使得生于斯、长于斯的人们淬炼出不屈不挠、坚忍不拔的性格。中华民族精神的强大正缘于此。中国的上古传说有真实的史影在其中，它回答了"我们是谁"的问题。原始时代的"大同"社会促发了儒家"天下为公"的社会理想。西周的血缘宗法制度构成了中国文化的基因。春秋时期的"圣人"崇拜思潮造就了孔子和"六经"的崇高地位。

第三讲
"六经"是中华传统文化之源

早在一千九百年前，班固《汉书·艺文志》就说，诸子百家"亦六经之支与流裔"。而1919年，胡适出版《中国哲学史大纲》，不从"六经"讲起，而从老子、孔子讲起。蔡元培为此书写《序》，赞扬他："截断众流，这是何等的气魄！"胡适出版此书时28岁，他是刚从美国留学归来的文化新锐，回国后成为了"五四"新文化运动的旗手之一。

所谓"截断众流"，在我看来，是把中国文化的根砍了，把中国文化的魂丢了。现在我们要把这个"源"重新恢复，强调诸子百家只是"流"，不是"源"。胡适的《中国哲学史大纲》误导学术界很多年，现在要把它纠正过来。

以前也有一些老先生，像马一浮、熊十力，他们一直在强调"诸子百家的根是'经'"，马一浮甚至说："'六经'是一切学问之学问。"这些学者过去被当作批判对象，被说成"顽固不化"。现在回过头来看，他们的意见反而是正确的。

中国文化传统的源头是什么？是"六经"。"六经"之前再没有其他的了。六经是最早的书，也是最重要的书。六经之所以重要，在于它是

综论

中华民族核心价值观的集中体现。

我们讲"中国思想史",可以把它分作两个大阶段:第一个是先秦时期,叫"元典时代";第二个是汉以后,叫"经学时代"。元典时代,既包括"六经"的元典,也可以扩大一点,包括诸子百家的元典。同时,"六经"不仅是儒学的"源",也是诸子百家的源。它是整个中华文化的源头。

一 对"六经"是摧毁,还是守护

人们常说,中国文化传统源远流长。用"源远流长"四字来比喻中国文化传统,应该说是很贴切的。中国上古文化的最早之"源",那是很久远的。但是,它再久远,都在"六经"中有记载,"六经"之外的记载,往往不被采信,或者采信的程度不那么高。"六经"作为中国文化的远源,一直对中国文化的发展起着滋养和主导的作用,中国文化每每在其发展的重要时刻,回首向"六经"来寻求智慧,从而获得"返本开新"的勃勃生机。

但是在历史上,作为中华元典的"六经"也曾面临被遗弃、被摧毁的危机。

春秋战国之时,"诸侯异政,诸子异说"。当时的法家、道家人物对《诗》《书》等经典都曾加以否定和批判。在那样的历史背景下,孔子说出"述而不作,信而好古"的话,对《诗》《书》等经典采取了极力守护和传承的态度。孔子所传承的主要学问,就是后世所称的"六经"之学。如果没有孔子所代表的儒家的极力守护和传承,"六经"可能在春秋战国时期就被否弃了。有鉴于先秦诸子百家对"六经"的不同态度,班固《汉书·艺文志》才特别强调诸子百家只是"六经之支与流裔"。

清中期章学诚提出"六经皆史"论,挑战了"六经"的经典地位。这是一种隐形的、自以为巧妙的挑战。章学诚认为,"六经"不是孔子所传,不能把"六经"记在孔子账上,最早制作"六经"的是周公,"六经皆先王之政典也"。他认为孔子当时只是学周公,所以在隋代以前周公称"先圣",孔子称"先师","圣"和"师"的地位是不同的。这个说法似是而非。其实《诗经》有一部分内容,《尚书》有一部分内容,都是在周公之后的,《春秋》所述也是周公之后的事情。这些经典怎么会是周公制作的呢?实际上,孔子是把这六种"史"当作教材来教学生,后来才被称作"经"。所以这个账还是要记在孔子身上。而且孔子不仅仅传承这六种文献,最重要的是通过这六种文献来阐释中华民族的核心价值观。这就是后世所说的"经以载道"。

"六经皆史"论并非始于章学诚。但前人的"六经皆史"论是在承认"六经"当下是经的前提下讲的。章学诚的"六经皆史"论脱离六经当下是经的前提,孤立地宣扬"六经皆史"的观念,将经降低到"史"的地位。章学诚通过他的"六经皆史"论主张回归官师合一、政教合一的三代政治,其实质是要解构后世所形成的经学。文化的发展自有其历史内在的逻辑与合理性,章学诚否定三代以后的文化发展,本身就是一种非历史主义和隐蔽的文化退化论。依章学诚的意见,天下学术,只应有官学,不应有私学,因而他特别推崇秦王朝"以吏为师"的文化专制主义政策。在我看来,能说出"六经皆史"并不见得深刻,而能说出"六史为经",即《诗》《书》《礼》《易》《春秋》等文献何以被确立为"经",其中有什么外在的社会原因和内在的学理根据,才是深刻的。章学诚的"六经皆史"论有这样许多问题,现代学者,包括一些世界著名的大学者,撰文著书对之不遗余力地加以褒扬,深为可叹。所以我专门撰写了《章学诚"六经皆史"论批判》的文章,不久将会在《哲学研究》杂志上发表。

20世纪初,在南京临时政府教育总长蔡元培主持下,"废除尊孔读经"成为了现实。当时严复和梁启超曾为此力争,严复认为传统经学一直起着凝聚中华民族的重要作用,"废除尊孔读经"会导致中华文明像其他古文明一样"云散烟消，泯然俱亡"。梁启超则说他不担心西学传不进来，而是担心中国学问的根脉从此断绝。这两个人的话非常重要，特摘录如下：

严复说：

> 中国之特别国性，所赖以结合二十二行省，五大民族于以成今日庄严之民国，以特立于五洲之中，不若罗马、希腊、波斯各天下之云散烟消，泯然俱亡者，岂非恃孔子之教化为之耶！（严复：《读经当积极提倡》，《严复集》第二册，第329—333页）

> 中国之所以为中国者，以经为之本原。（同上）

梁启超说：

> 今日非西学不兴之为患，而中学将亡之为患。（《西学书目表》后序）

遗憾的是，严复、梁启超反对"废除尊孔读经"的声音在当时并没有什么人理会。1949年新中国成立以后很长的一段时间里，学术界都将严复和梁启超的这种观点当作一种保守思想来批判。今天，我们再看，当然是严复、梁启超的话更有道理。所以，"立言"不为一时，对于学者而言，这是第一要义。

20世纪40年代初，范文澜在延安讲经学，毛主席写信支持他"用马克思主义清算经学"，认为这样做是批判"大地主、大资产阶级的复古反动"。这就等于给经学盖棺定论了。新中国成立后很多年没人敢翻这个案。1951年，顾颉刚明确说："董仲舒时代之治经，为开创经学，我辈生于今日，其任务则为结束经学。故至我辈之后，经学自变为史学。"几十年以后，大家重新研究传统文化，为传统文化翻案、正名的很多，唯独

"经学"是个禁区，大家都不敢翻案。

我们这一代人，接受的是"五四"以来的观念，基本认为经学是很坏的东西。什么"经学教条"呀，"经学糟粕"呀，长期以来几乎所有的文献都使用这些字眼。甚至讲文学史也批评"经以载道"的观点，说这是"经学糟粕"，是封建主义的"毒瘤"。那时候都习惯于加上这些判语。

二十年前，我在中国社会科学院，申请了一个"中国经学思想史"的研究课题。一开始，我自己也不知道应该如何来界定经学。但我的脑海里一直萦绕着这样一个问题：中华民族传承两千余年的经学，为什么一支笔就把它勾销了？一句话就把它否定了？

在我深入研究经学几年之后，思路逐渐清晰起来。觉得我们可以换个角度来思考，不是将经学作为哪个阶级的思想来思考，而是将经学当作一种世界文明现象、一种价值观体系来思考。世界上每个民族都有其价值观体系，中华民族也不例外。价值观体系中有其核心价值观。你去捋一捋中华民族有哪些核心价值观，捋完了之后就会发现，它们都在"六经"中，在诸子百家中的很少。诸子百家中哪一家的价值观被人们普遍认同了？很少。因为华夏民族的核心价值观基本都在"六经"中，这样，"六经"的价值就体现出来了。以儒家经典所倡导的"孝道"为例，这本是华夏民族社会共同体的价值观，"文化大革命"期间一提到"孝"字，就给它加一个阶级属性，称某人讲"孝道"，是"地主资产阶级的孝子贤孙"。在我看来，经学不是历史上哪个阶级的专属品，"经学是华夏民族核心价值观的集中体现"，这个观点现在已经被学者普遍接受、认同了。

这些年来我一直认为蔡元培"废除尊孔读经"是一件错事。但现在对这件事一直没有人反省，没人批评蔡元培这个错事。不过当时不只是蔡元培一个人，应该是有一股相当大的势力和思潮要求"废除尊孔读经"。退一万步讲，就算是那时有这个需要，但到了现在，我们无论如何再也不能那样粗暴、激进地对待中国传统的经典文化了。所以进入21世纪以来，我一直呼吁在大、中、小学中恢复读经。现在大家已经看到，这几年经学已经在悄悄地复兴了，而且力度相当大，比我想象的还要大。我当年呼吁的，现在都做到了，我就不再说这个事了。不过，我又觉得现在要提防另一种"过头"的情况，就是"复古"。

我不主张复古，我只是看好大家读经，因为"经"里有道德、智慧，大家学习这些就够了，不是说要我们再回到古代。但是我们有些学者就做过头了，如主张成立"孔教"，把它当作一种宗教信仰，进来的就都是教徒。还特别强调要在政治上完全恢复儒家那一套，有没有可能呢？没有可能，徒乱视听。你走到这一步，就是复古，就是倒退。我们只应该在文化上、在价值观上守护和学习经典。

以前我没注意看汤一介先生写的文章，他应该算是中国当代的大儒了。最近我组了一篇稿子给《湖南大学学报》，是好友蒋国保写的一篇纪念汤先生的文章。汤先生的两条意见我觉得很好。他认为：第一，我们今天讲经学、讲儒学，主要是讲价值观念，讲我们的核心价值观，不是讲科学、民主，儒学里没有科学、民主。第二，讲儒学主要是从道德方面讲，不是从政治方面讲。汤先生这后一条讲得很明确。古代政治在治理国家方面确实值得借鉴，但是不可能照搬，尤其是制度。一照搬不就乱套了吗？肯定得乱套。"天下本无事，庸人自扰之"，是吧？

我们现在讲"四个自信"：道路自信、理论自信、制度自信、文化自信。文化自信是更基本的。我们现在讲"文化自信"，不等于说我们过去向西方学习科学和民主有错。"五四"以后，向西方学习科学、民主是没有错的。不能拿一个东西否定另一个东西。所以我一直主张"两个传统结合"：中国优秀的文化传统和中国优秀的革命传统相结合，既不能用前面的传统否定后面的传统，也不能用后面的传统否定前面的传统。

我们现在的社会主义核心价值观有二十四个字，这是现在提的。在我看来，社会主义核心价值观，有些内容现在还没实现，就是说我们现在还不具备，是我们的理想，是我们要追求的价值。当这些核心价值观还没落实的时候，我们的传统价值观还要坚持，比如，传统的"孝道"并没有写进二十四字核心价值观，但我相信，在若干年的时间内，"孝道"仍然会是中国人奉行的核心价值观。再比如，"大一统"是传统的核心价值观，也没有写进二十四字核心价值观，但我相信，在若干年的时间内，"大一统"仍然会是中国人奉行的核心价值观。这说明，传统的核心价值观仍然值得我们特别重视，为此，我们必须要好好地研究"六经"所承载的核心价值观。

研究"六经"，很多人走字词训诂的路，零零碎碎，古人称为"饾饤之学"。当然这些学问也不是完全没有用，但是如果人人都做这种研究，那经学就真的变得没用了。

我认为，一个民族的文化，有一个东西最重要，那就是价值观，你的核心价值观对不对啊？正不正确啊？现在我们慢慢认识到价值观比别的都重要。我们过去研究哲学，首先研究本体论是什么，是唯物论呢，还是唯心论？是"理本论""心本论"，还是"气本论"？其次是认识论，是知在前呢，还是行在前？还是知行合一？最后是政治观，某位思想家的政治主张是什么，是保守的，还是进步的？讲了这许多，恰恰忽略了一个最核心的东西，那就是价值观。你看哲学史里有没有价值观这条？没有。这是很大的缺陷。而价值观对于个人生活而言，对于民族存续发展而言，才是最重要的。

我今天要说的，主要是经学价值观。经学价值观所强调的是中国文化的"根"与"魂"的问题。中国文化的"根"就是"六经"，"六经"所承载的核心价值观就是中国文化的"魂"。"六经"去，则学无根；学无根，则民无魂。这个问题很重要，我主编的《中国经学思想史》突出讲的就是这个问题。应该说，我抓住了经学中最主要的东西。

二 "六经"的文献特点

六经中,《尚书》从尧、舜讲起,《春秋》写到孔子的晚年。《尚书》中所载尧、舜的事迹,虽然是传说,但还是有历史的影子在。从尧、舜到春秋末期,差不多有1700年。这意味着"六经"传承的历史是1700年。在这1700年间,有关于兴衰治乱的许多经验和教训。孔子在整理"六经"时,把其中的经验、教训总结出来,告诫后人怎么做会使社会走向太平盛世,怎么做会使社会走向衰乱危亡。所以,在这1700年间,我们的祖先经历了什么,华夏民族的民族性格是什么,"六经"都做了回答。由此我们知道:我们究竟是谁,我们中华民族是怎样的一个民族。

"六经"跟其他民族的经典相比较有什么特点呢?我觉得有以下几点:

第一,"六经"强调人与人的关系。近代中国人强调个性解放,但古代中国人不太强调个性,不太强调自我。个性和自我处在人际关系当中。首先,我是谁?我是我父亲的儿子,我用我父亲来界定自己。我是我儿子的父亲,我是我妻子的丈夫,我是国家的大臣,用多重关系来界定我这个人。用现在的话说,叫"角色伦理",你是很多角色的综合体。如果把这个叫作"自我"的话,它是"责任自我"。你有这么多角色,就有这么多责任。这是中国人再习惯不过的事情。相比之下,其他的古老民族,就不一定这么想问题。比如说古埃及有纸草诗,它赞颂死亡,关注死亡问题;赞颂太阳神,强调人对神的关系;它要跟自己的灵魂对话。它讲的是啥?纯粹自我,不表现为自我和他人的关系。我们在中国古代的《诗经》中就看不到这些东西,《诗经》中的诗全是自我和他人的关系。中国人所理解的"人的生命意义",就是活着的责任。这样一种思想,从某种特定的意义上说,好像缺乏哲学的意味。但从广义上说,则是一种更深刻的哲学。我们的生命就是我们的责任。我说得很直白,但是我认为这是儒家经典的精髓。

孔子倡导"仁爱"。我们通过《郭店楚墓竹简》发现，当时"仁"的写法与现在的写法不同，它上边写个"身"，下边写个"心"。"身"和"心"放在一起，痛痒相关，这就是"仁"。如果你身上哪个地方痛了、痒了，你心里没有感受，那叫啥？叫"麻木不仁"。人与人的关系，也是痛痒相关。你痛了痒了，我感同身受，这就是"仁心"。我这次回北京家里，只有一岁的小孙子让我很感动。他还不太会说话，看到我腿上有一小块烫伤后的结痂，便指着结痂哎哎地叫，还用小手抚摸。我相信他没有经验，也没人告诉他这是什么。但是他关心这个问题，他觉得这是我受伤了，这可能就是"痛痒相关"。所以我非常感动。

为啥小孩没人教，也懂这个呢？儒家讲"仁"就是天生的同情心。孟子说："恻隐之心，仁之端也。"你看到小孩快掉井里了，你会不自觉地把他救起。你不是想当英雄，也不是想受人表扬，这是出于一种本能的同情心，天生就有的。身心痛痒相关是"仁"。别人的痛苦你没有感觉，叫"麻木不仁"。所以，我们中国人的字词，闪烁着思想的光芒，是很有智慧含量的。

后来，"仁"字写成从"人"从"二"。也有道理，"仁"就是两个人之间的关系。古代在没有用牛耕田时，是采用"耦耕"法。两个人，一人拿着一把田铲，我这边铲一下，你那边铲一下，相互协作起垄，这叫"耦耕"。这两人的关系叫"相人偶"。互相之间谁也离不开谁，就是"仁"。所以郑玄解释"仁"为"读如相人偶之人"，解释得很好。

"六经"重视的是人与人的关系。人不是纯粹的自我，是人与他人的关系。人有很多角色，有很多责任，因而有很多伦理。你活着，就是要履行这些责任。尤其是男子的责任更重，男子二十岁时要行"冠礼"，即成人礼，表示他已经成人了。"冠礼"中有一条告诫：你现在不是小孩子了，不能天天嬉笑、玩乐，你要承担起为人子的责任，承担起为人弟的责任。娶妻的，要承担起做丈夫的责任；出仕的，要承担起做臣子的责任。总之，要承担起家庭、社会、国家的各种各样关系中的责任。成人礼，不仅仅是给青年男子举行戴头冠的仪式，更是要你从此承担起作为成人的责任。

第二，"六经"具有信史的资质。我们看其他经典，古巴比伦的《吉尔伽美什史诗》、古印度的《罗摩衍那》和《摩诃婆罗多》史诗、古希腊的《荷马史诗》、基督教的《圣经》、伊斯兰教的《古兰经》，看那些史诗和经典中的英雄如何周旋于神、人、魔、怪等不同世界中，那些神话故事非常引人入胜，但它不是"信史"，只可以当神话故事来看。但是，"六经"中的每一部经，都有"信史"的资格。

"六经"中的内容，是那个时代真实生活的不同侧面的反映，也是那个时代所要求的君子应该具备的知识和学问。具体说：《诗经》属于文学科目；《书经》属于历史科目，是关于上古历史的文献；《礼》属于社会学科目；《乐》属于音乐科目；《易》属于哲学科目；《春秋》属于历史科目，即孔子时代的近代史。所以，就六经的时代性而言，它涵盖了当时学问的一切方面。所以荀子《劝学篇》讲：有了"六经"的学问，"在天地之间者毕矣"。在荀子看来，"六经"是那个时代学问的总括，是天地古今之间真实的而非虚构的学问。

第三，"六经"是原生文明的载体。世界上其他古代文明都早已中断，只有中华文明没有中断，所以中华文明是原生文明，"六经"正是这种原生文明的载体。一个原生文明一直发展下来，它在历史的长河中之所以没有被放弃，没有被淘汰，就是因为它有合理性的内核。在我看来，它的合理性在于：华夏民族早在原始时代长期的聚族生活中，已经摸索出一套人际之间和谐相处的生存之道。这种生存之道用周详的礼俗加以强化，最终形成了以"礼俗""礼制""礼义"为综合体的文明体系。这一文明体系虽然屡屡遭到蛮族的威胁、破坏，但始终没有被改变，此即所谓"用夏变夷"而非"用夷变夏"。而在古代西方，文明国家被蛮族入侵、打败的事情屡见不鲜。在这种情况下，原生文明就很难被保留下来。

"六经"是华夏民族原始心理的自然表露。后世之所以愿意尊"六经"为经典，并不是仅仅因为周公、孔子等少数哲人的提倡或后世统治者的诱导，而是大多数人依恋这个传统，喜欢这个传统，需要这个传统。而且，由于历代学者对"六经"所做的创造性诠释，使得"六经"中的理念能适用于已经变化了的社会。"六经"为后世人们所尊崇的一个深层原因，也在于它所具有的可诠释性。

三 "六经"的基本内容及其思想价值

这里，我对六经各部先作一个概略的介绍。在以后的课程中，再作深入的讲解。

（一）《尚书》的基本内容和思想价值

《尚书》先讲尧、舜，然后讲夏、商、西周，实际讲的是中国的上古历史。尧、舜属于传说时代，夏、商、周三代，是中国的早期国家时期。

虽然尧、舜有传说的成分，但那是口耳相传的历史。《尚书》从尧、舜讲到秦穆公，中间至少有一千五百年的历史。若没有《尚书》这部书，我们说中国五千年的历史，就要大打折扣了。所以说《尚书》这部书很重要。

在历史上《尚书》差一点失传。秦始皇焚书时，有一位秦博士伏胜，将《尚书》偷偷藏在自家屋壁中。伏胜当初所藏竹简很多，因为一直有战乱，所以没有及时取出。到取出时发现，有些竹简已经朽坏了，只剩下二十九篇《尚书》，因为它是用秦代流行的隶书书写的，所以叫"今文《尚书》"。这二十九篇，就是我们了解上古历史的第一手文献资料，非常珍贵。元代的吴澄认为，伏胜对中国文化贡献巨大，应该用黄金给他打造一个塑像。

《尚书》开篇是《尧典》，接着是《舜典》。《舜典》除了开头二十八个字之外，其余部分原是《尧典》的内容。《尧典》主要写帝尧两件事：一是定历法；二是实行禅让制，让位于舜。

尧挑选接班人，征求了很多大臣的意见，有人提议由他的儿子继位，他不同意。大家又推选了很多人，他都不同意。最后大家提到舜，说舜这个人如何"孝顺"。舜的老爹瞽叟是盲人，舜还有一位后母，后母带来的儿子名叫象。他老爹很顽固，后母很嚣张，后母弟很骄横，舜就处在这种家庭环境中。后母和后母弟因为财产总想把舜害死，设计了很多陷害他的阴谋，舜都巧妙地躲过了。舜躲过了以后装作没事，还是对他老爹那么孝顺，对后母那么好，对后母弟那么友爱。帝尧认为，一个人对父兄如此仁爱，也会对部族的民众仁爱。因而将他选定为接班人。为了进一步考验他，尧把自己的两个女儿许配给舜，要看看这个人处理家庭事情的能力。尧后来"退居二线"，让舜在"一线"操持工作若干年。舜也确实表现出超凡的能力，后来顺利接班了。

尧舜的时代，还没有国家，应该是一种部落联盟形式，小邦林立。尧的大德，在于他所秉持的"和谐"思想，他能由家族到邦国，由邦国到天下，"协和万邦"。所以，华夏文明的曙光，在原始社会时代就已经呈现了。尧舜禅让，选贤任能，天下为公，这也是儒家的最高理想。

现在这个问题浮出水面了，就是国家的接班人到底怎么推选，这其实也是世界性的难题。无论是东方还是西方，在君主制时代，都是实行世袭制。世袭制，我们会觉得不公平，为什么这天下成了你一家的呢？历史之所以这么选择，在古代社会有其一定的合理性。传统社会，主要靠农业生产，一经战乱，田野荒芜，几年难以恢复。中国人的一个理想目标，就是"天下太平"。太平了，农民可以去经营农业，大家就有饭吃。怎么能做到太平？就是减少斗争和战争。当时的"家天下"就有这个功能，能保持新君即位时，政治相对稳定。总是改朝换代，政治就不容易稳定。历史上，很多大而长的战争差不多都是由改朝换代引起的。

西方后来产生了民主制，一人一票，民主选举。丘吉尔说："民主是最差的一种政治制度，除了所有那些其他被实验过的政治制度之外。"（Democracy is the worst form of government except all those other forms that have been tried from time to time.）将这句话的意思反过来说就是：至今在所有被实验过的政治制度里面，民主是最不坏的一种。丘吉尔应该是就西方历史说的。若果然如此，那中国历史上的"选贤任能"制度是否也有再探索、实验的必要？

中国儒家的理想是"禅让制"，选贤任能，就是由某个团体从现有的人才库里选一个大家觉得靠谱的人来接管权力。西方学者比我们许多中国学者敏感，当我们感到"禅让制"是一个可以探讨的问题时，人家的书都写出来了。最近加拿大学者贝淡宁（Danniel A. Bell）教授出版了《贤能政治》一书。他认为，中国的政治尚贤制不仅能选拔出能力超群的领导者，而且如此选拔出的领导者更具长远眼光和全局意识，能够做出更具说服力的政治决断。政治尚贤制比西方的民主制更适合像中国这样的大国，它能够有效地规避民主选举制的主要缺陷。他的书刚刚出版，山东大学的一位学者就写文章批判这部书，认为它落伍。在我看来，"选贤与能"是一个办法，这个办法究竟如何操作，值得好好研究。

《尚书》中关于大禹治水的传说也是可歌可泣的。人类面对大洪水的巨大灾害，西方人坐上诺亚方舟逃离了，中国人则团结起来治水。从大禹治水开始，中国人就产生了搞治水、搞大工程的"基因"，这说明中国这个国家动员能力很强。这是好基因，但要有好领导、好策划，不然，像隋炀帝修大运河，就出了问题。

《尚书》中还记载了这样一类事，就是圣贤"吊民伐罪"，谁欺压人民就讨伐谁。商汤王、周武王推翻了桀、纣暴君，成了圣王的代表。中国自古以来就承认革命的合理性。如果遇到暴君，臣民有革命的权利。所以中国历史上有许多次农民革命，它的思想动力都来源于这里。现在，革命是我们这个时代的最强音，最响亮的口号。但必须指出，革命不是我们现在才有的传统，是上古以来就有的传统。对于中国经典文化，你不能说它是完全服务于封建专制主义的，它也有革命的传统。不仅《尚书》肯定革命，《周易》也肯定革命和改革，齐诗"四始五际"说也肯定革命和改革。

《尚书》里讲得最多的就是"德"。《尧典》讲"克明俊德"，《皋陶谟》记载皋陶对禹大谈"德""三德""六德""九德"等。《尚书》中的《周书》特别强调"德治"的重要。周公本人就是一位大力倡导"德治"的政治家。

《尚书》中还讲到一个"敬"。"敬"的一个很重要的意义就是"敬畏"，人生活在人世间，要有敬畏感。"敬畏"在各大宗教都有。儒学不能说是宗教，但也强调"敬畏"精神。先秦儒家重视"敬畏"精神，宋明理学则强调"持敬""主敬"工夫。

综上所述，《尚书》中有很多很好的思想，如"协和万邦"思想、"德治"思想、"汤武革命"思想、"敬畏"思想等。从现代角度看，都有它的正面价值。

（二）《诗经》的基本内容和思想价值

《诗经》是中国最早的诗歌总集。现存305篇，分为《国风》《小雅》《大雅》《颂》四个部分。

在时间上，《诗经》与《尚书》的时代有相当多的重合部分，《诗》《书》可以说是相辅相成的。《商颂·玄鸟》记叙了商的始祖"契"的传说故事，《大雅·生民》记叙了周的始祖"后稷"的传说故事，契和后稷都是尧、舜时代的人。在空间上，十五国的风谣反映广袤地域中不同的风土人情。当时社会的人们是有等级之分的，《诗经》全方位地反映了不同阶层人们的社会生活和精神生活。

按照传统的说法，《国风》中的很多诗篇是西周王官通过民间采风搜集来的，统治者通过王官（我这里所说的王官，是指君王派出去的官员）"采诗"来"观风俗，知得失，自考正"。

透过《诗经》，我们可以了解当时人们鲜活的思想。比如，《将仲子》："将仲子兮，无逾我墙，无折我树桑。岂敢爱之？畏我诸兄；仲可怀也，诸兄之言亦可畏也。"我们有一个词语叫"人言可畏"，就是从这里来的。这是一个女孩唱给她的情郎的。仲子，就是二哥。哎呀，我的二哥呀，你不要再来爬我家的墙啦，你不要破坏我家的树桑啊，我不是要爱护我家的树桑，我是害怕我的哥哥们哪。其实，你这个二哥我是很喜欢啦，但是我的哥哥们，他们说起话来真的很难听啊。这首诗是什么诗呢？是"偷情诗"。这种偷情诗歌能在上古社会共同体中传唱、流传，最后王官们还把它采到朝廷中去，经过整理后，登上大雅之堂，由那些太师、少师们演奏。如果没有一个相对开放的人际关系和共同的审美情趣，它怎么可能在大庭广众中演奏呢？其实，贵州现在还有这种风气。我年轻时在贵州生活了十年，经常听到少数民族男女"对歌"，男唱一段，女唱一段。不仅青年男女唱，老头老太太也唱。唱什么，随机编词，那边女的在商量，这边男的在商量，有点儿调笑和打情骂俏的味道。旁人听得很热闹，时时引起一阵哄笑。那是一种习俗。

《诗经》不因其草创而显得粗犷、鄙野，《诗经》中的一些诗句连后世大诗人都无法超越。比如写远征士卒的内心世界："昔我往矣，杨柳依依。今我来思，雨雪霏霏。行道迟迟，载渴载饥。我心伤悲，莫知我哀！"还有对女性美的描写："巧笑倩兮，美目盼兮。"这八个字就把美人写活了，以后再没人写得这么好了，真是千古绝唱。

《诗经》中有一些歌颂廉洁自律、奉公爱民的官吏的诗，比如《缁衣》描写一位妻子给做官的丈夫反复补官服。今天我们读此诗，会想起中国20世纪六七十年代所倡导的节俭精神：一件衣服长期穿在身上，"新三年，旧三年，缝缝补补又三年"。《诗经》中也有不少揭露、讽刺社会丑恶现象的诗篇，比如：《伐檀》写一群伐木者对不劳而获的贵族阶层予以愤怒斥责；《硕鼠》更将那些贪官污吏比作大老鼠。还有其他一些政治讽刺诗。这些诗能流传下来，说明当时的统治者还是比较宽容大度的。

综论

《诗经》向我们展示了当时人们精神生活的"样态",还有当时的生产生活方式。现在,我们或许会觉得这些没有必要记录和描写。但恰恰是这些具有生活气息的鲜活精神的诗歌记录,使得他们的生活被"诗化"了。我们可以将它称为"诗化人学"。

纵观世界,中国可称得上是诗的国度。尤其是唐诗宋词,更是诗歌发展的巅峰。但是,《诗经》被称为"经",唐诗宋词不被称为"经",就是因为《诗经》直抒胸臆,感情真挚,充满生命的活力,具有深层的魅力,承载着人类的各种情感母题。

与后世的诗歌相比,《诗经》没有过多地强调技巧、格律,也没有刻意追求绮丽的辞藻,但它却完好地保留了诗的原始抒情本质。那时的人们,动于心而发于口,天机自动,天籁自鸣,他们所抒发的情感,无论喜、怒、哀、乐,都是那样真实自然,没有一丝矫揉造作。而抒发情感正是诗歌的本质。诗人沈方有一句话我很欣赏,"真正的诗歌,就是原始样式的诗歌","只有回到诗歌的原始,才能得到本质的诗歌"(载于《诗刊》2001年第8期)。由此我们就能理解为什么《诗经》称为"经",后世的诗不称为"经"。

(三)《仪礼》的基本内容和思想价值

先秦文献中常将"诗书礼乐"连在一起说,其中的礼是指"仪礼"。"仪礼"可能早期并没有成书,是采取言传身教的方式,一代一代传授的。《礼记·杂记下》记载:"哀公使孺悲之孔子,学士丧礼,《士丧礼》于是乎书。"由此看来,孔子之时,《仪礼》尚未成书。今传《仪礼》十七篇应是在孔子之后才成书的。《仪礼》记录的是不同礼仪的程式,看不出有什么思想。它不讲思想,只讲周旋跪拜的一套礼仪程式。现代人看到这套礼仪程式,会觉得那时的礼仪太过繁缛、繁琐。在当时有人教礼仪程式,叫"演礼"。演,带有表演的性质。有人做示范,其他人跟着学。怎么走,怎么跪,怎么拜,一招一式,都要人教。古时候生活节奏很慢，所以礼仪程式搞得繁缛冗长，也可能圣人制定这样一套礼仪程式就是为了磨炼人的。从原始时代走向文明的人，开始可能都很野蛮，所以要慢慢磨炼，把天生的蛮性磨没了。这也是礼仪的一个特点，消磨人的野蛮性。

有一次我到韩国，韩国学者邀我参加韩国的祭孔仪式。当时大家穿着明代的服饰，按古礼祭孔，在场上一遍一遍走，一遍一遍拜，一套程式下来用了两个小时。我那时候还年轻，没有出现什么问题。有的学者很胖，年纪又大，跪拜下去就起不来了。我也参加过台湾佛教徒的寺庙早课，凌晨3：30开始早课，寺庙大殿灯火通明，跟着僧众一遍一遍地走，一边走一边唱梵呗。当时我就在心里感叹：当和尚、尼姑也不容易啊！

春秋以后，礼崩乐坏，那种繁琐的礼仪也渐渐废掉了。《仪礼》这部书到了唐代，没人看得懂，也没人实行。所以唐代人不把《仪礼》当经典，而把《礼记》当经典。《礼记》一半篇幅是解经的；一半篇幅是通论性文章，比较注重讲礼义，即礼的思想。到了宋代，朱熹主张重新恢复《仪礼》为经典。因为《仪礼》不容易看懂，所以他和弟子编纂《仪礼经传通解》。

中国古代通过"礼仪"来承载道德规范，我们现在将过去的许多礼仪都废了。废了礼仪，就影响了社会道德，也就不知道礼的价值了。这些年虽然有所恢复，包括每一年的祭孔、祭炎帝、祭黄帝等，但基本属于隆重的典礼性质，日常的礼仪还是很欠缺。现代社会，礼仪乱了套，该有的礼仪没有，不该有的礼仪却很多。以前是给老人过生日，现在大多是给小孩或青年过生日。小孩或青年别的事情记不住，他（她）的生日记得可清楚，而且每次都要求给他（她）过生日。这就弄颠倒了。我觉得对传统文化中的礼仪进行研究和重新规范，是件非常重要的事情。

20世纪初的"五四"时期，中国传统的礼仪文化被作为"封建礼教"加以废除。但是，当时"只手打倒孔家店"的健将吴虞曾经声明：

"我们今日所攻击的,乃是礼教,不是礼仪。礼仪不论文明人、野蛮人都是有的。"然而我们今日检讨起来,很遗憾地感到,传统的礼仪文明实在是破坏得太多了。

当我们出国到欧洲或到日本、韩国时,我们发现中国的国民素质在文明礼貌等方面差距很大,以致有的朋友悲观地说:中国物质文明的发展有可能在二十年内成为世界第一,但国民素质要达到国外先进国家的水平,可能要半个世纪。而近年来在国内经常因为相互"不敬"而引发斗殴血案,其中很大一部分原因,就是因为社会缺乏礼仪规范教育。

一个真正被认可的文明社会,必定是礼仪社会。新中国发展到今天,在人们普遍富足的时候,我们也要考虑重新制定现代社会的礼仪规范了。要提高国民文明素质,就要先组织若干礼学专家,借鉴古今中外的礼仪,制定出一套合理、方便的现代礼仪规范,加入到幼儿园、小学、中学以至大学的教育中,以及企事业员工的培训中。当然,提高国民文明素质是一个系统工程,绝不限于此。但"礼仪教化"问题从此受到关注,也就有了一个良好的开端。

我认为,我们中国可能是也可以是最早建立人间天堂的国家。但是,如果"礼仪"建不成,天堂也就建不成。所以要认识到这个问题的重要性。

(四)《乐经》失传

中国文化中最值得遗憾的事情之一就是《乐经》失传。不仅《乐经》失传,历史上许多好的音乐作品都失传了。比如说《诗经》三百篇原来都是配"乐"的,后来都失传了。据记载,最后一首《诗经》的配乐,即《鹿鸣》诗的配乐是在汉代失传的。再往后失传乐曲越来越多。比如说"词牌",原来都是有乐调可以唱的,后来都失传了。之所以"失传",与社会变迁和动乱有关,也与人们的审美情趣变化有关,再有就是与当时没有很好的记录乐谱的方式有关。

《乐经》虽然失传，但有关"乐"的精神，我们还是知道一些。《礼记》说："礼节民心，乐和民声。""乐者为同，礼者为异。同则相亲，异则相敬。""乐"讲究和谐。你看，少数民族一聚会就唱歌跳舞，大家在一起唱歌跳舞那一刻，上下相亲和乐，就没有等级了。与民同乐嘛！所以，"乐"是社会共同体成员打成一片、相互融合的最好方式。大家都有这样的体验，有时一首歌能把人们唱得热血沸腾或泪流满面；而且歌曲传播得非常快，一下子大家都会唱了。所以，凝聚人心最好的形式之一就是歌曲。这就是"乐"的功能和作用。一个新王朝建立以后，为了凝聚人心，都会作"乐"。以今视古，周公"制礼作乐"的用意就很明显了。

（五）《周易》的基本内容和思想价值

《周易》是一部很难懂而且歧义很大的书。它的最大问题是：它是一部算卦的书，还是一部说理的书？许多人认为是算卦的书，我基本上认为是说理的书。在我看来，《周易》作为中华元典之一，怎么能把它看作一部算卦的书呢？我写的《易经讲演录》，里面讲的全是《周易》对人生智慧的启迪。

对于《周易》，以前人们的认识里有一个很大的误区，就是认为《周易》涵盖了宇宙间的一切规律和奥秘，这种看法是要不得的。杨振宁说中国科学不发达，与《周易》思维有关系。这个说法不一定完全正确，但的确有相当大的关系。如果一个国家的科学发展完全依赖对《周易》的研究和破译，那可麻烦大了。我们讲中国传统文化很重要，但是不能讲到荒唐的地步，要理性地去讲。我的看法是：《周易》是一部关于境遇与境界的智慧之书。一个人在一生中有境遇，一个民族在其历史发展中也有境遇。在什么境遇下应该有什么境界，这是最重要的。有的时候，大家的境遇是一样的，可是有的人成功，有的人没有成功。这里就有一个境界的高低问题。我们学习《周易》，应该从境遇和境界的角度去理解。我在1997年写过一篇文章,《文王演〈周易〉新说》,就是从境遇和境界的关系去讲的。1997年到现在,已经二十年了,应者寥寥,跟着我讲的人很有限,很多人更愿意听算卦。这与国人的素质有关系,也与社会有关系。在一个发展变动较大的社会中,人的命运有很大的不确定性,哪怕是高官、富豪也常常惶惶不安。你今天是封疆大吏,是一方巨富,明天就有可能犯事蹲监狱。但是,随着整个社会的进一步发展变化,我相信人们的素质和境界会越来越高。

(六)《春秋》的基本内容和思想价值

《春秋》是孔子那个时代的近代史,从鲁隐公写到鲁哀公,共十二位君主,记载了二百四十二年之间发生的历史事件。这部书过于简略,像大事记一样,并且也不全面。所以宋代人称它为"断烂朝报"。此书若没有传注加以解释,读者会不知所以然。解释《春秋》经的著作主要有《春秋左氏传》《春秋公羊传》《春秋穀梁传》,即人们通常说的"春秋三传"。孔子之所以要作《春秋》这部书,是因为有史以来,这段时期天下最为无道,最为荒谬,各诸侯国常常发生"臣弑其君,子弑其父"的现象。孔子作这部书,就是要把乱臣贼子钉在历史的耻辱柱上。《公羊传》一派学者认为《春秋》这部书寄寓孔子的"微言大义",因而解释出许多重要命题,如"大一统""通三统""张三世"及新的"夷夏观"等。"大一统"就是尊重统一,"大"是尊大的意思。"通三统"是说一个新王朝除了要开出本朝的新传统之外,还要吸纳前两朝的政治经验和传统。新的"夷夏观"讲民族融合,强调民族平等。如果夷狄认同礼仪文化,就是中国;反过来,如果中国不再认同礼仪文化,就成了夷狄。"张三世"是一种阶段论的社会进化发展观,社会由"据乱世"阶段走向"升平世"阶段,再走向"太平世"阶段。

这里,我想谈一点感想。我十多岁的时候,街上大喇叭天天喊"跑步进入共产主义""十五年超英赶美"。后来中国凡是在召开重要会议之后，两报一刊（《人民日报》《光明日报》和《红旗》杂志）都会有报道和社评，最后一段话都会写：我们要在三十年或四十年内实现共产主义。后来总是落空，索性不再提了。太远期的目标的确不容易看准，所以邓小平提出"摸着石头过河"。"过河"是大目标，可是河的深浅你不知道，我只能先看小目标，我摸着这个石头，踏着那个石头，摸索着过河。这个比喻太形象了。

现在中国有了新的目标，两个一百年：中国共产党建党一百周年（1921—2021），全国人民脱贫致富；中华人民共和国建国一百周年（1949—2049），中国进入发达社会。2021年，离现在很近，还有三四年嘛！

我现在70岁，就我的岁数而言，要到2049年，我觉得有点儿遥远。我希望有生之年能看到国家一天天富强文明，这是我人生最大的愿望。

余　论

近百年来，我们形成了这样一种观念，即认为中华元典是保守的、僵化的，是反对革命和改革的。这种观念的形成有其特殊的历史背景，当西方近代的社会制度、思想文化传入中国，两种文明猛烈撞击之时，大多数国人仍抱持传统观念，对西方这种看似全新的文化一下无法适应和接受。当时的激进人士将这种保守性归于中华元典。在今日看来，这是不准确的，也是不公正的。

中华元典在其自洽的系统中，起着一种社会政治和思想文化的激励、指导和调节作用。通俗地说，社会该革命的时候它支持革命，社会该改革的时候它支持改革。当然，它也不是在任何时候都支持革命和改革的。当一个王朝正常运行、社会正常运转的时候，它是坚定地维护王权、维护社会稳定的。

中华元典不是保守、僵化的思想体系，历代解释经典的经学活动也不是保守、僵化的思想反映。一个明显的事实是，自有经学以来，对元典的解释一直是平等的、自由的、开放的。所谓"平等"，就是不论身份地位、贫富贵贱，任何人都有权利对元典进行诠释；所谓"自由"，就是解释者根据自己对元典的理解，可以提出任何不同的见解；所谓"开放"，就是对元典的解释，不仅限于儒者群体，佛家、道家及域外不同文明的学者都可以对中华元典提出自己的见解。试问：世界上有哪些宗教和学派能对自家经典的解释有这样宽容的态度？

"文化大革命"时期搞所谓"批儒评法"，杜撰出了一部所谓"儒法斗争史"，认为凡是倡导政治改革的都是法家，凡是反对政治改革的都是儒家。每当政治改革的历史关键时刻，便会有一批头脑顽固的儒者跳出来反对政治改革。事实并非如此，主持北宋熙宁变法的王安石是儒家，不是法家；主持晚清戊戌变法的康有为、谭嗣同是儒家，不是法家。他们主张变法的根据都是来自儒家经典，而非法家经典。如王安石祭出《周礼》《尚书》《诗经》以支持变法，康有为祭出春秋公羊学以支持变法。相反，反对政治改革的保守人士却举不出经典来反对政治改革——因为没有这样的经典。所以他们只能打出"祖制不能改"的旗号，说本朝开国皇帝——太祖太宗定下的制度规矩不能改。这也反衬出中华元典是支持政治改革的。

以《周易·革》卦为例。《革》卦就是讲变革和革命的卦。《革》卦离下兑上，兑为泽，离为火，湖泽之下有火。自然界有没有这种现象呢？有。那就是发生地震或火山爆发，湖泽底下是地震源或火山口，湖泽底下冒出火来，这意味着自然界中的大变革。《易经》作者根据这样的卦象，取名为"革"。《周易》里有这样一种精神："穷则变，变则通，通则久。"认为变革是可通可久之道。首先，变革乃自然之理。变革体现自然造化之机。自然界阴阳消长，日月往来，四时更替，都体现着变革。其次，变革也是社会发展和进步之理，《周易》讲"汤武革命，顺乎天而应乎人"，推翻暴虐无道的政治统治，重建社会秩序。革命成功，天下蒙其福。

再以《周易·蛊》卦为例，《周易·蛊》卦是讲政治改革的。"蛊"字上虫下皿，器皿里有虫。米里或衣物里有虫叫蠹虫，引申为政治有弊端，《蛊》卦就是讲如何治理政治弊端的，因而隐含政治改革的意思。《蛊》卦卦辞讲："蛊，元亨。利涉大川。先甲三日，后甲三日。"政治改革犹冒涉险难，只有心系天下，以涉大川之气概除弊去蠹，方能奏功。"甲"是十日之首，古代讲究吉利，制作政令常于"甲"日进行，所以政治上有个术语叫"甲令"或"令甲"。"先甲三日"，在正式制定政令的时候要考察原来的政策有什么弊端，这些弊端是怎么产生的，并研究怎么救治这些弊端。"后甲三日"，考虑推行新令后会产生什么样的效果。"三"不是具体的"三"，"三"在这里是指多，形容制定法令时思虑要深远周密，所以叫"先甲三日，后甲三日"。《蛊》卦给我们的启示是：第一，制度因时而制，时久事变，制度不再合时宜，便会弊端丛生。后人继承前人事业，改革旧制度，是正当的，虽有阻力，亦当鼓励进行到底。第二，革除旧弊，当考察旧弊产生的原因与过程，认真探求救治之方；制定新政策、新制度，必须思虑深远，以求收到长久效果。

由上述可知，《周易》是既支持革命，又支持改革的。不仅《周易》如此，儒家其他经典也如此。并非如近百年来激进人士所说的，特别是"文化大革命"时期一些人所说的那样，法家是支持改革的，儒家是反对改革的。

本讲重点提示：中国文化的"根"是"六经"，"六经"所承载的核心价值观是中国文化的"魂"。"六经"去，则学无根；学无根，则国无魂。清中期章学诚提出"六经皆史"论，解构汉以来所形成的经学，回归官师合一的三代政治，由此而推崇秦王朝"以吏为师"的文化专制主义政策。这种观点是错误的。民国初年，蔡元培"废除尊孔读经"是一种历史的短视行为。胡适的《中国哲学史大纲》"截断众流"，不从"六经"讲起，而从诸子百家讲起，是截断了中华文化的源。

第四讲

先秦大儒与经典传承

孔子曾说："人能弘道，非道弘人。"这并不是说有一个"道"摆在那里，等待你去弘扬。如果一个荒原野岭从来没有人走过，哪里来的"道"？一个原始部族虽然按照其习俗生活，若没有人总结其生活之"道"，便处于"百姓日用而不知"的状态。同理，作为经典，虽然有"经以载道"的理据，但若无人去发掘、诠释，那它的"道"怎么被认识和运用？由此说来，"人能弘道"的"道"是有待去发现、发掘、诠释和运用的。所以，作为华夏民族元典的"六经"，如果只是"束之高阁"，高高在上地摆在那里是不行的。它必须被认同、被认识和被运用，才能发挥其元典价值观的引导性作用。

诸子百家中，能够认同"六经"，并能守护和传承"六经"的只有孔子和儒家。墨家对"六经"有一定的认识，但是不够全面；法家商鞅、韩非都反对读《诗》《书》；道家也不看好六经。这说明，只有好的文化、好的传统，若没有人去认识它、弘扬它，它自己也不会发生作用。孔子首先是那个"弘道"的人，他把传承"六经"当作终生的事业。孔子之后，由子游、子思、子思的门人，再到孟子，是四传。孟子自称"私淑孔子"，极力推崇孔子。孟子过后又有荀子，荀子是后世传经的一个关键人物。但孔子、孟子、荀子都属于民间性质的学者，还没有影响到国家的政治层面。直到汉武帝接受董仲舒"罢黜百家，表章六经"的建言后，"六经"才被推到国家思想文化经典的地位上。

这也启示我们："弘道"更需要一个代代传承的学派。而一个学派的形成，需要几个条件：第一，需要有学派的宗主，孔子就是儒学的宗主；第二，有一套经典及其诠释理论；第三，要有至少三代人以上的学术传承。对一个学派而言，老师固然很重要，学生同样也很重要。我们看历史上有些重要的思想家，如墨子，传了两代，后来就没有了。

后世的宋明理学，如"程朱理学"从"二程"开始，就有许多弟子，有许多分支。其中一个重要分支就是从杨时、罗从彦、李侗，再到朱子的一支，也是四传，学者称之为"道南正脉"。在学术传承过程中，要能产生大师级的人物，进行再创造。杨时、罗从彦、李侗都没有超越二程，朱子则成了集理学之大成的人物。

二程的学术成就虽然很大，但若没有朱熹的弘扬，大家可能不知道他们的老师周敦颐的学问，也不知道二程的学问。因为无论是周敦颐，还是二程，他们的著作都是由朱熹搜集、整理才印行的。如果没有朱熹做这个工作，后世有可能看不到周敦颐、二程的著作。

一个学派，它的形成过程需要有几代弟子，而且有些时候并不是一帆风顺的，甚至是有磨难的，程颐与朱熹晚年都曾经被打成"道学党"，受到迫害。其实西方也一样，耶稣当年也是被打压的，最后被钉死在十字架上。但是，他创教成功了。一个大的学派的形成，有时要经历几十年、上百年或者更长的时间。所以做学问、创造学说，也不见得就要短平快，马上见效。既然选择了做学问，你就等于选择了寂寞。"古来圣贤皆寂寞"，这是大诗人李白说的。做学问就是要选择与寂寞为伍，就是要坐得住冷板凳。我说这些，是想说一种学术的形成，一个学派的形成，实际是件很艰难的事情。

综论

一 孔子对中华元典的守护与诠释

孔子和"六经"的关系，到底是因为孔子整理了"六经"，"六经"才被称为经典呢，还是因为孔子保存了儒家经典，他才被称为"圣人"呢？换言之：是孔子借重于"六经"，还是"六经"借重于孔子呢？我想这个问题不能简单回答，两者是互为因果的。我们下面讲一讲关于孔子的事。

第一，孔子是第一位私学老师。孔子是殷商没落贵族的后代。孔子的父亲叔梁纥年轻时孔武有力，立了大功，后来娶了年轻的颜征在为妻。孔子三岁时，父亲就去世了，是母亲把他带大的。孔子少时就好学，年轻时就成了知识渊博的学者。在孔子之前的西周时期，教育状况是"学在官府"，被称为"王官之学"。那时只有贵族子弟才有资格进入官府学习。学习的内容是《诗》、《书》、礼、乐，此时礼、乐应该都没有成书，要靠言传身教。一般平民没有机会接受教育。到了春秋末期，官学没落，有些王官失去官职，流落民间，将王官之学带到了民间。司马迁曾说他的祖先世代为史官，到了周襄王时，司马氏离开周王室，流落民间。由于有这类情况，民间人士得以有机会向懂得"王官之学"的人讨教学习。孔子当年就是这样学习的。他曾问礼于老聃（这个老聃曾是周室的史官，但不一定是《老子》一书的作者），问官于郯子，问乐于苌弘，学琴于师襄等，学无常师。孔子学成之后，自己便公开讲学。前面讲的流落于民间的"王官"没有公开来教书，孔子第一个以私学的形式教书。孔子办学，"有教无类"，不问出身，不分阶级。所以冯友兰说：孔子是中国的第一位私学老师。

第二，孔子是第一位将贵族文化转为全民文化的人。在西周时期，"礼"差不多是文化和文明的代称，"礼不下庶人"，意味着文化到不了人民群众当中。文化学习是被贵族垄断的一种特权。春秋末期，"礼崩乐坏"。"礼崩乐坏"是由一些贵族造成的，这些贵族不守规矩，比如说"祭祀"，本来只有天子可以进行郊祭和禘祭，可是自平王东迁之后，周天子逐渐失去了权威，诸侯坐大，也要进行郊祭和禘祭。并且许多诸侯自封为王，与周王室分庭抗礼。你天子是王，我也要称王。这就把西周以来的礼乐文明破坏了。不仅如此，西周原有的档案文献，因为对诸侯有许多制约和限制，"诸侯恶其害己也，而皆去其籍"，许多文献典籍因而被毁掉了。这样一来，文献典籍里面的好东西也被毁掉了。孔子作为第一位私学老师，他讲课的内容就是《诗》、《书》、礼、乐，这同以前的王官之学是一致的。这就意味着孔子将以前的贵族文化转化成了全民文化。在这个意义上，孔子也是第一位将贵族文化转为全民文化的人。

第三，孔子是第一个自觉对经典进行创造性诠释的人。孔子自己说过"述而不作，信而好古"。这句话常被误读，以为孔子是完完全全复述古人的东西，没有自己的创造。所以他就被现代人戴上了保守、复古的帽子。对他的误解从章学诚就开始了。章学诚抬周公，压孔子，说孔子只是复述周公创造的东西，自己没有创造。这就误读和贬低了孔子。孔子所讲的"述而不作，信而好古"到底是什么意思呢？在我看来，"述"是述其历史，"信"是珍视历史中内含的价值观，这种价值观是经受了历史检验的，它比现实中那种人为造作的价值观更可靠。历史中自有价值，所以要"述而不作"；现实中价值失落，所以才"信而好古"。

对于这一点，大家都应该有切身体会。"五四"以后，思想文化界对传统文化批判了几十年。特别是这些年由于商品经济的发展，社会上产生了"金钱至上"论，"金钱不是万能的，但没有钱是万万不能的"。在许多人心中，其他的价值都是"虚"的，只有金钱的价值才是"实"的。于是社会上产生了炫富、斗富的心理。晋朝时石崇斗富，拿铁如意砸王恺的珊瑚树。二十年前我听说富少斗富，互相摔 XO 洋酒，看谁摔得多，不心痛。正是因为社会价值观失落，才会出现这样的问题。所以今天又回过头来讲全面复兴优秀传统文化，从优秀传统文化里寻找失落的价值。

以今视古，你再去体会孔子"述而不作，信而好古"的话，我想一定会有新的心得。

回过头来，我们再来看孔子是怎样对传统经典作创造性的诠释的。

1973年出土的马王堆汉墓帛书中有篇重要文献，即关于《周易》的《要》篇，其中记载孔子说：

> 《易》，我后其祝卜矣！我观其德义耳也。……史巫之筮，乡（向）之而未也。

孔子的意思是说，他对待《易经》同史巫的占筮之学不同，他所重视的是《易经》中的义理之学。将《易经》从占筮之学转向义理之学，是孔子对于《易经》的一种创造性的诠释。此后，义理之学便逐渐成了易学研究的主流，如王弼、胡瑗、二程、杨万里等人都是沿着义理之学的路子来解释《周易》的。

孔子能从经典中发现其合理的价值内核，从而做出创造性的理解和诠释，这正是孔子的伟大之处。

再举一个例子，前些年上海博物馆收藏了一批战国时候的竹简，其中有《孔子诗论》一篇，是孔子对《诗经》的研究和诠释，其中有这样一段话：

> 孔子曰：吾以《葛覃》得祗初之诗，民性固然，见其美，必欲反其本，夫葛之见歌也，则以绤绤之故也，后稷之见贵也，则以文、武之德也。吾以《甘棠》得宗庙之敬，民性固然，甚贵其人，必敬其位，悦其人，必好其所为，恶其人者亦然。【吾以《木瓜》得】币帛之不可去也，民性固然，其隐志必有以揄也。其言有所载而后纳，或前之而后交，人不可干也。

上面一段话中多次出现"民性固然"。孔子读《诗经》，注意研究人性的特点，研究人们未受污染时的"初心"，并探讨什么观念可以作为人类的长久价值。

《葛覃》是一首敬初之诗。《葛覃》歌颂的是葛草，人们当时穿的衣服无论是细布还是粗布，都是葛草织成的。人们看见身上华美的衣服，自然会"反（返）其本"而歌颂葛草。人们感恩于文王、武王的功德，自然也会歌颂周人的先祖后稷。《甘棠》是一首感恩诗，爱民的召公曾经在甘棠树下处理政务。人们怀念他，作诗纪念他。由此想到人们建立宗庙的道理，就是为了缅怀纪念前人的恩德。《木瓜》是一首报答诗，受人恩德应该予以报答。而与人结交，为了表示诚心，投桃报李，礼物是不可少的。孔子通过读《诗经》来了解人性是怎么样的，并认真探讨人际交往应秉持什么原则和价值理念。其实两千多年的儒学发展，反复在研究和重申这个问题。但是传统文化的许多价值理念在近百年中被抛弃了。"五四"时期，吴稚晖曾说，要把中国的线装书统统丢到茅厕里去，过三十年后再来研究。后来真的把线装书丢到茅厕里了，而且一丢就是六七十年。一个西方人说的一句话我认为有道理。他说：中国人应该把很久前丢到茅坑里的东西，重新捡回来，洗一洗，再供奉起来。不好意思，现在我们所做的正是这个工作。

今天我们说"全面复兴优秀传统文化"，当然首先要尽量传达传统文化的精神，弄清它的本意。但是只靠这些是不够的，我们还要作创造性的诠释，为现代社会服务。如果我们将来有志于成为大学者、大思想家、大哲学家，那创造性的诠释是必不可少的。

第四，孔子是第一个建立中国道德哲学体系的人。孔子建立了一个以"仁"为最高理念的道德哲学体系，这个体系包含了孝、忠、恕、礼、义、智、勇、恭、宽、信、敏、惠等很多范畴。孔子自己很谦虚，他说："若圣与仁，则吾岂敢！"他不认为自己就是圣人或仁人，认为自己还应该再努力。他想改造社会成员中的每一个人，为社会建立良好的秩序。

我认为，孔子建立这样一个道德哲学体系，对于中国人精神境界的提升具有重要的意义。将来中国社会的发展，不是用钱来铺路就一定能做好的。我们要建设富强、民主、文明、和谐、美丽的国家，富强和美丽是可以用钱来达到的，民主、文明、和谐用钱不一定能达到。这其实是一种艰巨的"文化建设"。我们在座的各位应该都有这个历史使命。无论中国还是西方的文化，最终的目的都是道德教化。中国人依靠儒学，依靠"六经"来进行道德教化。过去，孔庙初一、十五都会举行宣讲活动。所有的孔庙都有明伦堂，"明伦"是什么意思呢？就是讲社会的人伦教化。西方靠宗教，基督教信上帝，有很多宗教故事，教徒作礼拜，牧师也会讲一些道德教化的内容，这可以说与儒学"殊途而同归"。大家不要把"道德教化"当作一个负面词汇。西方大哲学家伽达默尔就认为，教化是人类独有的存在方式，教化是使人成其为人的根本途径。在我们看来，道德教化做得好，应该是最符合人性的，也是社会成本最小的管理模式。打个比喻说，我们的祖先筑了一个黄河大坝，黄河大坝很高，黄河水位高的时候，黄河就在我们上面流淌。一旦黄河水泛滥，大坝决堤，那就要淹死无数人。其实我们说的"道德教化"，就像黄河的堤坝一样。一旦道德的大坝决堤，官场和社会便会出现塌方式的腐败。社会风气坏了，就很难救治。一些人想通过当官贪腐发大财。前些年，"不贪白不贪，贪了也白贪"，成了一时间的口头禅。你去问小孩："你将来想做什么啊？"小孩回答："我将来想做贪官。"出现这种现象，是什么原因呢？就是道德的堤坝毁了。毁了就没有"规矩禁防"了，我们叫"信仰缺失""道德失范"。这就很不好办。因而我们提出全面复兴中国优秀传统文化。

孔子的伟大就在于他是第一个建立道德哲学体系的人。中国古代宗教信仰不发达，我们只能靠道德哲学体系。当一百年来，我们一点一点把这个道德哲学体系毁了的时候，我们看到了严重的社会后果。这时我们重新认识到古人的智慧，在对人性的认识、社会的认识方面，先哲比我们深刻得多。我们现在既讲道德，也讲智慧，是二分法。其实道德与智慧是应该紧密联系在一起的。在我看来，道德是最大的智慧。有了道德，社会才能稳定。

第五，孔子是第一个以布衣身份站在道德高地上批评权贵的人。过去我们一直认为孔子是站在贵族阶级立场上愚弄人民，这个看法是不对的。其实孔子一直批评的都是贵族阶级的一些人，他认为春秋时期的社会动乱不是老百姓造成的，而是贵族阶级内部造成的。他说：今天的所谓"君子"（权贵们），喜好财富充实，贪得无厌（"好实无厌"）；放纵淫欲，无休无止（"淫德不倦"）；荒于事而心怠，傲于物而心慢（"荒怠敖慢"）；尽民之力而不计其劳（"固民是尽"）。社会风气全坏在这帮权贵们的手上。

孔子之所以要作一部《春秋》，就是要把那些"乱臣贼子"，那些所谓的"君子"的丑事暴露出来，将他们钉在历史的耻辱柱上。当然，孔子是以一种"微言大义"的方式，表达得比较巧妙。若要说得直接明白，当时可能就"殉道"被杀了。

二 孟子：第一个将孔子奉为"教主"的人

前面我讲了先秦时期的"圣人崇拜"思潮，当时人普遍认为，只有圣人才能"救世"。但究竟谁才是圣人呢？从文献上看，管仲、荀子、韩非子等人，都曾经被称为"圣人"。但是并没有重要人物站出来呼应，或者说，没有被当时的学者普遍认可。当时，孔子曾被不同学派的人称为"圣人"，最重要的是他得到了在当时具有影响力的人物的响应，这个人就是孟子。

孟子第一个将孔子奉为"集大成"的"至圣"，他对孔子的推崇和表彰几乎是无以复加的。孟子说：自有人类以来，没有比孔子更伟大的。他说这个话的时候，引用了孔子的几个弟子的说法，说尧、舜也比不上孔子。又说："孔子，圣之时者也。孔子之谓集大成。"孔子传承传统文化，并不像人们说的是"老古董"。他是"圣之时者也"，是与时俱进的。后世说孔子是"大成至圣""万世师表"，这些话都是从孟子这里来的。我们不把儒学当作宗教，但是承认儒学起了类似宗教的作用；我们也不把孔子当作宗教的教主，但是他也确实类似于宗教的教主。现在世界上的几大宗教，释迦牟尼创立了佛教，他是教主；耶稣创立了耶稣教，他是耶稣教、天主教、基督教这一系统的教主；穆罕默德创立了伊斯兰教，他也是教主。孔子创立了儒学，我们并不把他看作教主。但是根据宗教界的看法，他们都是一样的，是人类的四大教主。孟子说孔子是"集大成"的"至圣"，自有人类以来没有人比他更伟大，已经把孔子当"教主"了。

但这不意味着孟子要借孔子抬高自己。孟子有自己的独立人格。关于独立人格问题，我想在这里多说几句。

《礼记·儒行篇》有"特立独行"一类，说有这么一些士人和儒者，"上不臣天子，下不仕诸侯"。"特立"有点像我们现在说的"独立"，用今天的话说，就是"独立的知识分子"。在战国初期、中期，出现了一些这样的知识分子。魏文侯的老师田子方就属于这一类"特立独行"的人。当时太子击（后来的魏武侯）在路上与田子方相遇，太子击很有礼貌地下车来拜见，田子方傲不回礼。太子击很生气，说："是富贵者应该骄傲呢，还是贫贱者应该骄傲呢？"田子方回答："当然是贫贱者应该骄傲。若是诸侯骄傲就会失其国，大夫骄傲就会失其家。贫贱者行有不合、言有不用，则拂袖而去，就像脱掉了一双草鞋。这两者怎么能相比呢？"还有一位就是孔子的孙子，名叫子思，他也是一位"特立独行"的人。《孟子·万章下》记载，鲁穆公觉得自己这么最尊贵的人能礼贤下士，愿意同知识分子交朋友，已经做得很不错了。当他会晤子思时便问：千乘之国的国君要同士人交朋友，您觉得怎么样呢？子思很严肃地对他说：这不叫"礼贤下士"！你怎么能说与士人交朋友呢？你应该再放低姿态，以士人为师啊！子思表现出一身的刚风傲骨。最近出土的《郭店楚墓竹简》中有一篇《鲁穆公问子思》再次印证了子思的"特立独行"。鲁穆公问子思："大臣怎样做，才可以称得上忠臣呢？"子思回答："能经常指出君主错误的人，才可以称得上是忠臣。"

孟子是子思的再传弟子，他同样也是一位"特立独行"的人。战国时期，"圣王不作，诸侯放恣，处士横议"。处士就是没有入仕的知识分子，他们可以对朝政横加议论。孟子认为，士人要担负起社会道义，代表社会的良心。孟子说："无恒产而有恒心者，惟士为能。"虽然我不富，没有什么钱，但是我有我的抱负和理想，我愿为之锲而不舍地追求。他认为，士人应该树立一种大丈夫精神，"富贵不能淫，贫贱不能移，威武不能屈"。知识分子见到那些权贵、大人，不要觉得他们"巍巍然"，很了不起，而觉得自己矮一头。相反，你完全可以藐视他，"说大人，则藐之"。我们今天很多人一见到大官、一见到土豪，就想同他攀谈，想交朋友，好像你可以沾点啥光，那都是错觉。孟子见梁惠王，出来以后对人说："望之不似人君。"这不意味着梁惠王道德品质不好。梁惠王这个人挺和气，没架子。孟子见到他以后，不觉得他像个君王，孟子似乎认为君王还是要有一定的威仪。不管怎么说，孟子的确没有把梁惠王放在眼里。后世在君主专制制度下，大臣见到君主都是诚惶诚恐的。所以韩愈写出"臣罪当诛兮，天王圣明"的句子。这就跟孟子不一样，缺乏"特立独行"精神。

如上所述，孟子属于有"特立独行"精神的知识分子，他高度评价孔子，把孔子当"教主"，那是他真心服膺孔子的思想学说，没有其他目的。我们或许可以这样说，孟子代表了先秦独立知识分子的理想人格，孟子是站在一个独立知识分子的立场上来推崇孔子的，这在当时是有很大理想的。

关于经典传承，孟子偏重传承经典精神，基本不谈章句训诂。相对于子夏、荀子的"传经"派而言，孟子可以说是"弘道"派。《孟子》

一书多次称引《诗》《书》,"言必称尧舜"。尧、舜好在哪里呢?就是"公天下",天下为公。在孟子的解释框架中,"民"是最高范畴,"天视自我民视,天听自我民听"。孟子提出:"民为贵,社稷次之,君为轻。"他把"民"放在第一位,"社稷"放在第二位,君主排在最后。这种排法,可以说是"空前绝后"!孟子还主张,对待暴君,人民有革命的权利。这些都是孟子思想中了不起的地方。

三 荀子:推崇"五经"达于极致的儒者

(一) 荀子是第一个提出五经备天地万物之道的儒者

先秦儒家明确提出"经"的概念的学者是荀子。《荀子·劝学》篇讲"其数则始乎诵经,终乎读礼",他所说的"经",主要是《诗》《书》,并不包括《礼》。从诵"经"开始,最后读《礼》。《荀子》一书,讲到《礼》《乐》《诗》《书》《春秋》。(此时尚未将《易》与之并列)。他认为学了这五种文献,"在天地之间者毕矣",天地之间的学问就都在这里了。在那时,《礼》《乐》《诗》《书》《春秋》类似百科全书的地位。荀子所说的"在天地之间者毕矣",意谓"五经"备天地万物之道。无论是统治者,还是一般学人,都要抓住这个根本。这就为后世汉武帝、董仲舒"罢黜百家,表章六经"的政策提供了理论依据。

(二) 传授经学

荀子是把儒家"五经"传下来的一个重要人物。根据文献记载,荀子授《诗》给浮丘伯,浮丘伯授《诗》给申公,由此而发展出《鲁诗》一派。荀子又曾授《诗》给毛亨,毛亨授《诗》给毛苌,由此发展出《毛诗》一派。《韩诗》现在有《外传》,其中引荀子说《诗》凡四十四条,说明《韩诗》也与荀子有关。这样说来,汉代的《鲁诗》《毛诗》《韩诗》都是以荀子为宗师的。相传《春秋左氏传》由左丘明作,传曾申，经过五传至荀子，是《左传》亦传于荀子。还有《穀梁传》也是由荀子所传。关于《礼》，《荀子》书中有大量论述《礼》的内容。

康有为曾说："传经之功，荀子为多。"（《康南海先生口说·学术源流二》）"孟子之后无传经。……二千年学者，皆荀子之学也。"（同上书）荀子有传经之功，两千年的经学都是从荀子那里传下来的，这是康有为讲的。

以上我们讲了三个重要的先秦儒家学者：孔子、孟子、荀子。经典的传承与他们有直接的关系。讲先秦的儒家文献，还有一部书是大家要给予重视的，那就是《礼记》。先秦的儒家文化典籍，主要就是这四部书：《论语》《孟子》《荀子》《礼记》。《礼记》中也有很多重要文献。

一般介绍先秦儒家，只选择了孔子、孟子、荀子这些大儒来介绍。其实，孟子之前的"七十子"，虽然大多不甚著名，但是也很重要。《礼记》被认为是"七十子"之学。这部书比较杂，或者说它原来并不是一部书，是汉代学者汇集先秦儒家文献，将之编辑在一起而形成的一部书。虽然里面比较杂，但确实还有很多好东西。中国人民大学梁涛教授提出"新四书"的概念，即《论语》《孟子》《荀子》《礼记》。这种安排有一个好处，就是把先秦的儒家文献基本说全了。讲先秦儒家，离不开这四部书。

本讲重点提示：先秦诸子百家之中，墨家对"六经"有一定的认识，但是不够全面；法家商鞅、韩非都反对读《诗》《书》；道家也不看好六经。能够认同"六经"，并能守护和传承"六经"的只有孔子和儒家。孔子之后，孟子为"弘道"之儒，荀子为"传经"之儒。"弘道"比"传经"更重要。因为"弘道"是就经典的主旨大义而言，"传经"是就经典文本的训释而言。所谓"贤者识其大者，不贤者识其小者"。

分　论

第五讲

《尚书》的语言特征及其重要理念

我对五经的排序,是先《尚书》,次《礼经》,次《诗经》,次《易经》,最后是《春秋》。之所以把《尚书》排在最前面,是按照儒家"祖述尧舜,宪章文武"的理念来排的,而我要讲的《尚书》的内容主要是围绕尧、舜和文、武、周公的。之所以把《礼经》排在《尚书》之后,是因为我要讲的内容,主要是围绕上古礼俗和西周礼乐文明的。之所以把《诗经》排在《礼经》之后,是因为我要讲的内容,主要是围绕春秋时期卿大夫"赋诗"和孔子解《诗》的,之所以又将《易经》《春秋》排在更后面,是我认为这两部经成书相对较晚。

今天这一讲,就先讲《尚书》。

研究《尚书》,当首先区分今文《尚书》和伪《古文尚书》。今文《尚书》是秦始皇焚书后由秦汉人伏胜保存下来的那二十九篇,用秦代通行的隶书书写,被后世称为"今文《尚书》",这是真的《尚书》文本。后来这二十九篇被人析分成三十三篇。这三十三篇现存于传世本《尚书》中。传世本《尚书》中另有二十五篇,是晋人伪造的,号称"古文尚书",实际是伪《古文尚书》。所以元代学者吴澄作诗说:"前汉《今文》

古，后晋《古文》今。若论伏胜功，遗像当铸金。"我们现在要讲的是今文《尚书》，即先秦的真《尚书》。以下就简称"《尚书》"。

在儒家经典中，《尚书》是最为古老，也最为难懂的书。像唐代的大文豪韩愈、宋代大学者朱熹等人已明确地说它的一些篇章"佶屈聱牙""已不可解"。《尚书》大部分内容属于王朝的文书档案，其中记载着中国上古时代的重大史事和帝王言论。那时，竹简记事并不普遍，这些内容被记载下来，藏于秘府，其重要价值不言而喻。以致唐代刘知几认为，《尚书》是儒家经典中价值最高的书，他说：《尚书》是"七经之冠冕，百氏之襟袖。凡学者，必先精此书，次览群籍"（《史通》卷四《断限》）。宋代学者则认为《尚书》所记内容多为上古帝王的为治"心法"，因而将它作为中国文化"道统"的原始根源。

近现代的学者对于《尚书》的研究，大体有两个方向，一是关于思想史的研究，二是关于语言语法学的研究。这两个方面的研究都有明显的不足。其根本的原因，还在于《尚书》太难懂。在思想史的研究方面，因为学者不能完全看懂《尚书》文献，因而多为寻章摘句、断章取义式的评论和议论，所作结论未必经得起推敲。在语言语法学的研究方面，语言学或有所进展，但在语法学上则收效甚微。尤其是研究者不甚注重对思想史的研究，只是停留在对《尚书》个别字词的研究上，这对于想要阅读《尚书》经典文本的读者而言，还不能起到一种"导读"的作用。由于上述原因，我主张今后的尚书学研究，应该加强思想史与语言学两者的结合。

一　今文《尚书》文本属于"老古文"

我认为，在中华元典中，《尚书》的研究空间还非常大，这主要体现在对文本的理解上。而要对文本有透彻的理解，就需要在语言学、语法学上有较大的突破。

最近，对于《尚书》的研究，我产生了一种新看法。在我看来，中国自古以来的汉语文献，有三个语言体系：一是以今文《尚书》为代表的"老古文"语言体系；二是春秋末至清末的"古文"（也可称"新古文"）语言体系；三是晚近的"白话文"语言体系。这里使用"老古文"和"新古文"的提法，是借鉴满语"老满文""新满文"的概念。

古代学者已经谈到过《尚书》难懂，唐代韩愈《进学解》便称："周《诰》殷《盘》，佶屈聱牙。""佶屈聱牙"四字，前人未曾有此语。大概韩愈读《尚书》读得上火，无法形容《尚书》文字艰涩生僻、拗口难懂，便想出了这四个字来形容它。"佶屈"，有曲折之意。曹操《苦寒行》："羊肠坂佶屈。""聱"，韩醇注："聱，《广雅》谓不入人语也。"韩愈的意思是说，《尚书》的语言文字完全看不懂。这是说了大实话，不懂就是不懂，不像有的学者不懂装懂。宋代大儒朱熹也曾说："如《盘庚》诸篇已难解，而《康诰》之属则已不可解矣。"（《朱子语类》卷七十八）有鉴于《尚书》难懂，今人谭家健先生曾专门提出"《尚书》体"的概念；钱宗武教授认为《尚书》"是比较特殊的汉语文献语言"[①]。不过，在我看来，这些概括尚不足以反映《尚书》语言体系的历时性特点，以及它与后世成熟古文的重大区别，因而我特别标出它是与春秋末以后的"古文"甚不相同的"老古文"。

《尚书》是中国上古时代的文书档案，记言兼记事。体裁有典、谟、训、诰、誓、命等。《尚书》所使用的语言主要是岐周地区的方言，因为岐周地区在西周时为全国的政治中心，此地区的语言便被视为"雅言"，也就是"正言"，直白说就是当时的官话。我们今日所见的今文《尚书》二十九篇所反映的正是当时被称为"雅言"的语言体系。这种"雅言"的语言体系在文字的读音、用字习惯、文句语法等方面都与后世的古文

[①] 钱宗武教授亦认为："《尚书》的语言古奥、简朴，是比较特殊的汉语文献语言。"（见钱宗武《尚书入门》第三章《尚书的语言特点》，贵州人民出版社1991年版。）

体系不同。

语言的发展，与政治有很大关系。哪些地区成为政治文化中心，这些地区的语言就会成为通行的语言。当西周衰落之后，齐国、晋国相继称霸，所以春秋时期的通行语言应该是逐渐以齐、晋地区的流行语言为主。这个过程应该发生在春秋前中期。遗憾的是，关于这段时期的历史文献基本是空白，我们所熟知的《春秋》《左传》《国语》《管子》等都是春秋末期以后的人写的。这些书已经属于一种成熟的古文文体了。

推测西周"雅言"体系失落的原因，大概是在西周灭亡之后，周平王带着大批移民东迁至洛阳。周人原来的居住地岐周地区，就留给了秦人。秦人自有其本族的文化，并没有继承岐周文化。《毛诗·蒹葭小序》称：《蒹葭》"刺（秦）襄公也。未能用周礼，将无以固其国焉"。这是说秦人并没有继承周人的文化。而周平王东迁洛阳之后，周王朝逐渐沦落成小国，失去了话语主导权。其原有的语言文化逐渐式微，被齐、晋等霸主国的文化掩盖。

我们从汉代扬雄的《方言》一书看，即使到了汉代大帝国建立之后，各地方言的区别仍然甚大。其实，直到现在，各地区的方言发音的区别仍然很大。前两年广西南宁一位小哥失恋，发了一个录音视频："本来今颠高高兴兴，泥为什莫要说这种话？蓝瘦，香菇。""蓝瘦，香菇"于是成了网络语。其实他说的是"难受，想哭"。因为发音不同，别人听了如坠五里雾中。其实，这位小哥说的是"桂式普通话"，还不是当地方言，若说当地方言，外地人恐怕很难听懂。

回到古文上来，古文中有许多同音假借字，你若是按字面意思去理解，那就不免会碰到许多莫名其妙的句子。南宋叶梦得曾说："《尚书》文皆奇涩，非作文者故欲如此。盖当时语自尔也。"（引自胡广《书经大全·原序》）这是说，《尚书》所录乃是当时人的语言，为人所共晓。由于时代变迁，语言改变，或方言不同，后人觉得奇涩难懂了。

想象春秋初中期诸侯林立之时，各地方言的区别更大。但这不意味着各诸侯国之间语言文化没有相互的交流。春秋时期，在齐国、晋国分别主盟期间，各诸侯国之间已经有了相当频繁的政治文化交流。经过两百多年的时间，到了春秋末期催生了一种新的较为通用的语言文化体系，就是我们所看到的孔子、墨子、老子等人的"之乎者也矣焉哉"的语言体系。这种新的语言体系与以《尚书》为代表的语言体系相比，不啻是那时的"白话文"。

我将今文《尚书》的"语言"与春秋末之后的"语言"看作两种语言体系，那为什么两千多年来无人提出类似的看法呢？我认为有两个原因：第一是代表中国主流文化的儒家学者一直强调自己是先王文化的守护者和继承者，儒家经师一代代传承，大体上了解《尚书》文字的意涵。第二是古人得益于《尔雅》这部训诂学宝典，学者通过它可以大致读懂这部书。假如没有这两个因素，《尚书》突然被发现于后世社会，那学者视之将不啻"天书"！

为了说明"老古文"和"新古文"的重大区别，我们可以举几个例子，首先，在新古文中，最常见的是"……者，……也"的句型，用以表达一种判断或解释原因。但在老古文中，非但没有这样的句型，甚至连"者"字、"也"字都没有。

其次，老古文与新古文用字习惯有很大不同，清代姚际恒曾经指出二者的不同点，"如以'敬'作'钦'，'善'作'臧'，'治'作'乂'作'乱'，'顺'作'若'，'信'作'允'，'用'作'庸'，'汝'作'乃'，'无'作'罔'，'非'作'匪'，'是'作'时'，'其'作'厥'，'不'作'弗'，'此'作'兹'，'所'作'攸'，'故'作'肆'之类是也"①。这意思是说，《尚书》与春秋末期以后的古文用字习惯有很大的不同，如春秋末期以后的古文当用"善""信""其""故"等处，《尚书》会用"臧""允""厥""肆"这类字。其实这只是几个简单的

---

① 转引自阎若璩《尚书古文疏证》卷八。

例子，我们还可以举出两者之间更多常用词汇不同的例子，如以"能"作"克"、以"众"作"烝"、以"谁"作"畴"、以"至"作"格"作"造"作"挚"、以"同"作"金"、以"实"作"塞"、以"美"作"休"、以"杀"作"刘"、以"致"作"厎"、以"始"作"哉"、以"布"作"敷"、以"及"作"越"、以"相"作"胥"、以"往"作"徂"、以"我"作"台"作"卬"、以"大"作"孔"作"诞"作"丕"作"皇"作"简"作"元"等，如此之类，难以缕数。如果我们不了解这种区别，那就很难读懂《尚书》，况且我们所能懂的只是其中的一部分常用字。至于文句之中的语法我们更是懵懵然，其中的许多规律并未了解和掌握。所以，我说要想真正读懂《尚书》，还有很大的研究空间。在我看来，能懂后世古文的学者要想学习《尚书》这种"老古文"，远比懂英文的学者学习德文更难。因为德文的规则已经基本被人们掌握，而学者对于《尚书》这种"老古文"并没有做到这一点。这是今日想研究《尚书》的人所应知道的。知道了这一现状，我们就会知道，学者今日对《尚书》的解释，也只能说是解释了个大意。

二 《尚书》所传达的重要理念

今文《尚书》二十九篇上限从尧、舜、禹讲起，这可以说是传说时代。然后讲夏、商、西周，下限讲到秦穆公，这已经是春秋前期。《尚书》据说是由孔子编定的，远远不止二十九篇。但可以肯定的是，《尚书》是以《尧典》为首篇的。后世司马迁作《史记》从炎帝、黄帝开始说起，《尚书》并没有从炎帝、黄帝说起。但《大戴礼记》有《五帝德》《帝系》两篇，说明儒家也是承认炎帝、黄帝的世系的。《尚书》之所以舍去炎帝、黄帝、颛顼、帝喾等上古帝王不讲，而要从尧、舜讲起，可能是因为奉行"祖述尧舜"的宗旨，将尧、舜作为君王榜样。而《尚书》各篇原本是文书档案，并不是史官编纂的史书，因而编选哪篇，不选哪篇，是由其编辑宗旨来确定的。这个编辑宗旨表达的是编纂者究竟想弘扬什么样的理念。从今文《尚书》中大约可以看出，编纂者有意强调如下一些理念：

（一）"尧舜禅让"

近年西方学者提出了"集体记忆"理论和"文化记忆"理论，前者由法国社会学家莫里斯·哈布瓦赫（Maurice Halbwachs）提出，后者由德国学者简·奥斯曼（Jan Assmann）提出。这里不想研讨他们的理论。我只是想说，这两个概念的提出非常有意义。因为关于史前的传说没有当时文字佐证，人们一般不甚采信。而在我们看来那些传说是先民以口耳相传的方式一代一代传下来的。并且有关中国古代的传说与美国学者摩尔根《古代社会》一书的理论是高度吻合的。因而我们认为这些传说反映出上古社会的史影，可以将它看作中国先民的一种"集体记忆"或"文化记忆"。具体到"尧舜禅让"，我们将它看作原始共产制社会性质的部落联盟首领的推选制度。在我看来，如果历史上根本没有发生这样的事情，春秋战国时期的学者为什么要杜撰这样的故事出来？因为在当时并没有推行"禅让"制度的土壤和氛围。但如果把它看作是原始共产制社会的事情，那就再自然不过了。

孔子"大道之行也，天下为公"的描述，是以"尧舜禅让"这段历史为蓝本的。但他同时也承认它已经不适合现实，"大道既隐，天下为家"，这才是现实。孔子并没有认为现实社会具有推行"禅让"制度的可能性。

关于"尧舜禅让"之事，学术界有不同的看法。20世纪以顾颉刚为代表的"古史辨派"认为关于尧、舜、禹的传说，是后人杜撰出来层累地加上去的。这一派史学家认为《尚书》中的《尧典》《舜典》是战国时候的人撰写的，但他们并未举出任何证据。

我不赞同这种意见，我有两点看法：第一点，《尚书·尧典》属于

"老古文"，会用"老古文"撰写文章的，在春秋时期已经微乎其微了。第二点，"尧舜禅让"发生在上古是有合理性的。那个时候阶级社会还没有形成，是原始时代，没有私有财产，国家也还没形成。尧、舜只是部落联盟的首领。部落联盟的首领是被推选出来的。所以"尧舜禅让"在那个时代是有合理性的。相反，在春秋战国时代，为了争夺君位，甚至君臣、父子、兄弟之间互相残杀，怎么会将君位让给局外人呢？那时并没有这个氛围来造作像《尧典》《舜典》这种文献。

在我看来，按照"集体记忆"和"文化记忆"的理论，把尧、舜、禹传说看作上古以来的口述历史，远比古史辨派的"层累地造成的古史"的假说更好。因为后者无法解释中国上古传说与摩尔根《古代社会》关于史前史分期理论暗合的现象。既然是这样，我们就有必要珍视上古口述历史的价值，把"尧舜禅让"当作一种历史经验来借鉴和探讨。我认为，对于这样好的思想资源，我们要善加对待，不要轻易抹杀它。

（二）"协和万邦"

《尚书》说尧"克明俊德，以亲九族；九族既睦，平章百姓；百姓昭明，协和万邦"。尧舜时代反映了中国原始共产制时代的史影。当时"天下万邦"，尧的伟大在于能以平等共生的理念处理氏族、部落、邦国之间的关系，它的最高表现就是"协和万邦"。此一思想深刻影响于后世，成为中华民族对外交往的一贯精神和传统。在我们看来，"协和万邦"思想对于今天中国处理与世界各国的邦交关系仍有很强的现实指导意义，并且它与20世纪80年代出现的崭新的人权理念有彼此呼应的关系。美国斯蒂芬·P. 马克斯在20世纪80年代发表《正在出现的人权》，批评现在世界所有的有关人权问题的宣言和公约在民族与民族、国家与国家之间皆未能有所规范，这其中实际依然存在着对人权的大规模的、公然侵犯的现象。例如，各种形式的种族歧视、殖民主义、外国统治、对国家主权和民族统一及领土完整的侵略和威胁等。因此，一些国际人权学者呼吁制定新的第三代人权法则，并称其为"团结权"，以促进所有民族和国家之间建立国际合作与团结的政治责任。这种合作与团结在和平、发展、生态平衡、交往等方面具有全球性考虑的性质。而中国文化所讲的"协和万邦"思想正可作为第三代人权的基本准则。

（三）"敬畏"理念

《尚书》很重要的一点就是特别强调"敬""畏"观念。中国古代有"敬"的观念，也有"敬畏"观念。"敬"字包含有尊敬、重视、谨慎、警惕、专一、敬畏等含义，但最主要的含义是"敬畏"。宋代朱熹解释"敬"字说："敬只是一个'畏'字。""敬字要体得亲切，似得个'畏'字。"

我们都知道，佛教、道教、基督教，虽然各自的教义不同，但都有一种共同的精神，就是都讲"敬畏"。儒家的学说与宗教不同，它没有宗教组织，很不像宗教，但也有类似宗教的"敬畏"，而且讲了很多。它是怎么体现的呢？首先是对"天命"的信仰。中国人有一个观念，天高高在上，它并不是我们所看到的苍茫的天，而是一种"人格神"。他注视着人间，而且特别重视统治者的行为。如果统治者做得不好，天就会命令有德的人去讨伐他，"天命有德，天讨有罪"。与天命相联系的就是"天威"，如果你不尊重天，天就会给你颜色看，显示他的威严。周武王死后，周公和召公在一篇对话中，用了四次"天威"这个词。周成王去世之前召顾命大臣交代后事，其中也讲到"天威"。过去一些思想史的著作认为，周人讲"天威"，讲"天命"，是吓唬殷商贵族的，周人自己并不相信"天威""天命"。经过我们仔细研究，上述观点是不对的，其实周人也是相信"天命""天威"的。这种信念在于告诫执政者，要有这样一种认识：不要以为大权在握，就可以为所欲为，那样是会遭到上天报应的。

对于这种三千年前的思想，我们会觉得它是古人的一种迷信。但是要知道，我们现代人有时也会表达这样的思想。比如前几年美国国务卿希拉里要围堵中国，到中国周边的小国去游说。为此《人民日报》发表一篇社论，其中说："人在做，天在看。"这样说的目的，当然不是宣传一种迷信思想，而是意在告诫希拉里，不管你相信上帝也好，不相信上帝也好，做事总要有"敬畏"心。

讲"敬畏"，除了敬畏"天""天威"之外，还有其他的意义。比如：

1. 修己之敬。《尚书·召诰》篇说："王敬作所，不可不敬德。"意思是：王者在任何处所都不可以没有敬德。《中庸》强调："君子戒慎乎其所不睹，恐惧乎其所不闻。"意谓：君子之心常存敬畏，即使在他人所不知不闻之时，也要存有敬畏之心。古代帝王如尧舜"兢兢业业"、文王"小心翼翼"皆是敬畏之心的表现。君王尚且如此，百官自然也不能例外。

2. 临民之敬。中国古来就有一种"天民一理"的思想。天心见于民心，民心即天心。《尚书·康诰》载成王告卫侯康叔之语说："天畏棐忱，民情大可见。可不敬哉！"意思是说：天威虽可畏，常辅至诚之人。观民情向背大可见天之辅与不辅。怎么可以不敬呢？《尚书·无逸》说："君子所其无逸。先知稼穑之艰难。"作为执政者要知农夫稼穑之艰难。元代许有壬说："天下之治，生于敬畏。目击之顷，知农夫之艰难，粒米之不易，有不惕然而悟，凛然而惴者乎？"这是说，当你面对盘中之餐的时候，就应有"粒米之不易"的敬畏感。

3. 治事之敬。古人言"敬事"，犹今人言"敬业"。即对所从事的职业持慎重、认真的态度，不能出现差错。尤其是对于关系国计民生的大事，更不能疏忽。《尚书》开篇《尧典》即记载尧"乃命羲和，钦若昊天历象日月星辰，敬授人时"。《洪范》记载周武王灭商后访殷商旧臣箕子，箕子授《洪范》九畴，其第二项便是"敬用五事"。所谓"五事"："一曰貌，二曰言，三曰视，四曰听，五曰思。"这是讲"敬事"之人在言论行为上所应有的恭谨敬畏态度。

4. 继成之敬。父辈创业，后辈当有继成之敬。《尚书·大诰》载成王之语说："予不敢不极卒宁王（指文王）图事。"这意味着要遵循文王所制定的大政方针来治理国家，防止自乱纪纲法度，以避免新兴政权脱离正常运行的轨道。"继成之敬"又被称为"缉熙之敬"。"缉熙"二字采自《诗经·大雅·文王》："穆穆文王，于缉熙敬止。"意谓光明相继，后人应发扬光大前人开创的事业。

元代梁寅说："人君有缉熙之敬而光明无间，固继明也，世世以明相继。"元代名臣程文海上奏元武宗称：前人创建政权身历百战，恶衣菲食，栉风沐雨，艰苦备尝。后人当存恭俭敬畏之心，兢兢业业，如此才能邦基巩固，建树伟业。

"敬畏"具体表现为多种"不敢"：第一，不敢违抗天帝命令。"予惟小子，不敢替上帝命。""替"就是改变，我不敢改变上帝的命令。第二，不敢背弃先王事业。《周书》中所言之"先王"，通常是指文王、武王而言。第三，不敢侵侮鳏寡。你可能有能力欺负任何人，但是你要起敬畏之心。这些人你应该帮助，没有帮助，反而欺负他，就没有体现仁爱。第四，不敢自求安逸，不敢沉湎于酒色。这些可能使你堕落，尤其是统治者，使你身败名裂，亡国亡家。

（四）"德治"思想

殷商时期的人尊奉天帝，相信"天命"，"率民以事神"，凡事都要通过占卜来问天。周人也相信"天命"，但在相信"天命"的同时，更相信天佑有德之人，因而特别强调"德治"的重要。特别是当周人得天下之后，就一直思考这个问题：对于已经得到的"天下"，能不能持续保有？在什么情况下，可能会丢掉天下？思考出来的结论就是：只有统治者有"德"，才能保有天下。"德"在那时几乎成了一个关键性的概念。

"道德"这个词，在近世有些贬义。过分地强调"道德"，似乎显得这个人太假，容易被怀疑是"假道学"。在周族兴起的时候，"德"是没有这种贬义的。相反，它完全是一个褒义词。有"德"者才能"得"。"德"与"得"两个字有时可以通用。"德"字与"业"字联系起来，叫"德业"，有德才有事业。

殷商统治全国时，国土面积及实力都是很大的，被称为"大邦殷"。而周族在西部地区是个方圆百里的小邦，因而被称为"小邦周"，"小邦周"要对抗"大邦殷"，实力差距太大。周武王在灭商之前，曾经搞过一次军事演习，史称"孟津之会"，参加者非常多，号称"八百诸侯"。本来是可以向殷商发动进攻的，但周武王衡量军事力量对比，觉得还是不行，于是又退兵了。最后武王伐纣的时机，选择了商纣王完全失掉人心，并且主力军不在都城之时，带有突袭的性质，牧野一战而天下大定。"小邦周"最终战胜"大邦殷"，主要原因是：周族有"德"，民心向周；殷商失"德"，民心叛殷。

其实，周族自周文王时就制定了"翦商"策略，一方面通过道德来团结其他邦族，结为同盟。另一方面也通过征伐发展自己的实力。当时有句话叫"大国畏其力，小国怀其德"。大的国家可能对你不服，但也害怕你的实力，小的国家则对你感恩戴德。

在中国思想史上，"德"和"力"是一对范畴。光靠"道德"不行，还要讲"实力"。汉代王充提出：治国之道，一曰养德，二曰养力，要"文武张设，德力具足"，"外以德自立，内以力自备，慕德者不战而服，犯德者畏兵而却"（《论衡》卷十《非韩篇》）。

中国现在实行的，不单纯是讲德治，也讲实力。你看我们的军事发展得很快。当然也有一些网友总在鼓吹，时不时讲我们发明了什么东西，感觉美国不行了。那都是标题党，其实远远没到那个份上。即使是中国在发展实力方面做得很好，我们也还是要抓住"德治"这个旗帜。你看美国人很会整，它一方面发展实力，另一方面还要占领道德高地。实际上，中国传统文化的许多理念是我们很好的思想资源。中国从来就是一个热爱和平、重视道德、强调"协和万邦"的国家。即使我们国家将来发达了，还是会按照先贤提出的理念去做。先贤的那些道德理念，就是我们国家的一张好广告、好名片。我们的领导人访问美国，时常会在哈佛大学做一次演讲。讲演内容往往是中国传统文化，孔子怎么讲的，老子怎么讲的，孙子怎么讲的。这就是在告诉世界：中国人的文化基因是什么，所秉承的理念是什么。"德治"思想就是中国的"软实力"。

余 论

以上讲了《尚书》中的重要观念，但仍感到言犹未尽。这里我想联系现实再强调一个问题，就是我们现代的中国人比较缺乏"敬畏"感，应该特别引起重视。

古代中国人虽然宗教观念相对淡薄，但是敬畏感却很强。先秦文献中除了《尚书》之外，其他书中也有很多关于"敬"的论述，如《周易》："敬以直内，义以方外。"《诗经》："凡百君子，各敬尔身。""圣敬日跻。"《论语》："修己以敬。""执事敬。"《孟子》："敬人者，人恒敬之。"《荀子》："凡百事之成也，必在敬之；其败也，必在慢之。故敬胜怠则吉，怠胜敬则灭。"等等，皆为千古格言。

到了宋明理学那里，二程提出："涵养须用敬，进学则在致知。"即用"敬畏"工夫加强道德修养，用"致知"工夫提高学问修养。这种"用敬"工夫被视为"圣贤心法之要"。南宋真德秀作《大学衍义》一书将"崇敬畏"作为了重要的内容之一，强调"敬"是"一心之主宰，万善之本源"。

为什么古人如此重视"敬畏"观念，在我看来，就是防范人类自己蕴含着的可能的"破坏力"。大家听了这一解释可能会感到很惊讶。其实人类除了蕴含着可能的巨大"创造力"之外，也还蕴含着可能的巨大"破坏力"。人类自从有了人工取火的能力之后，已经具有了极大的破坏能力。试想，若是一个疯子天天去放火，那对自然界和社会会造成多大的破坏！因此每个人面对自然界和社会如何保持一种"敬畏"之心，来约束和规范自己的行为，便是一个十分重要的问题。许多民族是靠宗教来约束和规范人们的行为的。世界上如佛教、道教、基督教等宗教，其各自的宗教教义虽然不同，但却有一种共同的精神，那就是"敬畏"。中国传统社会宗教意识不强，因而更需要一种"敬畏"的人生态度。古来政治家和思想家之所以特别强调"敬畏"意识是不难理解的。

虽然中国人宗教意识不强，但并非没有自己的信仰。中国人不甚关注彼岸世界，而更关注"人伦日用"的此岸世界，这是一种人文主义的信仰，譬如做官为民，对民"敬畏"，那便把"做官为民"之事当作了一种人生信仰。所谓"俯仰无愧于吾民，然后得遂一日之乐"（元代虞集语）。

"敬畏"是与放肆怠傲相反的。在古代儒者看来，人若不以"敬畏"精神提升自己，便会沉沦，走向放肆怠傲。正因为如此，"敬畏"精神便成为了后世中国哲学的重要精神支柱之一。

近几十年来，在商品经济的大潮冲击下，一些领导干部由于丧失了理想信仰，缺乏敬畏之心，滥用手中权力，导致自身严重腐败。针对这种情况，习近平总书记借鉴传统文化的"敬畏"思想，一再强调领导干部要"常怀敬畏之心、戒惧之意"，这就说明古代经典的教诫对我们今天仍有很强的现实意义。古人"岂欺我哉"！

本讲重点提示：今文《尚书》二十九篇，属于"老古文"语言体系，即已经失落了的西周"雅言"，与春秋中期以后的"之乎者也"的新古文体系有所不同。《尚书》中《尧典》《舜典》关于"尧舜禅让"的史料弥足珍贵。《尧典》篇还提出了"协和万邦"的理念。其他篇章所承载的"敬畏"理念、"德治"思想等皆为值得后世重视的思想资源。"协和万邦"理念和"德治"思想属于中华民族核心价值观的内容。

第六讲
礼学在中国文化中的重要地位

现代文化的最大悲哀,就是把古来好的文化传统说成坏的文化传统。"礼仪"文化本来是好的传统,但在批判封建礼教的名义下被破坏殆尽,原来的"礼仪之邦"变得几乎没有礼仪可言。

中国的"礼仪"文化从原始社会的礼俗发展而来,礼仪的本质是"敬",持己以敬,待人以敬。那时生产力水平低下,社会共同体不能养活太多的管理人员,因而主要靠礼俗自我管理,尽可能减少人与人之间的矛盾和摩擦。因而中国在很长的历史时期里,社会管理人员都很少。而礼仪文化一旦丧失,社会上不知要增加多少倍的管理人员。由于近百年来对传统文化持续的批判和否定,人们对礼仪文化误解太多、太深。这需要现代研究传统文化的学者进行更深入的研究、更得力的宣传。

中国古代的礼学,可以从殷商之际讲起。我们通常说"周公制礼作乐",历史上确有周公"制礼"之事,伏胜《尚书大传》说:"周公摄政,四年建侯卫,五年营成周,六年制作礼乐,七年致政成王。"西周文明被称作"礼乐文明",周公起了很大的作用。但这并不意味着所有的礼仪都是由周公制定的。假如一个社会共同体原来完全没有礼仪,你忽然制定了一套繁琐的礼仪，让社会共同体的人完全按照这套礼仪行事和生活，他们一下子接受得了吗？所以周公只是在原有的礼俗基础上加以调整或改造而已。《礼记·表记》说："殷人尊神，率民以事神，先鬼而后礼。……周人尊礼尚施，事鬼敬神而远之。"殷商时期不是不讲礼，是先讲鬼神文化，然后才讲礼。这个"礼"是鬼神文化中的礼仪；周人则突出礼乐文明，把鬼神文化排在很次要的位置，虽然也事鬼敬神，但并不想跟"鬼神"亲近。简言之，"殷人尊神"，这是殷商文化的特点；"周人尊礼"，这是周代文化的特点。梁漱溟先生说：

> 文化都是以宗教开端，中国亦无例外……其自古相传未断之祭天祀祖，则须分别观之，在周孔教化未兴时，当亦为一种宗教。在周孔教化既兴之后，表面似无大改，而留心辨察实进入一种特殊情形了。质言之，此后之中国文化，其中心便移到非宗教的周孔教化上，而祭天祀祖只构成周孔教化之一条件而已。①

这个论述是很准确的，就是说从殷商到西周的过渡期间，就悄悄发生了一种变化，"礼"文化逐渐占据了主导地位。原有的宗教神学成分淡化了、减少了。

在我看来，任何一种文化，宗教文化也好、礼文化也好，它的合理成分就是维护一种"道德"秩序。即使是西方现代社会，也还有基督教文明，它还是维护社会"道德"秩序的重要力量。虽然西方现代有很多人并不信教，但是宗教文明遗留下来的道德秩序，大家都还是遵守的。我的意思是说，西方社会并不像通常人们所说的完全依靠法治，实际上它由宗教所建立的道德秩序还在起着重要的作用。

讲"道德"秩序，必须有其文化载体，周人不以宗教文化为载体，

---

① 《中国文化要义》，《梁漱溟全集》第三卷，山东人民出版社1990年版，第101页。

而是选择了以礼仪文化为载体。比如，不同人之间交往，怎样的言语行为，才能表示出敬意，就需要有"礼仪"文化的载体，照这样做了就是符合"道德"秩序的，反之，就是不符合"道德"秩序的。我们今天所要讨论的问题就是：先秦时期宗教文化向礼仪文化的转变与过渡，以及如何认识礼仪文化。

一　礼仪是宗教仪式的蜕变

中国的礼仪文化是怎么来的？是由宗教仪式蜕变来的。我们先来看繁体字"禮"的结构意义，汉代许慎《说文解字》说："禮，履也，所以事神致福也。从示从豊。"《说文解字》又解释"禮"的偏旁"示"字说："示，神事也。"我们现在留下来的汉字，凡是从"示"的字都是跟神有关，如神、祀、社等。"示"上面的一短横一长横在古代是"上"字，"示"下半部三竖表示日、月、星之光垂照下来。对于右边的"豊"，《说文解字》说："行礼之器也，从豆，象形。"王国维《释礼》说："按殷墟卜辞有豊字……象二玉在器之形。古者行礼以玉。故《说文》曰：'豊，行礼之器。'其说古矣。……推之，而奉神人之酒醴，亦谓之醴。又推之，而奉神人之事，通谓之禮。"所以，"礼"字从造字来说，与祭祀神明有关。

原始的宗教祭祀，多半出于"报本反始"的感恩、报恩情结，感恩、报恩的对象可以是天地、山川，也可以是自己的祖先，这些感恩对象都是以神明的形式被尊重的。祭祀有很强的仪式感，这种仪式感在于培养人的敬畏之心。现代的纪念活动实际是从古代的祭祀活动蜕变来的。纪念活动不再强调宗教性的意义，但同样强调仪式感。比如，古人举行祭祀英烈的活动，现代改成纪念英烈的活动，国庆节在天安门人民英雄纪念碑前举行的纪念活动，也可以说是感恩活动，感谢革命先烈打下江山。

《礼记·礼器》讲了这样一个道理："礼也者，反本修古，不忘其初者也。"古代宗庙祭祀，有时用玄酒，不用醴酒，因为古人喝的就是这种酒，度数没那么高，这是"返本"；祭祀用的刀，不用后世很锋利的刀，而用古人使用的"鸾刀"，很难割动东西；祭祀时不铺精美的席子，而铺粗席；等等。为什么要这么做？就是要告诉后人，先辈创业之初如何筚路蓝缕，历尽艰辛。

古人持一种"万物有灵"论，天有神，地有祇，山河皆有神，万物皆有灵。现代人会认为这都是迷信。但细细想一想，这种思想并不落后，不能简单地将这些都看作迷信，而应该看作是古人的智慧。因为人们对天地万物敬畏，就不会破坏生态平衡。中国古人在社会生活中，有许多禁忌性的礼仪规定，如"同姓不婚"，这是礼的规定。为什么"同姓不婚"呢？是为了避免近亲婚姻带来的遗传性疾病。中国人了不起啊！三千年前就发现了"男女同姓，其生不繁"的现象。西方人很晚才认识到这个问题。达尔文写了《进化论》，非常了不起。可是他自己的家族好多代都是近亲结婚，造成了许多问题。

当原始的宗教礼仪向社会礼仪转化的时候，原始宗教中的一些合理的道德和价值被保留下来。西方的思想家、心理学家弗洛伊德讲过："当宗教仪式变成全社会的重要事件，宗教上所要求担负的责任也就成为社会上道德和价值的判断标准。"[①] 原始宗教所内蕴的道德礼法，被法学界称作"自然法"。"自然法"是自然而然从原始社会延续下来的一种礼俗和法规。中国古代的"礼"大多属于"自然法"。

"自然法"是来自西方的学术概念，后来对它的理解有很大的分歧。但是孟德斯鸠有一段话，我比较认同，他说：

> 在所有这些规律中（按，即人为的宗教的、道德的、政治的和民事的规律）之先存在着的就是自然法，所以称为自然法是因为它

---

① ［奥］弗洛伊德：《图腾与禁忌》，杨庸一译，中国民间文艺出版社1986年版，第168页。

们是单纯渊源于我们生命的本质。如果要很好地认识自然法，就应该考察社会建立以前的人类，自然法就是在这样一种状态之下所接受的规律。①

中国古书中没有"自然法"这三个字，但是它所说的"礼"就等同于"自然法"。你看《礼记·礼器》所说："礼也者，合于天时，设于地财，顺于鬼神，合于人心，理万物者也。"《左传·昭公二十五年》记载子产的话："夫礼，天之经也，地之义也，民之行也。天地之经，而民实则之。"这意思是说："礼"是天经地义的，自然而然形成的。所以近现代的一些大学问家，像梁启超、梅仲协、李约瑟等人也都认同中国古代的"礼"就是自然法。其中梁启超说得很明确，他说："儒家最崇信自然法，礼，是根本自然法则制成具体的条件，作人类行为标准的东西。"先秦文献所说的"礼"，可能并没有文本的形式，它就是一些周旋跪拜的程式，一代一代亲身传授。所以古书经常讲"演礼"，"演"就是演习。它不靠文本形式来传授，而是靠身体力行、口授耳听的方式来传授。

"自然法"并非指自然界本身的法则，"自然法"是有"人为"参与其中的，这是原始时代人们共同生活所自然形成的礼俗，虽然这些礼俗不是无缘无故形成的，但究竟所为何事、由何人提出制定，后世已经无从知道，于是将之称为"自然法"，即自然而然形成的礼俗或法规。

从原始时代过渡到文明国家形态，一些原始礼俗被有意识地加以固化，成为礼制。王朝礼制被一代一代继承下来，殷因于夏礼，周因于殷礼，有所因革，有所损益。到了周代，礼制就非常完备了。孔子说："周监于二代，郁郁乎文哉！吾从周。"周族本有自己的礼俗、礼制传统，在得到天下后，又继承或改造了夏代、商代的礼俗、礼制传统，从

---

① ［法］孟德斯鸠：《论法的精神》上卷，张雁深译，商务印书馆1991年版，第4页。

而构建了"郁郁乎文哉"的西周礼乐文明。

周人究竟继承了前代哪些礼制传统，开启了哪些新的礼制传统，今日已很难加以考证。但周人有两个独具特色的礼制还是值得一提的。

首先是"嫡长子继承制"。在以世袭制为主的君主制度下，君位继承权是个重大问题。君王有很多嫔妃，自然会有很多子嗣。当一位君王去世，应由谁来继位呢？弄不好就会引起社会的政治动乱。而一个社会共同体，最大的问题就是要社会稳定，社会稳定的关键要素，就是国家的统治权力稳定。统治权力不确定，大家都会去争，你杀我砍，社会就会乱，整个社会共同体都会卷入灾难性的斗争。为了社会稳定和安全，就要保证在新君即位时能使统治权力平稳过渡。"家天下"的统治模式，原有"兄终弟及"和"父死子继"两种方式。殷商时代共十六世二十八王，以"兄终弟及"为常典，"兄终弟及"存在这样两个问题：一是兄弟之间年龄往往相近，兄死弟即位后，用不了几年弟又去世，造成君主频繁更换，比如商汤去世，其弟外丙即位二年去世，其弟仲壬即位四年又去世。二是无弟可继位时，又须由子继位，此时当立自己之子，还是长兄之子，便成为日后相疑相争的问题。周人有鉴于殷商王朝君位继承上的历史教训，确立并实行了父死子继的制度，但君王子嗣很多，也会相争。为了从根本上避免君位继承权力上的争斗，周公制定了严格的宗法制度，明令在周王朝和诸侯国推行"嫡长子继承制"，规定君主正妻所生的儿子中的长子为当然的君位继承人。史称"周公制礼"，周公所制定的最重要的"礼"，就是"嫡长子继承制"，这个"礼"的制定完全是从社会政治安定来考虑的。这个"礼"制定下来，保证了周朝成为中国历史上最长的一个王朝，有八百年的延续历史。

还有一个值得一提的"礼"，就是"饮酒之礼"。殷商人喜欢酗酒，商纣王更是如此。在周人看来，酗酒是个恶习，但又并不能禁绝饮酒。所以在周公主导下，发布限制饮酒的诰令。此事反映在《尚书·酒诰》篇中。诰令对于饮酒制定了很多规则、很多礼仪，规定什么时候可以饮酒，什么时候不能饮酒，如在祭祀、燕礼时才能饮酒。即便是可以饮酒时，也不能纵酒、酗酒。你看周人饮酒的"爵"，下有三足，上有二柱，二柱较高，又称拄眉。用爵饮酒，要想快饮、多饮，都很难做到。况且关于饮酒又制定了相互酬酢的繁多礼仪，要做完这些规定的礼仪动作才能饮一口酒，所以到最后你也没喝进去多少酒，正如《礼记·乐记》所说："先王因为酒礼，一献之礼，宾主百拜，终日饮酒而不得醉焉。此先王之所以备酒祸也。"这样下来，即使终日饮酒也不至于醉。

"礼"的覆盖面很广，举凡当时人们社会生活的一切方面皆为"礼"所覆盖。那"礼"到底起什么作用呢？《礼记·经解》有一段话概括了"礼"的作用："朝觐之礼，所以明君臣之义也"，大臣见君王，要行朝拜之礼，朝觐之礼，意在表达诸侯对天子的尊重；"聘问之礼，所以使诸侯相尊敬也"，古代诸侯之间互相访问，叫聘问，聘问之礼，意在表达诸侯之间的相互敬重；"丧祭之礼，所以明臣子之恩也"，作为大臣参与君主的丧祭活动，或作为儿子办理亡父的丧祭活动，主要是表达感恩的心情；"乡饮酒之礼，所以明长幼之序也"，乡村之间的饮酒之礼，强调尊老和长幼之序；"婚姻之礼，所以明男女之别也"，婚姻之礼，强调两姓好合，强调男主外、女主内的分别；等等。这些"礼"的设定和规范，目的就在于"禁乱之所由生"。因为一旦君臣、同僚、父子、长幼、夫妇等关系处理得不好，就会发生祸乱，"礼"的设定就是为了防止可能的祸乱发生。这就像为防止河水泛滥，预先构筑堤防一样，不要心存侥幸指望河水不会泛滥，而不预设堤防。不预设堤防，一旦河水泛滥，就会大祸临头。同理，也不要认为旧礼没有用，就将它废掉。废掉旧礼，就可能面临各种人间的伦理惨剧。

由上可知，"礼"对于社会的安定起着极其重要的作用。孔子的智慧和聪明在于，他认为治理国家并不是很困难。只要坚守传统的礼俗、礼制，社会就会基本稳定。所以当孔子看到乡村还保留"乡饮酒礼"时，感叹说："吾观于乡，而知王道之易易也。"

二 由"礼"造就社会秩序

由上所述,礼仪最初用于表达对神明的尊敬和报恩的心理,而在处理人和人之间的关系时,则把对神明的尊敬和报恩的心理,用于人际关系,这就叫"礼"。在我看来,"礼"是一种高尚的精神。《礼记·曲礼上》说:"夫礼者,自卑而尊人,虽负贩者必有尊也。"就是说,一个摆摊卖东西的人都值得尊敬,要"自卑而尊人",尊重别人的劳动。总之,对人要表示出"礼敬"。

我们看中外的贵族,都非常重视"礼仪"。为什么贵族要特别讲究"礼仪"呢?因为贵族人士懂得,在频繁的上流社会交往中,塑造自己良好的形象非常重要。如果一位贵族人士能通过自己的仪表风度、语言艺术、人格魅力来表现出他的优雅和文明,以及对他人尊重、友善的态度,那他就有可能成为政治舞台上的明星和成功者。《春秋左传》记载了许多"政治明星",像鲁国的叔孙豹,晋国的执政大臣如韩宣子、赵文子,郑国的执政大臣如子产,在仪表风度、语言艺术、人格魅力等方面都是非常优秀的。因为他们懂得礼仪的重要,所以"礼仪"成为贵族阶层的自觉追求,而不是国家对他们的强制要求。所以,我们要明确一点,"礼治"主要是"自治",不是用来治人,而是自己治理自己。正因为如此,讲"礼治"的国家就更好治理。道理很简单,如果每个人都能自觉"自治",那还要别人管吗?如果每个人都能按照"礼治"来做事,管理阶层就会很轻松。

懂"礼"的人,人家一看就能知道,这里面有一个"礼容"的问题。孔子曾对鲁哀公说:

> 儒有衣冠中,动作慎,其大让如慢,小让如伪,大则如威,小则如愧,其难进而易退也。粥粥若无能也,其容貌有如此者。

这里所举出的是儒者以"礼"自治的一些具体内容，如穿衣戴帽要得体，动作应谨慎，对人要谦恭自下等。清儒陈邦彦《日讲礼记解义》卷六十二解释这段话是"儒有以礼自治"，"礼"的要义不在于治人，也不在于为人所治，而在于"自治"。人人都能很好地做到"自治"，那就会有一个良好的社会风貌。

"礼"的意义，由对神明的尊敬，扩展为对他人的尊敬，由此而有相互礼让的社会秩序。但是这并不意味着讲"礼"是讲人人平等。其实，讲"礼"反而是要承认和正视社会存在着不同等级，等级高的人会更加受到尊敬。"礼"文化的确立与发展，是与古代社会等级秩序的确立与发展同步的。在这个意义上，"礼"是"君之大柄"，君主的权力就是要靠"礼"来推行。"五四"时期，人们对"礼"抨击得很厉害，认为中国的"礼"文化强调尊卑上下不平等，相比西方文化讲人人平等，中国文化就是落后。其实，这里存在很大的误会，西方文化讲平等是人格平等，并不是社会上的人有了平等地位。中国自古以来也是讲人格平等的。之所以不讲等级平等，是因为等级是没法平等的。我们现在不是还在讲等级吗？什么部级、副部级、司局级之类，并不比古代讲得少。这是什么道理？若一个社会人人等级平等，就没办法管理，谁也不听谁的。因为平等啊，我凭啥要听你的。"五四"时期倡导人人平等，自有其思想解放的意义，但把人格平等和等级平等弄混了，也误导了后世的人。毛主席当年写《反对自由主义》，把"反对长官骑马"视为"自由主义"。这种在革命队伍中"反对长官骑马"的思想就是受了"五四"时期激进主义思想的影响。现代西方所说的民主制度，主要是"一人一票"的选举制度，看似不论贫富贵贱一人一票，非常平等。但选出了领导人，由他组成政府，那还是照样有等级的。

其实，在自然界的动物社群中也是有等级的。美国爱莫莱大学有一个物理学家叫冯平观，他写了一本小书——《学术的统一》。其中介绍了有关动物社群秩序的实验和观察。其中一个是关于鸡的啄食次序的实验：当你从各地找来不同品种的鸡，放到一个场地中，鸡群就会发生一阵混乱的相互啄攻，过一会儿你再观察，一切尘埃落定，鸡群里出现了一种等级秩序。那掐架第一的，就有啄食的优先权。再有就是对灵长类动物猴群秩序的观察：一个猴群一定有猴王，雄性最强健的那个就是大猴王，然后还会有二猴王。大猴王的权力最大，大猴王还有后妃，后妃也分等级。待到大猴王年老力衰，二猴王会挑战大猴王，而群猴会趋炎附势选择站在强者一边，帮助二猴王群攻年老力衰的大猴王，直到把它咬死或驱离猴群。这就是自然界的"优胜劣汰"。

按达尔文的进化论学说，人是从猿猴进化来的。就是说，人群的社群秩序是从动物的社群秩序进化来的。事实上，人们在体力、智力、能力等许多方面，本来就是不一样的。但是既然已经进化，又不能完全奉行弱肉强食的"森林法则"，所以由古代许多不知名的圣人大德制定出比较符合"人道"的共生法则。所以《荀子》有一段话说："礼起于何也？曰：人生而有欲，欲而不得，则不能无求；求而无度量分界，则不能不争；争则乱，乱则穷。先王恶其乱也，故制礼义以分之，以养人之欲、给人之求。"要言之，"礼"的制定，就是要克服动物界那种弱肉强食的"森林法则"，在这个意义上，"礼"乃是人类文明进步的标志。不过，随着社会的进步和发展，礼仪文化也需要及时地调整和改进。

三　礼仪是表达敬重的形式

"礼"的根本精神是什么？孔子曾用一语概括《诗经》说："《诗》三百，一言以蔽之，曰：思无邪。"宋代范祖禹套用这句话，说："经礼三百，曲礼三千，一言以蔽之，曰：毋不敬。"他的意思是说，"礼"的本质可以用三个字来概括，那就是"毋不敬"。所以"礼"的社会意义就是人际关系中的相互尊重。这种相互尊重尤其要体现在人生和社会的重要礼仪上。

冠礼。冠礼体现对进入成年的男子的尊重和重视。同时也在告诫他对家庭和社会共同体其他成员要尊重，并负起应有的责任。古代男子二十岁时要行冠礼，即成人礼，这时他将被告知，作为社会共同体的成员他所应承担的社会责任和义务："责成人礼焉者，将责为人子，为人弟，为人臣，为人少者之礼行焉。"就是说，你是父亲的儿子，哥哥的弟弟，是年长者的后辈，也是君主的臣子。你应该有不同的角色。对这些不同的角色，都要尽到责任和义务。在古代，行"冠礼"（成人礼），对于一个男人而言，是人生之大事。行"冠礼"便体现一个"敬"字。所以《礼记·冠义》说："古者冠礼筮日筮宾，所以敬冠事，敬冠事所以重礼，重礼所以为国本也。"

昏礼。昏礼即婚礼，其诸多礼仪，特别是亲迎礼主要是体现对女方的尊重。古代通常习俗，男子二十而冠，冠而后娶。娶妻须符合士昏礼。之所以称作"昏礼"，是因为新郎当黄昏时刻去亲迎新娘，之所以要选在黄昏时刻，是取其"阳往而阴来"的意义。又《尔雅·释亲》解释"昏姻"说："男称昏，女称姻者，义取婿昏时往娶，女则因之而来。"所以叫"昏姻"。士昏礼有所谓纳采、问名、纳吉、纳征、请期、亲迎"六礼"。纳采意谓定亲，未婚夫要送一只雁作为礼物。送雁的意义在于雁飞南飞北，不失其节，顺阴阳往来。并且雁不再偶，一旦结为配偶，终身不改。《礼记·昏义》强调士昏礼的意义说：

> 昏礼者，将合二姓之好，上以事宗庙，而下以继后世，故君子重之。……夫妇有义，而后父子有亲。父子有亲，而后君臣有正。故曰：昏礼者，礼之本也。

乡饮酒礼。乡饮酒礼是古代乡党间举贤、习射、蜡祭等聚会的饮酒之礼。乡饮酒礼的目的是要社会养成"敬老"的习俗。因而在宴会上按照年龄的长幼安排座次，以年长者为尊。年纪越长受到的礼遇越高。

分论

《礼记·乡饮酒义》说：

> 乡饮酒之礼，六十者坐，五十者立侍以听政役，所以明尊长也。六十者三豆，七十者四豆，八十者五豆，九十者六豆，所以明养老也。民知尊长养老，而后乃能入孝弟；民入孝弟，出尊长养老，而后成教，成教而后国可安也。

这段话清楚地说明，乡饮酒礼的意义不在于酒席上如何安排，而是通过这种安排让民众内心潜移默化地接受一种尊长敬老、礼让和睦的教化。正因为如此，孔子才说："吾观于乡，而知王道之易易也。"

"射礼"。"射礼"就是射箭的礼仪，也可以说是一种竞技比赛。"射礼"在当时很普遍，天子行郊礼、庙礼，选拔善射之士，称为"大射"。"大射"属天子"礼"。诸侯来朝之时，以射箭作为娱乐，叫"宾射"，"宾射"属于诸侯之"礼"。诸侯宴请卿大夫，以射箭作为娱乐，叫"燕射"。乡饮酒中也有"射礼"，叫"乡射"。射箭有一个意义，先正己才能射中。没有射中，就要反省自己有什么不对。孔子很赞赏这种竞技比赛，他说："君子无所争，必也射乎！"君子之间不应该争强好胜，如果要争，那就是射箭比赛。射箭属于文明的竞争，射箭前要先行礼，表示互敬互让。失败了怨不得别人，只能怨自己，检讨自己。这启发你对待人生其他事情，皆应如此。

以上所述，只是关于"礼"的"毋不敬"的本质的几个例子。其实，可以举出的例子还有很多，这里就不多说了。

四 礼学思想贯通"六经"

"礼仪"思想不仅体现在《仪礼》《礼记》《周礼》所谓"三礼"之中，也体现在儒家其他经典之中。

先讲《诗经》体现"礼"。《诗经》305篇更多表现的是情感的抒发，人们在"情"和"礼"之间存在一种张力，因而必须把握好两者的关系，所以《毛诗大序》说《诗经》各篇体现了"发乎情，止乎礼"的原则。正因为如此，汉代匡衡给汉成帝上奏疏说："匹配之际，生民之始，万福之原。婚姻之礼正，然后品物遂而天命全。"我们知道，汉成帝是位浪漫的皇帝，与赵飞燕和赵合德两姐妹有一段浪漫的故事，并且因此而丧命。匡衡早就看出汉成帝的毛病，所以上疏给他，建议他在"匹配之际"，要讲"婚姻之礼正"。

在中国诗歌史上，似乎"无酒不成诗"，有了酒，诗才有味儿。《诗经》中谈酒的诗很多，例如："宜言饮酒，与子偕老""我有旨酒，嘉宾式燕以敖""既饮旨酒，永锡难老"等。好饮酒的人喜欢那种陶然而醉、飘飘欲仙的感觉。而饮酒讲求"微醺"的境界，饮酒半酣正好，花开半时偏妍。《诗经·小雅·湛露》描写的是天子宴请诸侯，"厌厌夜饮，不醉无归"，这是天子向诸侯劝酒，但诸侯不能真的喝醉。所以又说"岂弟君子，莫不令仪"，诸侯要保持风度，绝不能饮酒失态。

《诗经》中还有痛斥无礼之人的诗，如《鄘风·相鼠》："相鼠有体，人而无礼。人而无礼，胡不遄死？"相鼠还懂得礼仪，无礼之人连老鼠都不如，这样的人还不如早早去死，免得伤风败俗。这首诗表明人们对不懂礼仪之人的厌恶。

再讲《尚书》体现"礼"。《尚书·皋陶谟》说："天叙有典，敕我五典五惇哉。天秩有礼，自我五礼有庸哉。""天叙"是指君臣、父子、兄弟、夫妇、朋友五种伦常关系；"天秩"是指尊卑贵贱的五种等级关系。之所以加"天"字，是说人间的"礼治"秩序乃是上天所定。人们对"天"有敬畏感，因此对"礼"也要有敬畏感。

再讲《易经》体现"礼"。"礼"通"履"，所以马王堆汉墓帛书《周易》中的《履》卦即写为《礼》卦。实际《履卦》就是讲"礼"的："初九：素履，往，无咎。"意思是平素以礼行事就没有咎过。"九二：履道坦坦"，就是"礼道坦坦"。礼就是秩序，按照社会秩序行事，坦然无险。"上九：视履，考祥，其旋元吉"，上九是履卦之终，可以视为一个人一生履历的总结。"视履"，考察以往之所履，"考祥"，考其一生所做善事。"其旋元吉"，旋，就是归。一生所履诚善，其归必获福报而大吉。"积善之家，必有余庆，积不善之家，必有余殃"。其一生所行无愧于心，有益于人，其最终必获福报而大吉。

《观》卦卦辞："观，盥而不荐，有孚颙若。"这是说，祭神之"礼"，要有诚敬之心。"盥"是盥洗的盥，在古代，当宗庙祭祀之时，首先要盥洗净手，然后用香酒（"郁鬯"）来迎神。第一杯酒礼敬上天后，要灌在地上，所以盥礼也叫灌礼。这个礼仪虽然很简单，但是行盥礼之时，人的心要非常虔诚恭敬。

还有《大壮卦》："雷在天上，大壮。君子以非礼弗履。""大壮"是强盛的意思。强盛不在于能胜人，而在于能自胜。人处大壮之时尤其要讲"礼"，非礼之事不敢履，非礼之言不敢言，动静出处皆合于礼。这是圣人的告诫。

再讲《春秋》体现"礼"。司马迁说："《春秋》者，礼义之大宗。"《春秋》讲礼的事例很多。这里讲一个故事，有人因为失礼而招来杀身之祸。晋国主盟时，执政大臣赵简子因卫国是小国，以大欺小，委派晋国卿大夫涉佗（读射拖）去与卫君订立盟约。涉佗这个人狂傲无礼。订立盟约有歃血为盟的仪式，须地位高的人"执牛耳"取血，卫国国君要去"执牛耳"取血，涉佗去争"执牛耳"，抓住卫国国君的手不放，以致牛血流到了卫国国君的胳膊上。卫国的大臣看不下去了，卫国的百姓也看不下去了，这太羞辱人了。晋国一个卿大夫怎么能跟我们的国君抢着"执牛耳"呢？这件事导致了后来卫国叛盟。晋国发兵来讨伐卫国，质问为何叛盟。卫国回答涉佗太过无礼，所以我们才叛盟。赵简子为了维护同卫国的结盟关系，就把涉佗杀了。实际涉佗当了替罪羊。在《春秋左氏传》里，因无礼招来祸患的事例不止这一个，这里就不一一列举了。

余 论

最后，我讲一点还没有说尽的话。儒家讲究"王道"，"王道"就是"礼仪教化"。史称周公"制礼作乐"，周公为什么要"制礼作乐"？明代学者倪元璐提出："武王之道，不足以持泰，于是急起而兴礼乐。"（明倪元璐《儿易内仪》）他认为，武王伐纣，虽然用军事力量推翻了殷商王朝，但是不能用武力来持续维持统治，所以周公想出一套"礼仪教化"的新办法。自此之后，是否实行"礼仪教化"就成为一个政权是否成功的衡量标准。

"礼仪教化"必待圣王出现方能兴起。汉高祖刘邦打天下之后，要学周公"制礼作乐"，便征召懂得"礼仪"的儒生来制礼。鲁国两位儒生不肯应召，他们认为以汉高祖之德还不配"兴礼乐"。古代帝王以能"兴礼乐"为美事，因而唐太宗所作《帝范》卷四《崇文》说："功成设乐，治定制礼。"其意是说：改朝换代成功之后要先作"乐"后制"礼"。其道理在于，在新旧王朝交替之际，因为战乱已经把社会族群撕裂，需要重新整合。而"乐"是最好的整合工具。打个比方说，《诗经》里有很多歌颂文王、武王的诗乐，其所起到的作用，就是整合撕裂了的族群。新中国成立后也有很长时间流行歌颂领袖、歌颂革命的歌曲，即通常所说的"革命歌曲大家唱"。这些例证皆符合"功成设乐"的规律。

"制礼"要在社会大体安定之后来制定。成王之时，管公、蔡公叛乱，周公东征平定叛乱之后，开始"制礼作乐"。用现代语言来说，一个国家政治安定以后，就要开始提升文明的程度。管子曾说："仓廪实而知礼节，衣食足而知荣辱。"孔子也说过"先富后教"的话，他所谓的"教"，就是指礼仪教化。

分论

传统社会自唐代以后，一直保留有吏部、户部、礼部、兵部、刑部、工部六部。礼部所主管的礼仪教化是政府最重要的工作之一。而现代，已经几乎不把礼仪教化当作一回事了。所以要提高国民文明素质，就要先组织若干礼学专家，借鉴古今中外的礼仪，制定出一套合理、方便的现代礼仪规范，加入到幼儿园、小学、中学的教育中，以及企事业单位员工的培训中。当然，提高国民文明素质是一个系统工程，绝不限于此。但"礼仪教化"问题从此受到关注，也就有了一个良好的开头。

本讲重点提示："礼"的本质可以用三个字来概括，那就是"毋不敬"。持己以敬，待人以敬。"礼治"主要是"自治"。正因为如此，讲"礼治"的国家更好治理。史称"周公制礼"，周公所制定的最重要的"礼"，是"嫡长子继承制"，这完全是从社会政治安定考虑的。这个"礼"制定下来，保证了周朝成为中国历史上最长的一个王朝。在西周，"礼仪"制度几乎覆盖了社会生活的一切。其目的是防止可能的祸乱发生。废掉堤防可能会导致河水泛滥。同理，废掉了礼，可能会导致各种人间伦理惨剧。

第七讲
先秦诗学特点与孔子解《诗》方法

  诗属于美学，在于培养人的审美情趣。如果把"礼"看作行为规范，那"诗"则属于语言艺术。孔子说："不学礼，无以立。""不学诗，无以言。"在春秋时期，礼和诗对于贵族而言，都是必修课。而春秋时期所说的诗，特指《诗三百》，即后世所说的《诗经》。既"学礼"又"学诗"的传统影响深远，因而后世有"诗礼传家"之语。

一　《诗》的分部及其特性

  《诗经》分为《国风》《小雅》《大雅》《颂》四个部分，若把《小雅》《大雅》放在一起，就是《风》《雅》《颂》三部分。这本来是汉代以来的一个常识，但到了宋代，忽然由程大昌提出来，《诗经》不是由《风》《雅》《颂》组成，而是由《南》《雅》《颂》组成。因为《诗经》十五国《风》开始是《周南》和《召南》。"南"不是指南方、北方的地域概念，而是一种"乐曲"的名称。"雅""颂"都是指乐曲，"风"并不存在。近代梁启超受了程大昌的影响，提出《诗经》由

分论

《南》《风》《雅》《颂》四部分组成。梁启超的说法后来影响到了蒋伯潜、蒋祖怡父子。他们合写的《经学概论》，也持这种观点。

经学史上经常会发生一些节外生枝的事，本来人们的认识并没有错，突然有一个人说出一个颠覆性的概念，平地起风波。如果近年没有出土《孔子诗论》（现藏上海博物馆）的话，这事还不好办了。因为这两种观点，都有大学问家支持。从上海博物馆所藏《孔子诗论》看，战国时《诗经》就已经是以《风》《雅》《颂》的形式呈现的。这说明常识也有可能被颠覆，而要维护一种常识性的意见，有时也不见得很容易。这同时说明另一个问题，如果大家世世代代都坚持常识的意见，可能很多人都名不见经传。突然有人提出颠覆传统的意见，虽然最后没有成功，却在学术史上留下了他的印迹。这就是说，虽然某人的学术观点不对，却会在后世的学术史著作上被列出章节加以讨论。反而那些说对话的人，没有人去讨论他。

从我的治学经验来看，看中国古人的书，按照传统的说法去思考，往往会事半功倍。因为中国传统文化可信度相当高。比如，《孔子诗论》刚发现时，竹简脱编，散乱无序。20多支简可以有许多种排列顺序，不同的排列，读出来是不一样的，这就考验你的能力和学识。上海博物馆整理者一定要说竹简的顺序不是"风，雅，颂"，而是"颂，雅，风"，把讲"颂"的竹简排在前面，讲"雅"的竹简排在后面，讲"风"的竹简排在最后面。但经过大家反复研究之后，重新编连，发现按照"风、雅、颂"的顺序编连，读起来更合理。所以我说，读中国古人的书，按照传统的说法去考虑，往往会事半功倍。当然这样的例子还有很多。这里就不一一列举了。

《诗经》在先秦时不称《诗经》，只称《诗》，"诗经"的说法到了汉代才有。《颂》的部分，是在宗庙里祭祀时颂扬先祖的诗。过去所说的宗庙就是指祖先庙，宗的意思就是祖先。《颂》分《商颂》《周颂》和《鲁颂》，分别歌颂殷商人、周族人和鲁国人的祖先。古人对宗庙祭祀非常重视，《左传》说："国之大事，在祀与戎。"一个国家最重要的事情有两项：一个是祭祀，另一个是战事。这两件事处理好了，国家就会很稳定、很安全。为什么这么说呢？因为宗庙是祭祀祖先的一个神圣之地，每年要祭祀几次。人们在社会上思想很容易涣散，思想一涣散，族群就缺乏凝聚力，宗庙所起的作用就是增强宗族的凝聚力。古人很有智慧，他们知道用什么办法可以巧妙地增强族群的凝聚力。《周易》有一卦叫《涣》卦，讲的是当人们思想涣散时应该怎么办。《涣》卦告诉你要在第一时间内把这个问题解决掉，解决的最好办法就是利用宗庙祭祀来凝聚人心。宗庙之诗所要起的作用，不仅是对祖先的纪念，它还有增强社会共同体凝聚力的功能。

《雅》有《大雅》《小雅》，就一般而言，《大雅》关系朝廷之事，《小雅》关系诸侯或一般官吏之事。《国风》大部分写的是民间歌谣，反映老百姓日常的生活和思想感情。过去《诗经》最受重视的是《颂》和《大雅》的部分，现在《诗经》研究反而更重视《风》，因为现在更重视人民性。

《诗经》有这样几个特性：

第一是《诗》的史诗特性。什么叫史诗？就是一个民族的历史通过诗的形式传下来。一个民族，总有一些人被推选出来传播本民族祖先的历史，一代一代地口耳相传。不一定是集体记忆传播，多半有专门的传承人，由他们来记忆并传播史诗。最早的史诗产生的时候，可能还没有文字，因为诗歌有韵，容易背诵，所以最早的历史依靠诗歌的形式来记忆和传播。

《诗经》中所反映的时代，主要是西周和春秋前期的事情，但也有些诗追溯到了尧舜时代，像商族的祖先契、周族的祖先后稷，都是尧舜时代的大臣。《大雅》的一些诗里写了周族先祖艰苦创业的事情，读读那些诗是很有意思的。比如，《大雅·绵》中描写周人先祖热火朝天盖房的情形："俾立室家。其绳则直，缩版以载，作庙翼翼。捄之陾陾，度之薨薨，筑之登登，削屡冯冯。百堵皆兴，鼛鼓弗胜。"我在北方读高中时，曾义务参加了东北石油学院学生宿舍的建造，当时的学生宿舍建造不用砖，也不用土坯，而是用当地所说的"干打垒"方法，实际就是古时的"版筑"方法。用两块木夹板一夹，中间倒上一层土，然后用木夯把它夯实，铺上碎草，再倒土夯实，一层一层将墙垒起来。《大雅·绵》所述周人先祖筑房过程，场面极其热烈，描绘极其生动，用了很多象声词。这是写当时艰苦创业的场景，带有写实的性质。

《诗经》中的许多诗篇都有一种田园诗的感觉，所以18世纪有一个法国汉学家希伯神父，写了一部题为《古代中国文化论》的书。他有一段话写得非常到位，他说："《诗经》的篇什如此优美和谐，贯串其中的是古老的高尚而亲切的情调，表现的风俗画面是如此纯朴和独特，足可与历史学家所提供的资料的真实性相媲美。"[①]

第二是《诗》的情感特性。五经中的其他四经如《易》《书》《春秋》《仪礼》都是出自圣贤的制作删述，记载圣君贤相、大贤君子的言行事功，只有《诗经》中的《国风》所反映的是里巷田野、匹夫匹妇的悲欢怨怒之言，甚至还有偷情"淫奔"之诗，这样的作品之所以能与帝王圣贤的格言大训并列为经，关键在于它是人们真情实感的艺术反映。在我们看来，《诗经》的深层魅力，在于它是一部情感母题的结集。中国古人说"诗道志"，诗就是你的情志，不能伪装，是真情实意的一种自然流露，体现那时人们对于真、善、美的热切追求。由于语言的变迁，《诗经》中的大部分诗今天读起来已经很难懂。将它翻译成现代语言，我们会发现，其思想之鲜活，几乎与我们是零距离。我给《诗经》下了这么个定义，说它是灵魂之诗，唯其是灵魂之诗，它才体现诗之灵魂。我有一本《诗经讲演录》，选了比较好懂的，每一篇都翻译成了现代诗，尽量保持思想的鲜活性。但这种翻译是有很大缺陷的，

---

① 转引自周发祥《诗经在西方的传播与研究》，《文学评论》1993年第6期。

你一翻译，它原来的韵味、韵律就很难保留了。

第三是《诗经》的乐歌特性。《诗经》是中国最早的诗歌总集。"诗歌"二字是现代名词，但用在古代却是很恰当的，因为《诗经》中绝大多数诗篇是可以作为乐歌来演唱的，其中《雅》乐因为是朝廷之乐，与朝廷礼仪配合而有不可僭越的等级规定，大抵《大雅》只能为人君所用，《小雅》可施之于君臣之间；《国风》一些诗篇虽然采自民间，其乐歌也为朝廷燕饮所采用。在早期中国，《诗经》由于具有丰富的思想内涵，又可以演唱，因而在那个时代备受人们喜爱与尊重。

第四是《诗》的文学特性。《诗经》虽然原始，但却是中国诗赋之祖，它所达到的成就，在许多方面是后世难以企及的。即使后世如曹植、苏东坡那样的伟大诗人也都强调向《风》《雅》学习，宋代有个学者叫朱弁，他写过《风月堂诗话》，里面说："魏曹植诗出于《国风》。晋阮籍诗出于《小雅》。"苏东坡教人作诗时说："熟读《毛诗·国风》与《离骚》，曲折尽在是矣。"后人评论说，苏东坡很会教人作诗。

在中国诗歌史上有一个从四言诗到五言诗，再到七言诗的发展主线。《诗经》基本是以四言为主。它之所以以四言为主，可能有两个原因：一是由于当时语言习惯。古人说话简洁，词汇多以单音节为主。后世词汇发展，多以双音节为主。现在我们读《诗经》觉得特别古奥，然而当时人一听就能懂。二是由于《诗经》中的诗最初是用来歌唱的，歌唱有音节的需要，四言应该是适应音节表达的需要而自然形成的。秦汉以后，写四言诗的很少，写铭、颂之类的诗还用四言，这是因为四言诗比较庄重。但他们已经写不到《诗经》那个水平。后世可能因为语言习惯的变化，人们已经不善于用四言诗来抒情表意了。所以，宋代刘克庄《后村诗话》卷一说："诗四言尤难，以三百五篇在前故也。"由于后代人缺乏写好四言诗的体会，加上经学家更重视《诗经》的道德教化意义，所以对《诗经》中四言诗的美学规律，一直没有很好地进行研究和总结。

分论

第五是《诗经》的价值特性。史诗因为有故事性,并且押韵,便于传唱。通过史诗,我们可以了解本民族最初的知识、文化,乃至价值观体系。所以,尽管先秦时期还不是经学时期,像《诗》这类文献已经具有了经典的地位,所以春秋时期的人一说话,便是《诗》曰、《诗》云。当代德国哲学家伽达默尔评论《荷马史诗》在希腊社会中的地位时说:"那时的时尚是,一个人必须诉诸荷马才能证明自己的全部知识(无论属于什么领域)的正确性,正如基督教作家诉诸《圣经》以证实自己知识的正确性一样。"套用这段话,我们可以说:华夏人当时的时尚是,一种见解必须能与《诗》《书》对应起来,才有足够的分量。所以孔子说:"不学《诗》,无以言。"作为一个学人如果不学诗,就没有与别人沟通、交流的资格。从《左传》中我们可以看到,当时在各诸侯国之间的外交场合,卿大夫之间正是通过恰当地引诗、赋诗,来展现他们的文化素养和外交才能的。

先秦的典籍中,经常会引用《诗经》中的句子,像《大学》这篇只有两千字的文献中,竟有12处引《诗》,而《中庸》一篇中竟有16处引《诗》,《缁衣》一篇有22处引《诗》。这足以说明《诗经》所具有的权威性,这种权威性正是来自其内在的价值观属性。

二 春秋时期的"赋诗断章"

下面我来讲春秋时期的"赋诗断章"。大家知道有一个成语叫"断章取义","断章取义"在今天看来是个贬义词。对于一篇文献,不看它的全部内容,不看它的主旨,从中摘出一段话来,说这是文献的全部意思。人们把这种做法叫"断章取义"。但是在春秋时期,"赋诗断章"却不是贬义词,而是褒义词。《左传·襄公二十八年》卢蒲癸说:"赋诗断章,余取所求焉。"这是说在赋《诗》、引《诗》的时候可以不考虑《诗》的原意是什么。在一种特定场合下,一个人讲出《诗》中的一句话，那句话虽然不是《诗》的原意，但那个人借助《诗》中这句话来表达他自己的意思，而对方也能够心领神会，由此来达到相互交流的目的。在春秋时期，非常盛行这种"赋诗断章"的做法。诸侯国使臣出使到另一诸侯国，在与对方进行外交斡旋时，并不直接说我想要什么，而是从《诗经》中选一首诗中的某个章节，通过诵诗来委婉地暗示对方。其实对方已经知道了使者来访的目的，在当时的情境下自然懂得使者在暗示什么，因此也会从《诗经》中选一首诗中的某个章节来回应他。这是一种高超的外交艺术。当时人把这种诵诗叫"赋诗"。一般而言，《诗经》各篇都可以配乐歌唱。"赋诗"就是"不歌而诵"。《汉书·艺文志》说："不歌而诵谓之赋。……古者诸侯卿大夫交接邻国，以微言相感，当揖让之时，必称《诗》以谕其志。盖以别贤不肖而观盛衰焉。"通过一位卿大夫运用《诗经》的能力，可以看出他的思想境界、文化修养，甚至可以预测这个人的政治前途。所以《文心雕龙》说："春秋观志，讽诵旧章，酬酢以为宾荣，吐纳而成身文。"这也就是孔子说的："不学《诗》，无以言。"在那样的社会、政治、文化环境中，你若不懂《诗经》，就没有办法在上流社会待下去了。我们可以举几个例子：

根据《左传》记载：鲁文公十三年（公元前614年），那时孔子还没有出生。鲁文公到晋国去参加会盟。当时晋国是实力雄厚的超级大国，鲁国是晋国的坚定盟友，两国一直保持着密切的关系。因为晋国是盟主，鲁国君主年年都要去晋国拜会盟主。这一年呢，鲁文公照例去拜会了盟主，在回国的路上，途经卫国。卫国与晋国处于一种敌对关系中，卫国国君很想同晋国缓和关系，但又不好直接去同晋国说，就想通过中间人来作外交斡旋。正好鲁文公回来路过卫国，卫国国君请鲁文公吃饭，在席间请求鲁文公当"和平使者"，再返回晋国，替卫国求和。鲁文公答应了，再赴晋国，帮助促成了卫国和晋国的和解。他完成这件事以后，回来的路上又经过郑国。郑国国君一看卫国求和了，他也想向

分论

晋国求和。郑国夹在晋国和楚国两个大国之间。晋、楚两个大国经常互相交战。郑国为了自保,"西瓜偎大边",谁表现强势就投靠谁,所以郑国一时投靠楚国,另一时又投靠晋国。这段时间,晋国又强大了,郑国国君感觉形势不妙,所以也想请鲁文公帮助斡旋郑国和晋国之间的关系。当郑国国君宴请鲁文公时,一场"赋诗"外交开始了。整个对谈全部是"赋诗",根本没提外交斡旋那档事儿,一点痕迹不露,外交目的就达成了。首先,郑国大夫子家赋《小雅·鸿雁》一诗,这首诗的首章有这么一句话:"之子于征,劬劳于野。爰及矜人,哀此鳏寡。"赋诗者并不需要考虑它在《诗经》里的本来含义,只是借助这句话来表达自己的意思。"之子于征,劬劳于野",这句话用在这种场合是说,贵国君臣往返于晋国和卫国之间,太过劳顿啦!对他们的外交活动表示赞赏。下面一句"爰及矜人,哀此鳏寡"意在表达这样一个意思:贵国君臣慷慨地帮助了卫国,你们也帮助一下可怜的郑国吧。这意思是想要鲁文公做第二次"和平使者",第三次赴晋国,来替弱小的郑国请和。鲁文公的随从季文子立即明白了郑国的意思,遂赋《四月》之诗,委婉地表示拒绝。《诗经·小雅·四月》说:"四月维夏,六月徂暑,先祖匪人,胡宁忍予。"他借此诗表达的意思是:四月到六月,已经是夏天了,国君得赶回去祭祀先祖了,祭祀先祖是大事,国君不能在路上再耽搁了。这就等于婉言拒绝了。当然对方已经明白这是婉言拒绝了。所以,子家又赋《鄘风·载驰》的诗句:"控于大邦,谁因谁极。""控"是往诉的意思,我们欲赴大国去陈诉,可是谁能作为依靠并伸出援手呢?这意思表达得很恳切。季文子和鲁文公商量之后,又赋《陈风·采薇》的诗句说:"岂敢定居,一月三捷。"表示不敢自求安逸,同意第三次赴晋国,为郑国请和。这是一种高雅、高超的外交艺术,用《诗》化解了用语言直接沟通的难堪,避免了可能出现的尴尬,最后达成了外交的目的。

再举个例子,根据《左传》记载:鲁襄公二十五年(公元前548

年），卫国宁喜把国君杀了，立卫献公为新国君。卫国大臣孙文子因此逃亡到晋国，他把自己的封邑献给晋国，希望晋平公主持正义。晋平公同意了孙文子的请求。第二年，诸侯来盟主国晋国参加盟会，卫献公也来到了晋国，晋平公便把卫献公扣押了。卫国人请求齐国和郑国出面说情，为此齐侯和郑伯相约来同晋国交涉。在晋平公宴请两位国君时，齐国的国景子代表齐君赋《小雅·蓼萧》诗，此诗原本用于诸侯朝见天子，其实齐国也是一个大国，国景子赋此诗，对待晋国国君像对待天子一样，使得晋国君臣很是受用。这一下就拉近了两国之间的关系。郑国的子展也不甘落后，代表郑国国君赋《郑风·缁衣》一诗，表达的意思是：郑国爱戴晋国，就像《缁衣》一诗中妻子尽忠心于贤达的丈夫一样。晋国的叔向一听，马上让晋国国君拜谢，感谢齐、郑两国的情谊。接下来，齐国和郑国便开始了营救卫献公的套路。首先，齐国的国景子又赋《辔之柔矣》诗句（这是《诗经》的逸诗，传世《诗经》未存此诗）说："马之刚矣，辔之柔矣。"意思是说，驾驭刚烈的马，要用柔软的口嚼和缰绳。言外之意，盟主国要宽柔以安诸侯，怎么可以动不动就把别国国君扣押了呢，下次谁还敢来啊！郑国的子展又赋《郑风·将仲子》，这首诗反复强调"岂敢爱之，畏人之多言"，潜台词是说，晋平公若为了一个卫国臣子，扣押一个国家的国君，难道不怕别的诸侯说闲话吗？晋平公听后，觉得自己缺少道理，就把卫献公放了。齐、郑两国卿大夫通过赋诗化解了一场严重的政治危机。其实有些话拿不到台面上说，大家都很要面子，若直接指斥对方，肯定会把问题搞僵。所以在台面上只是喝喝酒、赋赋诗，一场外交活动就悄无声息地进行完了。

像这样的例子，在《左传》里还有很多，这里就不一一列举了。这些例子说明《诗经》在那个时候的地位和功能都非常重要。

分论

三 孔子的解《诗》方法

我们下面来谈一谈孔子解《诗》的方法。

孔子解《诗》，不是停留在《诗》的字面意义，而是采用一种"见微知著，闻一知十"的贯通方法，把读《诗》、解《诗》当作一种认识天道和人性本质的手段。通过孔子和学生关于《诗》的对话，可以看到孔子如何从一种高屋建瓴的角度去理解《诗》。下面举几个例子：

《论语》记载了一个小故事：子夏曾经求教于孔子说："'巧笑倩兮，美目盼兮，素以为绚兮。'是什么意思啊？"这本是《卫风·硕人》中的诗句，它描写美女长得如何美，在描写了其他的优美之处后，又进一步描写她的天然神韵说："巧笑倩兮，美目盼兮，素以为绚兮。"这里关键在于对"素以为绚兮"一句如何理解。"素"是指天然美质，"绚"是文采修饰。有了天然的美质，还是要有文采妆饰。有了文采妆饰之后，人会显得更美。我们在网上看到某某明星素颜出镜，素颜一出，差别很大。我就见过一个女明星，出镜时像20岁女孩，美得令人惊艳。可是一卸了妆，就跟50岁阿妈一样。所以，美女即使有天然美质，也还是要化化妆。

孔子听了子夏的问话，回答了四个字："绘事后素。"对于这四个字，朱熹的解释是说绘画的时候，先有白纸，然后在上面添加色彩。引申的意思是说，美女有了天然的美质，还要加以修饰。子夏非常有悟性，他说："礼后乎？"是用礼仪来修饰吗？孔子马上表扬子夏："起予者商也，始可与言《诗》已矣。"说子夏能阐发我的想法，你我之间可以谈论《诗》了。对于《诗经》中的诗篇，不能只作简单的字面翻译，《诗》中所蕴含的深刻道理有待后人加以阐发。孔子的解《诗》方法，通过这个例子，可见一斑。

还可以再举个例子，《大学》篇讲到"止于至善"的时候，引了

《诗经·小雅·绵蛮》说："绵蛮黄鸟，止于丘隅。""绵蛮"是黄鸟的叫声，止于丘隅，就是栖息在丘隅之处。孔子当年读到此诗时评论说："于止，知其所止，可以人而不如鸟乎？"说连一个小鸟都知道在哪里栖止，人难道还不如小鸟吗？人应该栖止在哪里呢？应该栖止在仁、慈、孝、敬、信的至善之处。其实，《诗》中"绵蛮黄鸟，止于丘隅"一句原来未必有孔子说的意思。但这并不妨碍对《诗》作意义阐释。一群黄鸟选择在山高树多的地方栖止，这看似很平常。但孔子由此联想，人作为万物之灵，也应该"知其所止"，那就是"为人君止于仁，为人臣止于敬，为人子止于孝，为人父止于慈，与国人交止于信"。

所以，对于中国经典的诠释，尤其是孔子所开启的经典诠释学，大体上都是这样一种路数，从一些看似平常的经典语句中引申出深刻的人间道理。

再举个例子，上海博物馆前些年收购了一批战国楚简，其中有一篇《孔子诗论》讲到孔子是怎么通过《诗经》来了解人性的，其中说：

孔子曰：吾以《葛覃》得祇初之诗，民性固然，见其美，必欲反其本，夫葛之见歌也，则以绤綌之故也。后稷之见贵也，则以文、武之德也。（这是讲《葛覃》诗对他的启发）吾以《甘棠》得宗庙之敬，民性固然，甚贵其人，必敬其位，悦其人，必好其所为，恶其人者亦然（这是讲《甘棠》诗对他的启发）。【吾以《木瓜》得】币帛之不可去也，民性固然，其隐志必有以揄也。其言有所载而后纳，或前之而后交，人不可干也。

这段话中讲了三首诗：一是《葛覃》，这首诗歌颂葛草，葛草的皮经过加工后可以制成做衣服的绤和綌，就是细布和粗布。过去有句话叫"冬裘夏葛"，诗人为什么要写诗赞美葛草呢？就因为它能做成衣服。你看到漂亮的衣服，就会想起葛草的功绩。同理，人们赞美周文

分论

王、周武王的丰功伟绩，也自然会想起周人的祖先，这就叫"敬初"。中国人从古以来就有这种美德，就是不忘本初、"不忘初心"。

二是《甘棠》，甘棠本是一棵树，当年周文王的儿子召公曾在树下处理政务，他有点像我们现在所说的焦裕禄式的好干部，访贫问苦，为人民谋福利。他走访自己所管辖的地方，从来不带随从，也不随便住民居，风餐露宿，走到哪里就在哪里办公。他来到甘棠树下，就在这里办公，来解决老百姓的许多问题。老百姓特别感激他，在召公去世后，这棵甘棠树就被保护了起来，成了史迹。诗人还以此为题作诗怀念召公。孔子由此想到人们建立宗庙的道理，也是想通过宗庙来表达对先人的怀念，纪念他们所作出的贡献。这还是不忘本初的意思。

三是《木瓜》，讲的是投桃报李。不只是投桃报李，回报得更多，你投我以木桃，我报之以琼瑶。琼瑶是宝玉啊！你敬我一尺，我敬你一丈。孔子这里讨论的是这样一个道理："币帛之礼不可去也。"币帛之礼，就是赠送的礼品。赠送礼品太多太重，有贿赂之嫌，所以现在国家规定超过多少钱的礼物不可以赠送和接受。这是为了防范腐败之事发生。但是，送礼这个事，毕竟无法杜绝。你看国家领袖之间互访，也会赠送和接受礼品，看送什么东西，还看最后礼品归于何处。最主要的，送礼是人与人之间交往的一种礼节，是表达内心尊重对方的一种情感。孔子的意见是送礼这种礼节还是不能废掉的。这也是人性使然。

经典里面的字句，字面意思未必就那么"高大上"。可是将它深层的意思阐释出来，就变得"高大上"了。经典诠释起的就是这个作用。也因此《经典》可以反复解释，不同时代的人可以有不同的解释。这个解释本身，就是意义的阐释。这也是孔子解《诗》所传达的方法。

余 论

春秋时期，《诗经》地位至为崇高，那时的时尚是，只有善于活用

《诗经》的语言，才能与人交际；只有通过《诗经》的理论架构才能阐述和论证自己的观点。这个风气一直延续到汉代。而汉代齐诗一派的"四始五际"说就是在这个背景下产生的。齐诗"四始五际"说是通过《诗纬泛历枢》中的三段话来表述的：

> 《大明》在亥，水始也。《四牡》在寅，木始也。《嘉鱼》在巳，火始也。《鸿雁》在申，金始也。
>
> 卯，《天保》也。酉，《祈父》也。午，《采芑》也。亥，《大明》也。然则亥为革命，一际也。亥又为天门，出入候听，二际也。卯为阴阳交际，三际也。午为阳谢阴兴，四际也。酉为阴盛阳微，五际也。
>
> 卯酉之际为革政，午亥之际为革命。神在天门，出入候听。

这三段话到底讲什么，两千年之间学者无人解释。前些年，我破译了这个学说，并在《哲学研究》上发表文章，指出此学说实际是关于政治改革和社会革命的时间节点理论。这个理论非常重要，下面我简单作一介绍。

实际上，它是在介绍一个理论模型。这个理论模型是用一个圆图来表示的：在圆图上，按顺时针顺序标示子、丑、寅、卯、辰、巳、午、未、申、酉、戌、亥十二地支，最下为"子"，最上为"午"，左中为"卯"，右中为"酉"。"子"为"水"，"午"为"火"，"卯"为"木"，酉为"金"。"亥"在"子"前为"水之始"；"寅"在"卯"前为"木之始"；"巳"在"午"前为"火之始"；"申"在"酉"前为"金之始"。由此构成所谓"四始"。这可以看作一个理论模型的基座。

剩下的工作，是把已选出的《诗经》七篇填在这个理论基座上，即"亥"填《大明》，"寅"填《四牡》，"卯"填《天保》，"巳"填

《南有嘉鱼》,"午"填《采芑》,"申"填《鸿雁》,"酉"填《祈父》。顺着这个次序读这七篇诗,你会发现,它实际是解释西周王朝兴盛发展,乃至衰落的理论模型,其目的是要阐释一个王朝兴盛、发展,乃至衰落的一般规律。最后《诗纬泛历枢》总结说:"卯酉之际为革政,午亥之际为革命。"从卯至酉,犹如时钟盘面从上午九时至下午三时的时段,比喻一个王朝从崛起到完全衰落前的时段,在这个时段中,王朝都有政治改革的机会,所以说"卯酉之际为革政"。从午至亥,犹如时钟盘面从中午十二时到下午五时的时段,比喻一个王朝在这个时段中随时都有发生社会革命的危机,所以说"午亥之际为革命"。

在我看来,"革政""革命"节点理论虽然是讲历史上王朝兴衰规律的,但对我们今天的政权建设和国家安全也有某种借鉴意义。我试着结合中国历史对它作一个说解。

首先,"政治改革"是政权建设、发展的必要手段和步骤。然而历史事实一再表明,即使政治改革的方案设计得再好,若没有掌握好改革时机,也可能会遭致失败。"卯酉之际为革政",讲的就是政治改革的时机。

如果将卯酉时段(上午9时—下午3时)再分为卯午(上午9时—12时)、午酉(12时—下午3时)两个时段,那么,卯午时段(上午9时—12时)因为是新政权崛起时段,因而是最佳的政治改革时段。这个时段的执政者如果威望极高,掌控力超强,并为人民所拥戴,政治改革在这个时段进行就比较容易成功。有远见的政治家会未雨绸缪,在这个时段进行周密的制度设计和政治改革。历史上周公"制礼作乐"、商鞅"变法"、董仲舒的"罢黜百家,表章六经"等都是在这个时段进行的,所以获得了巨大的成功。

午酉时段(12时—下午3时),用来比喻政权由盛转衰时段。此时社会上已经积压了许多矛盾,又有多种形式的政治干扰,虽然这些问题可以通过"政治改革"来解决和消化,但这种政治改革本身已经带有风险。因为这个时段"政治改革"和"政治革命"两种时机交织并存,"政治改革"弄得不好,反而会激化社会矛盾,促使"政治革命"发生。历史上王莽所进行的"政治改革"就处在这一时段,因而直接引发了"赤眉绿林"起义,导致王莽新朝迅速灭亡。所以在这一时段进行政治改革,要有高超的政治艺术,能巧妙地规避政治风险。

酉亥时段(下午3时—5时),比喻政权进入没落时段,改革时机已经完全丧失,回天无力,清末康有为、谭嗣同等人所进行的"百日维新"的改革运动便处在这一时段。

政治改革成功或失败,是由很多种因素造成的。齐诗"四始五际"理论所谈的改革时间节点问题,是其中的一个重要因素,但却容易为人们所忽视。

本讲重点提示:诗属于美学,在于培养人的审美情趣。先秦时期所称之《诗》,自汉以后被称为《诗经》。在春秋时期,《诗》已经具有了经典的地位。那时人们的时尚是,一种见解只有与《诗》相应,才有分量。孔子说:"不学《诗》,无以言。"当时诸侯卿大夫之间正是通过恰当地引诗、赋诗,来展现他们的文化素养和外交才能的。孔子解《诗》,不是停留在《诗》的字面意义,而是采用一种"见微知著,闻一知十"的贯通方法,将读《诗》、解《诗》当作一种认识天道和人性本质的手段。汉代齐诗"四始五际"说,实际是关于政治改革和社会革命的时间节点理论,非常重要。

第八讲

《周易》演生史述要

　　古有三《易》之说：夏代有《连山》，商代有《归藏》，周代有《周易》。大概《连山》《归藏》完全用于筮占，而《周易》借鉴了《连山》《归藏》的形式，作了再创造，赋予了理论思维的内容。因此，《周易》除了同样具有筮占的功能外，更具有了说理的功能。至孔子时，则专注其"说理"的功能，强调"不占而已矣"。因为《周易》文字简严深奥，本来就带有神秘性，司马迁、班固等人更将其神圣化，《周易》愈发显得扑朔迷离。学者各逞己见，使得《周易》成为儒家文献里歧见最多的一部书。

　　这一讲题名"《周易》演生史述要"，就是试图捋清《周易》在先秦的来龙去脉。在正式讨论之前，先谈两个问题：一是关于近年《周易》研究的热点，即"数字卦"问题；二是关于《易经》成书的年代问题。

　　关于"数字卦"。四十年前，我在中国社会科学院历史研究所当研究生的时候，历史所有位老先生名叫张政烺，他是做甲骨文、金文研究的，是一位很有学问的资深学者。当时，他根据甲骨文、金文所见的一些"奇字",建构了一个"数字卦"理论假说,影响极大。关于这类"奇字"的出现,最早可以上推至宋代王黼的《宣和博古图》,其中收有周代的青铜器《南宫中鼎一》及其铭文。这段铭文最后有两个"奇字",王黼释读为"赫赫"。但同时代的王俅的《啸堂集古录》则将其释读为"十八大夫,八大夫"。到了现代,郭沫若则将此二字理解为南宫家族的族徽。李学勤则于1956年撰文推测这一类符号,可能与《周易》九六之数的符号有关。到了20世纪70年代末80年代初,张政烺先生将《南宫中鼎一》铭文最后两个"奇字"释读为"七八六六六六"和"八七六六六六"。并根据数十条此类符号,将它看作商周时期的"数字卦",并用后世的易学理论对它加以解释。由此建立了"数字卦"理论假说。目前"数字卦"理论假说是对这类所谓"奇字"的最好的解释,但其中也有难解之处,即这些数字符号不只有三个符号(单卦)或六个符号(重卦)的组合,还有五个、十二个、十三个数字符号的组合,这就很难用《周易》来加以解释了。目前的情况是,虽然有关这种数字符号的材料有百十条,但与之相连的文字材料,看似与《周易》并不搭界。以目前所掌握的材料看,这些数字符号应该不是一般的记数,将它们看作筮数更为合理。但这些筮数或许可能从属于别的筮法系统,或者自成筮法系统。

从人类早期文明看,人们对"数"天然就有一种神秘感,比如古希腊毕达哥拉斯学派就认为"万物皆数""数是万物的本质",将"数"理解为一切事物的总根源。他们甚至认为:"1"是数的第一原则,万物之母,也是智慧;"2"是对立和否定的原则,是意见;"3"是万物的形体和形式;"4"是正义,是宇宙创造者的象征;"5"是奇数和偶数,雄性与雌性的结合,也是婚姻;"6"是神的生命,是灵魂;"7"是机会;"8"是和谐,也是爱情和友谊;"9"是理性和强大;"10"包容了一切数目,是完满和美好。我说这些只是想提供一种思路,考虑一下在古代中国一些数字是否也被赋予了某种特定的含义。

分论

我们所见古代的"筮数"数字，只有一、五、六、七、八、九。既然这些数被记载下来，应该也有它的意义。只是我们完全不知道它的筮法依据，所以无法加以实证解读。如若对它作实证的而非假说的解读，恐怕还要等待地下出土更多、更新的材料。

数字卦与《周易》相比，《周易》是一种完全成熟的筮占形式，数字卦则是一种尚未完全成熟的筮占形式，因而后来被淘汰了。

关于《周易》的成书时代。关于这个问题，以前有过许多讨论。顾颉刚认为《周易》是西周初年作的，说卦爻辞里的一些故事，大都是西周前期的事。但是，即使以卦爻辞里的故事作为论据，那也未必能够成立。因为后来学者通过进一步研究发现，卦爻辞所影射的一些事情并不发生在西周前期。比如，《周易·明夷》卦的爻辞有"明夷，于南狩"的话，《升》卦卦辞有"南征吉"的话，西周前期谁南征过，并且"南征吉"？这两个很短的卦爻辞说明《周易》成书并不在西周前期，而是在西周末年。为什么？周王朝从周昭王开始南征，结果南征失败，昭王死在途中。到了西周晚期周宣王时，南征才取得了一些成就。1974年，在陕西省武功县发现了一件青铜器，叫"驹父盨盖"，它不是一个完整的"盨"，只有一个盨盖，盖上有铭文：

> 唯王十有八年正月，南中（仲）邦父命驹父即南诸侯，率高父见南淮夷，厥取厥服，谨夷俗。遂不敢不敬畏王命，逆（迎）见我，厥献厥服。我乃至于淮，小大邦亡敢不具迎王命。四月，还，至于蔡，作旅盨，驹父其万年永用多休。

铭文记载周宣王十八年（公元前809年），执政大臣南仲邦父派驹父等到南淮夷索取贡赋。淮夷诸国迎见驹父，献纳贡物。淮夷在周的国都南面，所以又称"南淮夷"。《易经·升》卦卦辞"南征吉"或当影射此事。公元前809年，那也就是说在孔子出生前的250年左右。差不多相当于清朝一个朝代的时间。如果这件事情能相印证的话,《周易》应是在此后才形成的。

《周易》还有《易传》部分,共有十篇,包括:《系辞》上、下;《象传》上、下;《彖传》上、下;《文言传》《序卦传》《说卦传》和《杂卦传》。传统易学称为"十翼","翼"原意是羽翼,引申为辅助。它成书于什么时候呢？有学者认为成书于战国初期,有学者认为它成书于战国后期,甚至有人认为它成书在秦汉之间。我认为它成书偏晚,应该是战国后期的东西。这是我总体上的一个判断。以下我们依据传世文献来对先秦易学发展的历史作一个概要的叙述。

一 商代与西周的卜筮之法

(一) 商代的卜筮之法。《尚书》里有一篇重要文献,叫《洪范》,"范"的意思是法则、规范；"洪"的意思是大。"洪范"就是大经大法。周武王伐纣之后,去访问殷商旧臣箕子,箕子传给他"洪范九畴",即从九个方面来谈治国的大经大法。其中第七方面,叫"稽疑":"择建立卜筮人,乃命卜筮:曰雨、曰霁、曰蒙、曰驿、曰克、曰贞、曰悔。凡七:卜五,占用二,衍忒。"这就是说,当朝廷遇到大事,朝臣议而不决时,就要通过卜筮来帮助作出决定,看老天怎么说。用这样一种办法来统一思想。

卜筮的方法主要有两种:龟卜和筮占。龟卜的道具是龟甲,筮占的道具是蓍草。《周易·系辞上》说:"探赜索隐,钩深致远,以定天下之吉凶,成天下之亹亹者,莫大乎蓍、龟。"汉代刘向说:"龟千岁而灵,蓍百年而神。"(引自王应麟《玉海》六十三)俗语说"千年王八万年龟",龟的寿命极长,古人视之为神物。我曾养过一个三四斤重的乌龟,经常是两三个月不吃不喝,只靠呼吸活着,并且也不减轻重量。你说神不神？蓍草是多年生的丛生植物,它可以连续生长上百年,被视为神草。人们因为龟和蓍草活得长久,便认为它们能沟通神灵,分辨吉凶。所以卜筮人便以龟甲和蓍草为媒介,通过"灼龟而卜,揲蓍而筮"的方式,与上天相沟通。

上文说的"曰雨、曰霁、曰蒙、曰驿、曰克"是指龟卜的兆象,其方法是卜人在龟壳上钻一个洞,然后用火烤,烤出的炸纹会显出各种卜兆,卜人据此来判断吉凶。

"曰贞、曰悔",指的是用蓍草筮占的方法。《周易》有"大衍之数五十,其用四十有九",用这五十根筮草算卦,算卦的时候,有贞、有悔。一般认为,"贞"表示内卦,"悔"表示外卦,内外卦合参。另有一种说法,"贞"表示本卦,"悔"表示之卦。

其实龟卜也好,筮占也好,只是君王最后作决策的重要参考,并不作为绝对的根据。君王作最后决策之前,会有自己的意见,但他要参考大臣的意见、百姓的意见,然后还要参考龟卜、占筮的吉凶。那时筮占的方法也是《易》,但不是《周易》。夏、商、周三代,夏《易》称《连山》,商《易》称《归藏》,周代的《易》才叫《周易》,这是三个不同的易占体系。

顺便说一句,春秋之时,人们是三《易》并用的,《周易》甚至不是最重要的。从这点来看,我们并不认为《周易》是周文王、周公创造的,如果《周易》是周文王、周公创造的,那他们的后世子孙为什么相对忽视它呢?

(二)西周的卜筮之法。西周重龟卜而轻筮占。《尚书·金縢》记载,武王于克商后的第二年,就生了大病,周公为之祝祷,愿以身代之,并主持龟卜,问卜于天。"乃卜三龟,一习吉。启籥见书,乃并是吉。"这里的"习",是"因"的意思。这段话意思是说,当时采用三种兆法进行龟卜。先卜夏兆,夏之兆法表现为吉;次卜商兆,商之兆法因之,又表现为吉;次卜周兆,周之兆法因之,也表现为吉。卜人未见占书时,已知兆之为吉,及开籥取占书证之,并见其为吉。

当成王即位，周公摄政时，管公、蔡公叛乱，周公准备东征，大臣们都不同意，周成王发布《大诰》，拿出通过"大宝龟"卜问的结果，来增强东征决定的权威性。其后，周公到洛阳营建成周时，也是用龟卜方法来确定成周选址的。

在29篇今文《尚书》中，仅《君奭》篇提到一次"若卜、筮，罔不是孚"，"卜、筮"二者连提，应该如何理解呢？《礼记·表记》所载孔子语可以作为解释："子曰：大人之器威敬，天子无筮，诸侯有守筮。天子道以筮。"这是说，在周代，大事用卜，小事用筮。天子至尊，一般大事小事皆用龟卜，而不用筮占。诸侯有守国之筮，则大事小事皆用筮占，而不用龟卜，怕僭越于天子。天子也有用筮的时候，如巡狩、征伐，出而在道途之中，有事则用筮，表示比在朝中降了一等。这也可以解释为什么作为周王朝档案的《尚书·周书》中很少记录筮占之事。

当时周人的筮占所采用的是何种筮法，我们在《尚书》和《逸周书》中并没有见到有关《周易》卦爻辞的记载，但在晋代太康二年于魏襄王墓中出土的《穆天子传》中见到这样一条资料：

天子筮猎苹泽，其卦遇《讼》䷅。逢公占之曰："讼之繇：薮泽苍苍，其中（阙），宜其正公，戎事则从，祭祀则憙，畋猎则获（阙）。"饮逢公酒，赐之骏马十六，绵纻三十箧。逢公再拜稽首，赐筮史狐（阙）。

这条材料说，周穆王带着一帮人，坐着马车巡游天下，来到苹泽，找到逢公算了一卦。卦算得很好，周穆王很高兴，赐给他酒，还给他骏马十六匹和一些布匹。逢公是什么人，书中没有交代，应该是一位高明的筮占者。逢公之外还有一位筮史狐，这应该是王朝专门的筮占官员了，他也一同受到了周穆王的赏赐。文中所说的《讼》卦的爻辞与今

第八讲 《周易》演生史述要

127

本《周易》文本没有关系。如果《穆天子传》这条资料有其可信度，那至少说明在西周穆王时期所使用的筮法，并非《周易》。传统意见认为《周易》卦爻辞是周文王、周公所作。果真如此，周穆王为什么不信本家《周易》筮法，而信别家筮法呢？

不过，我们从《周礼·春官·太卜》看到了这个材料："太卜掌三易之法：一曰《连山》；二曰《归藏》；三曰《周易》。其经卦皆八，其别皆六十有四。"这是说，西周王朝的太卜之官同时掌握三种筮占方法。郑玄《易赞》及《易论》说："夏曰《连山》，殷曰《归藏》，周曰《周易》。"[①]《连山》《归藏》《周易》这三种《易》都有六十四卦的卦画，甚至有基本相同的卦名，只是卦序和卦爻辞各自不同。《周官》（又名《周礼》）应该是战国时期的作品，作者认为西周时有《周易》不难理解。在我看来，《周易》在西周时期确实有了，但应该是在西周晚期产生的。

二 春秋时期的筮占活动与以《周易》说理

到了春秋时期，《左传》《国语》关于筮占之事共有二十一二条资料，那时的筮占活动所用的筮法主要还不是《周易》。当筮占结果不吉的时候，才考虑再用《周易》筮占。就是说，当时的筮占可能是先用《连山》易或《归藏》易，即易学家所谓的"二《易》"，然后再考虑是否用《周易》筮占。这说明《周易》在春秋时期地位还不是很高，同时也说明，《周易》并非由周文王、周公亲自参与创制，否则不会被人如此冷落。

比如说：《左传》僖公十五年（公元前645年）记载，秦伯伐晋，卜徒父筮之，其卦遇蛊䷑曰："千乘三去，三去之余，获其雄狐。"卜徒父

[①] 关于夏代文化，今天能谈者甚少。《连山》如何，我们暂且阙而不论。关于《归藏》，《礼记·礼运篇》记孔子之言："我欲观殷道，是故之宋，而不足征也，吾得《坤乾》焉。"郑玄注："得《坤乾》，得殷阴阳之书也。其书存者有《归藏》。"熊氏安生曰："殷《易》以坤为首，故曰《坤乾》。"[（清）孙希旦撰，沈啸寰、王星贤点校：《礼记集释》，中华书局1989年版，第586页。]

解释为"吉"。这句话并不见于《周易》，清代学者顾炎武《春秋杜解补正》卷上指出："此是夏、商之占，如《连山》《归藏》之类，故不言《易》。"果如顾炎武所言，那夏、商"二《易》"与《周易》应该有相同的卦画和卦名，只是卦爻辞和筮法有所不同。若进一步推论，《周易》或许是继承了夏、商"二《易》"的卦画形式和卦名，并针对卦名的主旨，在思想内容上做了根本性的改造，使之蕴含更深刻的哲理。

又，《国语·晋语》记载，当年晋公子重耳（后来的晋文公）流亡楚国，秦穆公召之赴秦国。公子重耳亲自筮占，看秦穆公将来能否帮助他重返晋国，"得贞屯䷂悔豫䷏，皆八"。关于这句话，易学史上向无善解。许多经学大家包括朱熹、毛奇龄等人对这句话的解释都下过很大功夫，最后知难而退，毛奇龄甚至最后说："吾不解也。若此者，阙之可也。"（《易小帖》卷四）不过，我觉得我现在可以把这个问题说透，这实际是一个我们原来不知道的筮法问题。

首先，这里的"贞屯悔豫"不同于"遇屯之豫"，两者不是本卦与之卦的关系，而是"初筮"和"原筮"的关系。"原筮"是第二次筮占。但筮占中有"初筮告，再三渎"的告诫，一般不允许第二次筮占。所以只好把初筮当作试筮，而把再筮说成"原筮"，其实"原"和"初"的意思差不多。这是一种"自欺欺人"的说法，就像兵败不说"撤退"而说"转进"一样。

其次，是对"皆八"二字的理解。大约在当时筮法体例中有这样的规定："筮占"以少为占，五爻动，则重在静爻。在揲蓍过程中，六爻之中，如果有五个爻分别由老阳之数"九"或老阴之数"六"而得，这五个爻就都成了变爻。剩下的一爻为静爻，此静爻可由两种情况而得，或得之少阳之数"七"，或得之少阴之数"八"。因为阳为动，阴为静，是静爻"七"仍有可动之理，而静爻"八"则全无可动之理，成为一个不变的"孤阴"。此种情况称为"之八"，如《左传》中的"艮之八"和《国语》中的"泰之八"皆为其筮例。因为它是不变的"孤阴"且又是

分论

卦主，无论其爻辞吉与凶，皆被视为不吉。于是会有第二次的筮占即"原筮"。若"初筮"和"原筮"都出现同样的情况，被称为"皆八"，更是不吉。此种情况的特点是"闭而不通，爻无为也"。少阴当家而守静，犹如嫁不出去的姑娘，当时人在心理上不能接受。

这应该是夏、商"二《易》"以"不变为占"的筮法，不是《周易》的筮法。所以司空季子赶紧说："吉，是在《周易》皆利建侯。"这时才特别强调《周易》。也就是说，当时筮占的操作方法可能有较为固定的模式，对筮占结果的解释，"三《易》并用"，开始会用夏、商"二《易》"解释，若不吉才用《周易》来解释。这说明什么呢？说明《周易》地位在当时不如夏、商"二《易》"高，也说明《周易》的出现相对晚，尚不为人们所普遍接受。因此传说《周易》卦爻辞为周文王、周公所作，这个说法未必可靠。

用《周易》筮法进行筮占活动的材料，首见于《左传》庄公二十二年（公元前672年）。这是第一次在文献上见到"周易"这个词。但这条材料的真实性受到了后世的质疑。鲁庄公二十二年，陈人杀太子御寇，跟太子关系密切的公子完（陈敬仲）为避祸逃到齐国，齐桓公让他做了"工正"之官。《左传》于此处作了一个倒叙：陈敬仲年少时，周朝的太史带着《周易》去见陈厉公，陈厉公请他为陈敬仲算了一卦，结果遇观䷓之否䷋。用《周易》算卦从来就有这种说法，遇什么卦是指本卦，之什么卦就是之卦。遇观䷓之否䷋是第四爻发生了变化。而《观》卦四爻爻辞是："观国之光，利用宾于王。"这句话的直译是：观察国家的政教，适合作君王宾客。而当时周太史的解释是："此其代陈有国乎？不在此，其在异国；非此其身，在其子孙。……若在异国，必姜姓也。"因为这是陈敬仲少年时算的卦，此时应在公元前700年之前，周太史已经预测到了三百多年后陈敬仲（公子完）的八世孙田和篡齐得国的事。这也太神乎其神了！这种事不仅我们不信，就连古人也不信，以致范宁说："《左氏》艳而富，其失也巫。"朱熹对《左传》的诬妄也持批评态度，有学生问他:"《左传》载卜筮有能先知数世后事,有此理否?"朱熹回答说:"此恐不然,只当时子孙欲僭窃,故为此以欺上罔下尔。"朱熹认为所谓周太史筮占的故事,不过是陈敬仲子孙编出来造舆论的。在我看来,还可以作另一种解释,那就是《左传》作者已经经历了"田氏代齐"的历史,并将《周易》筮占派自我吹嘘的宣传案例纳入了《左传》书中。《周易》后来"完胜"夏、商"二《易》"应该与此类宣传有关。

不过,春秋时期的人不只是用《周易》来筮占,也用《周易》来说理。举一个《左传》襄公二十八年(公元前545年)的例子。当时郑国夹在晋国和楚国两个大国之间。楚国和晋国长期争霸,郑国夹在中间,楚国强了它就靠向楚国,晋国强了它就靠向晋国。有一次,郑国国君派正卿游吉出使楚国,到达楚国边境时,楚康王传来话说:游吉不配来楚国谈结盟之事,要让郑国国君亲自来。游吉只好回去复命,归来相告子展说:楚君快要死了。因为他不修德政,而贪昧于诸侯,以逞其愿。这样能得逞吗?当应《周易》"复䷗之颐䷚",《复》卦上爻爻辞"迷复,凶"说的正是楚君这种人。一位国家正卿,地位仅次于国君,你连见都不愿见,太过傲慢了。做出这个决定的人,一定是头脑有病。果然,没过几年楚康王就死了。这是用《周易》说理的例子。

再举一个《左传》鲁昭公三十二年(公元前510年)的例子:晋国大臣赵简子问史墨:鲁国的季平子把鲁昭公赶出去,自己掌握了鲁国政权,而人民愿意服从他,各国诸侯也愿意与他结交,鲁昭公死在外面,却无人声讨季平子的罪过。一个国君死在外面,大家就像不觉得有这个人似的。为什么鲁国会出现这种状况呢?史墨的回答极有智慧,后世经常引用,他说:"社稷无常奉,君臣无常位,自古以然。故《诗》曰:'高岸为谷,深谷为陵。'三后之姓,于今为庶,主所知也。"他说,在一个国家里,谁当国君,谁当大臣,本来就不是固定的。君可能会变成臣,臣可能会变成君。从古以来都是如此。《诗经》说"高岸为谷,深谷为陵",自然界即使发生这样大的变化,人们也不会觉得奇怪。舜帝、禹帝、商汤王的后代如今都已变成了庶民，社会历史上出现这样的情况，大家也不会觉得奇怪。史墨接着用《周易》的道理来作解释说："在《易》卦，雷乘乾曰大壮䷡，天之道也。"《大壮》卦，上面三爻是《震》卦，代表雷，下面三爻是《乾》卦，代表天，雷在天上。天是君，雷是臣，雷在天上是一种自然现象，臣势力强大，在君之上，也不足为怪。鲁昭公之所以流亡国外而无人过问，原因在于鲁昭公对人民太刻薄，人民不喜欢他，而宁愿接受季氏家族的统治。这里，史墨是用《周易》所蕴含的哲理来解释社会，他不是把《周易》当作算卦之书，而是当作说理之书。这是很值得称赏的。

这里，特别值得一提的是，鲁国太史氏所藏《易象》，它关系到《周易》的本质属性的问题。据《左传》鲁昭公二年（公元前540年）记载："晋侯使韩宣子来聘，且告为政而来见，礼也。观书于大史氏，见《易象》与《鲁春秋》。曰：'周礼尽在鲁矣，吾乃今知周公之德与周之所以王也。'"

鲁昭公即位的第二年，当时孔子只有十二岁，韩宣子（韩起）作为晋国新的执政大臣，代表晋侯来祝贺鲁昭公新继位，修盟通好（当时晋为盟主国），受到特殊的礼遇，节目之一就是请他观览秘府所藏的重要典籍——《易象》与《鲁春秋》。这两部书一直被鲁国视为国宝。韩宣子看后，发出由衷的赞叹。这究竟是两部什么书呢？孔颖达《春秋左传正义》认为这是周文王、周公所作的"宝典"：

> 大史氏之官职掌书籍，必有藏书之处若今之秘阁也。观书于大史氏者，……就其所司之处观其书也。……鲁国宝文王之书，遵周公之典。……文王、周公能制此典，因见此书而追叹周德。
>
> 周之所以得王天下之由，由文王有圣德，能作《易象》故也。

《易象》并不就是《易经》，按照孔颖达的说法，《易象》一书是周文王、周公所作，从这部书可以看出"周公之德与周之所以王"的原因。由此看来，此书必是修德的典范和立国的纲领。《易象》得到如此崇高的评价，当然不是一般的书。那它是否已经亡佚了呢？

我们也许要看看，在现存的《易传》（十翼）中有没有得到类似评价的部分，我们先看宋代叶适对《易象》（《周易》大象传）的评论：

> 自颜、曾而下，讫于子思、孟子，所名义理万端千绪，然皆不若《易象》之示人简而切、确而易行，学者诚有志于道，以是为经，而他书特纬之焉可也。（《习学记言》卷三）

在叶适看来，《易象》（《周易》大象传）高于颜回、曾子、子思、孟子所谓"四配"的书，是真正可以作为经书来尊奉的，其他书只可作为辅助之书。

再来看清代四库馆臣对《周易》大象传的评价：

> 夫六十四卦《大象》皆有"君子以"字，其爻象则多戒占者，圣人之情见乎词矣。其余皆《易》之一端，非其本也。（《四库全书总目》卷一《经部一·易类一》）

有鉴于叶适和四库馆臣对《周易》大象传无以复加的崇高评价，我们有理由认为韩宣子所见之《易象》并没有亡佚，它就在《周易》大象传中。《周易》的真正价值在于它是修德的典范和立国的纲领。"圣人之情"见乎此，"其余皆《易》之一端，非其本也"。

如上所述，在春秋时期，《周易》一方面被当作筮占的工具，另一方面作为"说理"之书，那么哪一种态度更能代表孔子的思想呢？《论语》记载，孔子并不赞成把《周易》当作"筮占"的工具，因而说："不占而已矣。"又，近年马王堆汉墓出土帛书有《周易·要》篇，该篇记载：

分论

> 子曰：……《易》，我后其祝卜矣！我观其德义耳也。……史巫之筮，乡（向）之而未也。……吾求其德而已，吾与史巫同涂而殊归者也。

孔子是一位秉持道德理性的思想家，他怕"后世之士"怀疑自己，诟病自己，因而特别澄清自己学习《周易》，目的是学习《周易》中所呈现的道德义理，而不是学习史巫的"筮占"之术。孔子之所以重视《周易》中的"德义"，或许与他有可能看到鲁太史所藏《易象》有关。因为孔子既然能根据鲁太史所藏之《鲁春秋》来修《春秋》，他也自然能从鲁太史那里看到《易象》。

在我看来，《周易》最精华的部分，最有价值和意义的部分就是《大象传》。《大象传》主要不是讲算卦，是重说理。就是说一个人、一个国家、一个民族，在不同时期有不同的境遇，在不同的境遇下应该有不同的境界。我因此认为：《周易》就是一部反映境遇与境界的智慧之书。

如我们大家所熟知的，《乾》卦大象传："天行健，君子以自强不息。"在《乾》卦这样一种境遇下，君子要自强不息。《坤》卦大象传："地势坤，君子以厚德载物。"在《坤》卦这样一种境遇下，人要学习大地承载万物的德行，"厚德载物"。往下，每一个卦都有《大象传》，如《屯》卦大象传："云雷屯，君子以经纶。"《屯》卦，大家容易把它误读成"tún"，但是在《周易》里读"zhūn"。《屯》卦表示：在创业初期，万事开头难。就像春天时一棵小草要钻出大地，是很困难的，所以叫"屯难"。那怎么办呢？"云雷屯，君子以经纶"，就是说，人要做成大事，就要有经纶天下的大志和大才。《蒙》卦大象传："山下出泉，蒙，君子以果行育德。"这是一个教育卦，小孩叫蒙童，教育小孩叫启蒙，山下出泉，其始涓涓，曲折前行，教育小孩要让他"果行育德"，即果敢地前

134

行，以此来培育自己的德行，如此等等。这就是《周易》的思想精华。

三 战国后的《易经》《易传》文本

说到战国时期的《周易》文本，我们首先要提到晋代在汲县旧冢中所发现的竹简《周易》文本。据《晋书·束皙传》记载，晋武帝太康二年，汲郡人不准（不准为人名）发魏襄王墓，得竹书数十车。"其《易经》二篇，与《周易》上、下经同。"魏襄王卒于公元前296年，那时的《易经》文本与传世文本基本相同。这种出土的竹简文本因为难以保管，估计不久后便毁坏了。

晋武帝太康二年，为公元281年，时隔一千七百年，到21世纪初，又出土了战国时期的《周易》文本，即上海博物馆所藏战国竹简本《周易》，总共58支简，涉及34卦，是个残缺本，将所存部分与今本《易经》相对比，内容大体一致，其下葬年代在公元前300年左右，与魏襄王时代略同。这再次证明，在魏襄王时代，《周易》（不包括《易传》部分）已经有了与今本一致的完整文本。这是后世所见到的最早的《周易》文本。不过《周易》文本应该在孔子之时已经流传了。《史记》称："孔子晚年喜《易》，……读《易》，韦编三绝。"《论语》中所载孔子之言"不恒其德，或承之羞"，就是《易经·恒》卦九三爻辞。这也可以印证《易经》文本在孔子时代的流传。

魏襄王时代大致相当于孟子的时代，《孟子·梁惠王上》称："孟子见梁襄王，出，语人曰：'望之不似人君。'"孟子所说的梁襄王就是魏襄王。因为魏国的国都在大梁，所以当时人习惯于称梁襄王。孟子的时代已经有了《周易》完整的文本，可是《孟子》一书论《诗》、论《书》、论《礼》、论《乐》、论《春秋》，却于《周易》只字不提，为什么？大概他把《周易》当作筮占之书，而不愿提及。

杜预《春秋经传集解后序》说：汲冢"《周易》上、下篇与今正同，别有《阴阳说》，而无《彖》《象》《文言》《系辞》，疑于时仲尼造之于鲁，尚未播之于远国也。"对此我可以做这样的解释：《彖》《象》《文言》《系辞》等文献在当时有的还没有写成，有的或作为另一个传统在传承，而不与用于筮占的卦、爻辞并传。

《荀子·劝学篇》讲"其数则始乎诵经"，《荀子》书中提到的儒家经典有《诗》《书》《礼》《乐》和《春秋》。此时并没有把《周易》包括进去。荀子似乎对《周易》的一些观点并不赞同。如荀子引《周易》说："《易》曰：'括囊，无咎无誉。'"这本是《周易·坤卦》"六四"爻辞，这句话直译就是把口袋的口用绳子扎起来。其意是告诫君王的近臣不要随便说话，以免招来祸患。《周易》里有一个一般的解释规则，五爻一般是君主的位置，初爻是老百姓的位置，二爻可能是丞相的位置，三爻可能是封疆大吏，有如现在的省长；四爻为近君之位，有可能是近臣，也可能是太子。这两种人在这个位置上要谨言慎行，要像扎皮囊口那样把嘴巴扎起来，尽量少说话。如果多说话就可能位置不保。你看康熙王朝，太子两次被废。常言说"伴君如伴虎"，就是这个道理。

荀子不同意《周易》的观点，他认为君子既然处于近君之位，就要发挥自己的聪明才智，做"兼济天下"之事，为君主多提好的建议，而不能无所作为。因为怕犯错误而不说话，是腐儒的处世态度。所以他说："'括囊，无咎无誉。'腐儒之谓也。"同时他也不赞同将《周易》看作"筮占"之书，他说"善为《易》者不占"。这是荀子对《周易》的态度。

下面我们专门来谈一下《易传》或"十翼"的形成问题。

司马迁作《史记》时，《易传》各篇的具体名称首次见于文献之中。《史记·孔子世家》说："孔子晚而喜《易》，《序》《彖》《系》《象》《说卦》《文言》。"对文中的"序"字，从文气上看，似应作为动词。然而唐张守节《史记正义》注释说："序，《易·序卦》也。……孔子就上下二经各序其相次之义。"这是说在司马迁之前，《序卦》《彖传》《系辞》《象传》《说卦》《文言》已经存在了，只缺《杂卦》一种。司马迁认为以上《易传》各篇都是孔子作的。在宋代欧阳修之前，这一判断并不曾有人怀疑。但欧阳修找出种种破绽来反对孔子曾作"十翼"的说法。现在看来，欧阳修的意见很有道理。

大约在战国时期，儒家各派流行为重要典籍作传注，从孟子、荀子对《易经》的态度看，《易经》被认定为儒家经典，时间比较偏晚，可能是在战国中期才开始。《战国策·齐策四》载，颜斶（读 chù）见齐宣王，引《易传》以申告诫说："《易传》不云乎：'居上位未得其实，以喜其为名者，必以骄奢为行。据慢骄奢，则凶必从之。'"颜斶所引《易传》之文，并不见于今本"十翼"，可能是出于别本《易传》。今本《易传》在荀子之前很少有人引用。

在我看来，今本《易传》各篇，可能除了《象传》外，基本形成于荀子之后、司马迁之前的大约150年之间，即大致从公元前240年算起到公元前90年。这期间，特别是在秦始皇三十四年（公元前213年）设"挟书律"，到汉惠帝四年（公元前191年）"除挟书律"，共有23年时间，当时学人只有卜筮之书可读。[①] 我因而推想，这是易学理论迅速发展的"黄金时期"，这种恶劣的政治形势，使得原本不喜《周易》筮占之术的儒家学者主动以不同的形式与方术之士结合，通过对《周易》的阐释来创造儒家的天人之学，于是便有了《易传》中的若干文本。[②]

《易传》中有些内容与《礼记》中的文句雷同。比如《礼记·乐记》说："天尊地卑，君臣定矣。卑高已陈，贵贱位矣。动静有常，大小殊矣。方以类聚，物以群分，则性命不同矣。在天成象，在地成形。如此，

[①] 秦朝的"挟书律"内容大致如下："史官非《秦纪》皆烧之，非博士官所职，天下敢有藏《诗》《书》百家语者，悉诣守尉杂烧之。有敢偶语《诗》《书》弃市。……所不去者，医药、卜筮、种树之书。"

[②] 友人王葆玹曾著文说：在秦代焚书令与挟书律的限制下，《诗》《书》《礼》和《春秋》都成为禁书，《周易》及其占筮学却未遭到禁止。儒者遂利用这一缝隙，改为采用解《易》的方式来阐扬儒学。（王葆玹：《儒家学院派的〈易〉学的起源和演变》，《哲学研究》1996年第3期。）

则'礼者天地之别也'。地气上齐,天气下降,阴阳相摩,天地相荡,鼓之以雷霆,奋之以风雨,动之以四时,暖之以日月,而百化兴焉。如此,则'乐者天地之和也'。"

《周易·系辞》中也有类似的话:"天尊地卑,乾坤定矣。卑高以陈,贵贱位矣。动静有常,刚柔断矣,方以类聚,物以群分,吉凶生矣。在天成象,在地成形,变化见矣。是故刚柔相摩,八卦相荡,鼓之以雷霆,润之以风雨,日月运行,一寒一暑。"

两条材料究竟谁在先,谁在后,谁因袭谁呢?张岱年先生认为:"《系辞》在这里是讲天地和万物的秩序和变化,写得比较自然。《乐记》此段从天地讲到礼乐,讲得比较牵强,看来是《乐记》引用《系辞》的文句而稍加改变。"

对此我有不同意见。在我看来,所谓"写得自然",首先应该是"合理","合理"才会自然。相比之下,《乐记》写得更为合理,例如:"方以类聚,物以群分,则性命不同矣。"不同类的物有不同的"性命",这样说既合理又自然。而《系辞》说:"方以类聚,物以群分,吉凶生矣。"为什么不同类的物一经分类,就一定会产生吉凶呢?这就不很合理和自然。又如《乐记》说:"阴阳相摩,天地相荡,鼓之以雷霆,奋之以风雨,动之以四时,暖之以日月,而百化兴焉。"由"阴阳相摩,天地相荡"等所导致的"百化兴"的过程本身就是一个自然的过程。而《系辞》说:"刚柔相摩,八卦相荡,鼓之以雷霆,润之以风雨,日月运行,一寒一暑。"为什么"八卦相荡"云云,会导致"日月运行,一寒一暑"呢?这就既不合理又不自然。看来是《系辞》为了解释八卦体系以及筮占的吉凶观念,而生硬套改《乐记》这段话而写成的。

又如,《礼记·郊特牲》说:"天地合,而后万物兴焉。夫昏礼,万世之始也。"这话没什么语病。而《周易·系辞下》说:"天地絪缊,万物化醇;男女构精,万物化生。""男女构精,万物化生"这话便有语病。

又如,《大戴礼记·本命》说:"一阴一阳,然后成道。"而《周易·

系辞上》说："一阴一阳之谓道也。"两相比较，前者语意比较显豁。又如《大戴礼记·小辩》说："道小不通，通道必简。"《墨子·非儒下》："言明而易知也，行明易而从也。"其言皆质朴有味。而《周易·系辞上》说："乾以易知，坤以简能。"却给人以不知所云的感觉。如此等等。

其实，总体上说，"十翼"在创作过程中，吸收了《礼记》及《大戴礼记》等书中的不少营养。相比之下，那些在先的文本所讲的道理更为质朴合理。《易传》作者将之拿过来套在《周易》的理论框架下，便显得有些做作，且不尽合理。

如前所述，在荀子之前，很少有人引录《易传》各篇的内容。然而入汉以后，文献中引录《易传》各篇内容的情况突然变多起来。例如：

陆贾（约前240—前170年）《新语》卷上《辨惑》引："《易》曰：'二人同心，其义断金。'"今本《周易·系辞上》作："二人同心，其利断金。"其间只有一字之差。又：《新语》卷下《明诫》引："《易》曰：'天垂象，见吉凶。圣人则之。天出善道，圣人得之。'"今本《周易·系辞上》作："天垂象，见吉凶。圣人象之。河出图，洛出书，圣人则之。"文句有同有异。刘安（前179—前122年）《淮南子·缪称训》引："《易》曰：'剥之不可遂尽也，故受之以复。'"今本《序卦》："物不可以终尽，剥穷上反下，故受之以复。"文意相同，文句不甚相同。司马谈（？—前110年）《论六家要指》说："《易大传》曰：'天下一致而百虑，同归而殊途。'"今本《周易·系辞下》："天下同归而殊途，一致而百虑。"文意相同，文句颠倒。如此等等。

四　司马迁、班固对《周易》演生史的建构

《周易·系辞下》说："易之兴也，当殷之末世，周之盛德邪？当文王与纣之事邪？"《系辞》作者以探询的口吻推测《周易》兴起于殷周之际。司马迁《史记·周本纪》向前推进了一步，推测周文王演《周易》，

分论

作六十四卦："西伯盖即位五十年，其囚羑里，盖益《易》之八卦为六十四卦。"这里，司马迁用了两个"盖"字，都是疑问之辞，即他也不能确定其事的真实程度，尤不敢肯定周文王确曾作六十四卦。所以张守节《史记正义》说："按太史公言'盖'者，乃疑辞也。文王著演《易》之功，作《周纪》方赞其美，不敢专定重《易》，故称'盖'也。"张守节是唐代出色的史学家，"实话实说"，他也并不相信周文王作六十四卦这件事。

到了东汉时期，班固作《汉书·艺文志》则说：

> 《易》曰："宓戏氏仰观象于天，俯观法于地，观鸟兽之文，与地之宜，近取诸身，远取诸物，于是始作八卦，以通神明之德，以类万物之情。"至于殷、周之际，纣在上位，逆天暴物，文王以诸侯顺命而行道，天人之占可得而效，于是重《易》六爻，作上、下篇。孔氏为之《彖》《象》《系辞》《文言》《序卦》之属十篇。故曰：《易》道深矣，人更三圣，世历三古。

班固不仅坐实"文王重卦"之说，并且踵事增华，谓文王更作"上、下篇"。强调孔子"为之《彖》《象》《系辞》《文言》《序卦》之属十篇"。文末尤着意点明《周易》"人更三圣，世历三古"的不寻常特点。于是，一部由"伏羲画八卦"、"文王重卦"并"作上下篇"卦爻辞、孔子作"十翼"的完整《周易》演生史就这样写入正史了。

在结束这次讲述之前，我作一个简短的结语："文王重卦"并"作上、下篇"卦爻辞之事应属不实，孔子作《易传》的说法也属不确。司马迁、班固关于《周易》演生史的建构不能成立。在我看来，《周易》卦爻辞应该是西周末年太史一级人物集体创制的。《易传》各篇可能是战国、秦汉间的儒学大师创编的。虽然《易经》和《易传》没有伏羲、文王、孔子的参与，但并不影响《周易》作为中华民族伟大元典的地位。

余 论

以上我力求客观地概述了《周易》在先秦演变、生成的历史。现在我想再谈一个我认为比较重要的话题，就是《周易》所反映出的强烈的"忧患"意识。《周易·既济》卦："君子以思患而豫防之。"《周易·系辞传》说："作《易》者，其有忧患乎！"台湾儒学大家徐复观据此把"忧患"意识作为中国文化精神的特点。"忧患"意识包括两个方面：一是说身处忧患时，将"忧患"当作对自己的磨炼和淬炼。二是说没有"忧患"时，要"防患于未然"。儒家对于"忧患"是这样理解的：一方面，人们追求幸福，国家追求富强，并不喜欢"忧患"，但是如果不幸身处"忧患"之中，那就要勇于担当，顽强应对，积极去克服忧患，而不能消极颓废。另一方面，已经在富裕安定的环境中，要居安思危、未雨绸缪、常备不懈。

中国人具有深沉的忧患意识，可以从许多事上看出来。如中国人崇尚节俭，喜欢储备（现代讲储蓄），就是以备将来的需要。作为国家为了立国的需要，甚至要储备十年以上的粮食，以备将来可能出现连年的自然灾害或人为的战乱。东汉仲长统所说的"理国待蓄积，乃无忧患"，就是这个意思。

卓绝而深沉的"忧患"意识，是中华优秀文化的一个重要遗产。中华文明之所以悠久博大，中国人之所以聪明智慧，都要从它说起。华夏文明最早是在黄河流域形成的。根据汤因比和竺可桢等人的研究，黄河流域所形成的巨大冲积平原土质疏松肥沃，这使得华夏大地很早便进入了农耕文明，但黄河流域又是水旱多发地区，以致外国人称华夏为"灾荒国"。正是这种"挑战与应战"的自然条件，孕育了华夏文明。华夏民族为了生存而应对大自然的挑战，变得聪明而富有智慧。苏轼曾说："凡人，智生于忧患，而愚生于安佚。"这无论是对个人还是民族而言，都是

分论

真理。换言之，中华民族是在数千年的忧患中淬炼出来的，因而具有不屈不挠、坚忍不拔的民族性格。古代有很多神话和传说，如"大禹治水""愚公移山""精卫填海""夸父逐日"等，无一不反映这种不屈不挠、坚忍不拔的民族性格。这些上古以来的历史，回答了"我们是谁"的问题：中华民族是从"忧患"中淬炼出的民族。中华民族精神的强大正源于此。

关于"忧患"意识，自孔子以下的贤哲们讲了许多名言警句，如孔子说"人无远虑，必有近忧"，孟子说"生于忧患，死于安乐"，张载说"贫贱忧戚，庸玉汝于成也"，以及他的《君子行》诗"君子防未然，见几天地先。开物象未形，弭灾忧患前"等。

若要深入解析中国文化的"忧患"意识，可以从两个维度来入手。

一方面，当下身处"忧患"之中，以"忧患"为砥砺，把它当作上天对自己的考验和磨炼。孟子说："天将降大任于斯人也，必先苦其心志，劳其筋骨，饿其体肤，空乏其身，行拂乱其所为，所以动心忍性，增益其所不能。"宋代吕祖谦也说："忧患艰难，方是天大成就处。"

另一方面，当下并未有"忧患"，而应"防患于未然"。《易经》六十四卦中的最后两卦为《既济》与《未济》，《既济》卦已经是"大圆满"，"所见所闻，皆太平富庶之象"，可是《既济》卦之后却又安排了《未济》卦，这就大有深意了。它告诫人们虽然已经到了"太平富庶"盛世，却还是要有"忧患"意识，处安思危，防患于未然。因而宋代朱震提出《易经》"此书明于己之所当忧患，与所以致忧患之故，安不忘危，存不忘亡，治不忘乱"。

唐玄宗起初励精图治，开创了"开元盛世"，但他后来沉迷于歌舞升平的景象，导致了"安史之乱"的发生。这个历史教训是很沉痛的。历史告诫我们：无论是在穷困时，还是在富强时，无论面对强敌时，还是在敌患消除时，都应该目光远大，保持"忧患"意识。

中国古来的志士仁人，皆有"忧国忧民"的家国情怀。范仲淹提出

"先天下之忧而忧，后天下之乐而乐"，陆游有诗句"位卑未敢忘忧国"，顾炎武提出"天下兴亡，匹夫有责"，都是忧国忧民思想的体现。

现代中国仍然有很强的"忧患"意识，最突出的就是国歌。国歌的前身是《义勇军进行曲》，其中写道："中华民族到了最危险的时候。"现在中华民族早已不是最危险的时候，所以前些年有人提出要修改国歌，但是最后大家不同意，还要这样唱下去，为什么？就是保持"忧患"意识。中国共产党的几届最高领导人都强调"忧患"意识，新中国成立前夕，毛泽东讲"进京赶考"，讲"两个务必"。邓小平明确要求：作为高级干部，"要忧国、忧民、忧党"。习近平提出，中国共产党"既要坚定必胜信心，又要增强忧患意识"。现在，中国发展很快，日益繁荣富强。但还是要居安思危，不能丢掉"忧患"意识。

本讲重点提示：古有三《易》之说：夏有《连山》，商有《归藏》，周有《周易》。《周易》应是借鉴了《连山》《归藏》的形式，做了再创造，赋予了理论思维的内容。因此，《周易》除了同样具有筮占功能外，更具有了说理的功能。至孔子时，则专注其"说理"功能，强调"不占而已矣"。《周易》最有价值和意义的部分是《大象传》。《大象传》是讲人在不同的境遇下应该有不同的境界。《周易》实际是一部关于境遇与境界的智慧之书。《周易》中的"忧患"意识所反映的是中国文化精神的一个重要特点。

第九讲

《春秋》经的大义

《春秋》这部书非常特殊。孔子删述六经，像《诗》《书》《易》等经典，原本就有一个相对稳定的文本，经过孔子删修之后才被后人确定为"经"。而《春秋》一书与上述文献不同，因为此书是孔子亲自"作"的。《孟子》说"孔子作《春秋》"，而孔子自己说："述而不作，信而好古。"为什么《春秋》这部书要称"作"而不称"述"呢？其实，孔子所作《春秋》是由删修鲁国史书《鲁春秋》而成的，但他的删修过程意义特别重大，所谓"以一字为褒贬""定天下之邪正"。有这样的贡献和意义，那就不能称"述"，而只能称"作"了。也因为这个原因，《春秋》这部书受到历来统治者和学者的格外重视。

《春秋》一书并不好读，因为它是一部编年体史书，按照时间先后顺序编写。因此，它对某一事件前因后果的记载显得比较零散。南宋学者章冲作《春秋左传事类始末》，按每一事之始末讲述春秋时期的故事，使人们比较容易接受。但章冲此书有个缺点，就是门目太多，伤于繁碎。所以清人高士奇在此书基础上作《左传纪事本末》，对春秋时期的事情书大略小，眉目清晰了不少。

为了让大家更好地读懂《春秋》，我给初学者分享一个办法，就是去找明代冯梦龙写的《东周列国志》这部小说来看，先有个感性认识。这部小说是参照《春秋》来写的，语言比较浅白，大家读完这部小说，就对那250年左右的历史有了一个粗略的了解。但这仅仅只是学《春秋》入门之前打的一个小基础，如果你真要研究《春秋》，那就必须仔细研读原典文本。

前人说《春秋》这部书里有"微言大义"。那这部书里到底有没有"微言大义"呢？古人对此就有争议。比如，相传王安石曾认为《春秋》只是一部"断烂朝报"，什么叫"断烂朝报"呢？所谓"朝报"是说春秋时期，周王室与诸侯之间，诸侯与诸侯之间，会有一些重要事情互相通报，史官以一种简讯形式将之编在一起加以通报。这种"朝报"按年月编辑，年代久远，缺略破烂，后人难以卒读。这就是"断烂朝报"的意思。这派人不认为《春秋》这部书里有什么"微言大义"。

"微言大义"具体指什么？这里要将它分成"微言"和"大义"两个方面来理解。"微言"，就是指没有明写在书上的义旨，只通过弟子们口耳相传，秘而不宣。"大义"呢，则是书写在书中的一些原则与道理。南宋朱熹认为《春秋》主要是一部记事的史书，但他还是承认，《春秋》经里有"大义"。然而在承认《春秋》经中有"大义"的这派学者那里，他们各自所认定的"大义"未必一致。我曾写过一篇叫作《〈春秋〉大义》的论文，综合各家公认的春秋"大义"，加以阐述。我今天的讲述，便是根据我那篇论文的思路进行展开。

一 孔子为何作《春秋》

先秦时期各国都有史书，晋国的史书叫《乘》，楚国的史书叫《梼杌》，"梼杌"是一种"恶兽"，有历史警示的意味在里边。其他各国史书大都叫《春秋》。孔子所作《春秋》，是借鉴《鲁春秋》而修成的。

分论

《鲁春秋》被后人称为"不修《春秋》",即孔子未修前的鲁国史书。

值得说明的是,今传《春秋》,相传为孔子晚年所作,但在记载孔子言行的《论语》一书中,并未言及孔子作《春秋》之事。

孟子最先谈及孔子作《春秋》之事,并提出孔子作《春秋》的历史原因和历史作用,他说:"世衰道微,邪说暴行有作,臣弑其君者有之,子弑其父者有之。孔子惧,作《春秋》。"这是讲孔子作《春秋》的历史原因。孟子又说:"孔子成《春秋》而乱臣贼子惧。"这是讲孔子作成《春秋》之后的历史作用。

现代有一些学者对孔子作《春秋》之事提出质疑,但未能提供有力的证据。所以我们还是承认孔子是作过《春秋》的,一方面是因为《春秋》影响深远,另一方面是因为"春秋笔法"确实很讲究。

孔子所删修的《春秋》,记载了自鲁隐公元年(公元前722年)至鲁哀公十四年(公元前481年)的历史,其间鲁国共有十二位国君,即:鲁隐公、鲁桓公、鲁庄公、鲁闵公、鲁僖公、鲁文公、鲁宣公、鲁成公、鲁襄公、鲁昭公、鲁定公、鲁哀公。通常说"十二公",合计二百四十二年。为了方便记忆,可以背诵记下"隐桓庄闵、僖文宣成、襄昭定哀"这十二个字。

《春秋》一书虽说是根据鲁史编成,但并非只写鲁国本国的历史,实际是以鲁国为本位,书写了春秋时期各国的历史。

后世人们将东周分为春秋、战国两个阶段。春秋这个历史时代怎么来的?就是将《春秋》一书所涵盖的年代称为"春秋时期"。后来为了确定大致的上下限,往前取齐,往后稍推,确定春秋时期为前770年至前476年,这是史学家们的人为规定,是便于史学研究的一个做法。

孔子通过《春秋》这部书对当时各国君臣的行为进行了褒贬评判,犹如一个历史的道德法庭。西方人对历史上的暴行进行批判,常说将某某钉在历史的耻辱柱上。而中国古人常用的方式,就是口诛笔伐,把它记载在历史书上,让这个人遗臭万年。这个方法很有效,几乎所有人都害怕自己的恶行被记载在历史上,因为这样不仅会使自己的声誉受损,还会连累到自己的家族及后代的生存和发展。正因为这样,《春秋》这部书的写作也冒着很大的风险。因而班固《汉书·艺文志》说:"《春秋》所贬损大人当世君臣,有威权势力,其事实皆形于《传》,是以隐其书而不宣,所以免时难也。"意思是说,某人所做的不光彩的事,孔子在《春秋》中隐晦地点了一下,没有明说。但《左传》则将其人其事记得很详细。所以人们只要通过对《春秋》经、传加以对比,便会明白孔子(圣人)对其人其事的贬抑态度。孔子之所以使用"春秋笔法",也是因为不得已,如果直接批评当世的权贵则极有可能被暗杀或迫害。

《春秋》一书,原文据说有一万八千字,今存一万六千多字。其记事太过简略,若无传注说明,后人读之,会感到一头雾水。正因为如此,学者纷纷为《春秋》作"《传》",如《春秋左氏传》《春秋公羊传》《春秋穀梁传》等,这些《传》都是专门解释《春秋》的。《左氏传》所记为春秋时期之史事;《公羊传》和《穀梁传》主要讲《春秋》的宏纲奥旨。读《春秋》,应该结合三《传》一起读,方可找到门径。正如宋代学者家铉翁《春秋集传详说·纲领》所说:"不观《左传》,无以知当时之事;不读《公》《穀》,无以知圣人垂法之意。"

以上是我们读《春秋》所应该知晓的一些前提性的问题。

二 "公天下而求治道"

现在我们来谈《春秋》大义。春秋公羊学家声称《春秋》寄寓了孔子的"微言大义"。而南宋朱熹等学者认为《春秋》只是"直书其事",并无"微言"。这里我们不讨论《春秋》有无"微言"的问题。我们只讨论《春秋》有无"大义"的问题。即使朱熹认为《春秋》只是"直书其事",但他也还是认为《春秋》并非纯粹言事,也还有"大义"存于其中。但学者所举之大义或有差异。我汇总了前人意见,归纳成以下四条,供大家批评探讨。

《春秋》大义的第一条就是"公天下以求治道"。"公天下",就是"天下为公"的意思。"天下为公"出自《礼记·礼运》篇,这是一篇非常重要而又特殊的文献。其中记载孔子对子游说:

> 大道之行也,天下为公。选贤与能,讲信修睦,故人不独亲其亲,不独子其子。使老有所终,壮有所用,幼有所长,矜、寡、孤、独、废疾者,皆有所养。男有分,女有归。货,恶其弃于地也,不必藏于己。力,恶其不出于身也,不必为己。是故谋闭而不兴,盗窃乱贼而不作。故外户而不闭,是谓大同。

在对《春秋》经的解释上,南宋初胡安国的《春秋传》特别着意对"天下为公"思想的运用和发挥。胡安国认为孔子作《春秋》有志于"天下为公"之世。但他所理解的"天下为公"主要是"选贤与能,讲信修睦"的含义。就是讲执政者在选拔、任用官员时,要根据其个人的贤德与才能,公平处之。只有任人唯贤,才有治道之可言。近代康有为揭示"禅让"的意义时说:"公天下者莫如尧舜,选贤能以禅让,太平大同之民主也。"所以,"尧舜禅让"也可以说是古代"中国式的民主"。

在《朱子语类》中记载了这样一件事情,朱子的学生问:"《胡春秋》如何?"朱子回答说:"《胡春秋》大义正,但《春秋》自难理会。"这里所说的《胡春秋》是指胡安国所撰的《春秋传》,又称《胡氏春秋传》。胡安国是南宋高宗朝人,精研《春秋》。朱熹认为《春秋》一书很难理会,但胡安国所讲的《春秋》大义很正,这是对胡安国《春秋传》的肯定。当时由于金兵压迫,宋高宗不得已迁都于南方的临安(今杭州),自己感到与当年周平王迁都于东方的洛阳类似,因而对《春秋》一书很感兴趣,特诏令胡安国作《春秋传》。胡安国作《春秋传》,是很下功夫的,据说他的书稿经过多次大的修改,到定稿时,初稿文字已经一句不剩。胡安国的《春秋传》一直为世人所重视，元代以后被作为科举考试的官方定本。此书甚至与《春秋》三传并列，被称为"《春秋》四传"。

胡安国《春秋传》的一个重要特点就是反复讲"天下为公"。他所讲的"天下为公"不是从社会制度意义上讲的，而是从社会正义的角度讲的。儒家经典《礼记·礼运》中载有孔子对子游说的一段话："大道之行也，天下为公，选贤与能，讲信修睦"云云。在宋代以前，历朝学者很少有人讲"天下为公"。我们甚至可以把范围扩大到从秦朝至清末，大概只有两个人从社会正义的角度倡导"天下为公"，一个是胡安国，另外一个就是孙中山。当然，胡安国因为历史局限，只是把"选贤与能，讲信修睦"作为"天下为公"的具体内涵。在他看来，天下只有"选贤与能，讲信修睦"，才能走向治道。最近，学术界对中国古代的"贤能政治"比较关注，西方也有许多学者认为"贤能政治"在某些程度上比"选举政治"更能适应社会管理。

胡安国还指出，《春秋》多有诸侯参与"盟""会"的记载，"盟""会"的目的是要在诸侯国之间建立一种相互的盟约和承诺，是要求相互守信以维持某些公共利益。这可以从我们当今的国际政治关系看出端倪，如现在还有"东盟""非盟"等，而美国则控制着整个"北约"。我们在学习经典的时候，要常思考，并联系现代社会，这才是真正的"以史为鉴"。《春秋》里记载了50多次盟会，平均每三四年就有一次，但春秋时期频繁的"盟""会"恰恰反映此时诸侯之间缺乏应有的相互信任。因此，胡安国对《春秋》里的"盟""会"持否定的态度。为什么一次又一次的结盟，孔子都要把它记载下来？胡安国解释说，这是因为诸侯会盟对于"天下为公"的圣王之世而言，乃属反常之事。因为会盟之举，从其诅咒发誓、歃血载书，乃至交换质子等形式而言，皆反映了"大道隐而家天下""忠信薄而人心疑"的时代特征。并且这种结盟也未必靠得住，在春秋时代，常有"口血未干而渝盟""交质子犹有不信"的事件发生。孔子修《春秋》，屡书诸侯会盟之事，即在警示其时代的信任危机，而有志于"天下为公""选贤与能，讲信修睦"的圣王时代。

"天下为公""讲信修睦"，是一个很高的道德标准。对于今日世界也是如此。现在世界各国之间，仍然有结盟的事实存在。结盟应以不危害他国为前提。像当今的美国利用结盟称霸世界，为了其一国利益，搞得中东等很多地方战火连天、民不聊生。这当然不是好的结盟。而我们中国强调构建"人类命运共同体"，并通过"一带一路"促进全世界的共同发展和繁荣，这就是"天下为公"思想的生动体现。两相比较，大家就可以看出，谁的境界更高、胸怀更大。胡安国在近千年前就指出，"《春秋》之志，在于天下为公，讲信修睦，不以会盟为可恃也"。也就是说，大国要讲"天下为公，讲信修睦"，不要靠着拉拉扯扯、四处"会盟"而霸凌天下。这种会盟未必靠得住。

有鉴于此，我才不厌其烦地叮嘱大家，学习《春秋》和其他古代经典时，要时刻着眼当下，既要把古代的事理想明白，也要能与现代的世界问题联系起来思考。

三 "尊王室而正僭窃"

《春秋》大义的第二条就是"尊王室而正僭窃"。尊王室就是尊周天子，东周时周王室已经很弱，但天子再弱也是天下共主，有天下共主才会有天下秩序。没有天下共主，就会诸侯纷争，天下大乱。同样的道理，诸侯再强，对天子而言也只是臣属。诸侯不可僭越去做"天子"该做的事。说到底，"尊王室而正僭窃"，就是维护国家现有的政治秩序。这一"大义"的提出，有其历史的背景。

《春秋》被称为"尊王"之书。周平王东迁以后，周王朝逐渐沦落为一个小国，周天子作为天下共主，有其名而无其实。当时诸侯纷争，天下日益走向分裂。为使天下不致过快地分崩离析，尊重和维护周天子的权威是当时唯一可行的方法。正是在这样的形势下，出现了以齐桓公、晋文公为代表的"霸主"，以"尊王"相号召，维持一个相对稳定的政治局面。这就可以知道为什么后世凡是动乱的时候，各种政治势力都要去抢夺"天子"，其目的就是"挟天子以令诸侯"，最大程度强化自己的合理性，争取民众的认同。

作为一位历史学家，对于春秋乱世这段历史，到底应该怎么写，以给后人一种正面的历史鉴戒呢？这是孔子作《春秋》时所面对的实际问题。事实上，孔子所作《春秋》正是处处突显"尊王"这条主线的。孔子认为，在当时的社会形势下，只有"尊王"，社会才能重建秩序，恢复稳定。下面我们来举几个例证，以便让大家更好地理解。

比如说，《春秋》一书开篇于鲁隐公"元年"，即书"春王正月"四字。为什么开头要这么写，这有什么深意呢？《春秋》原本是鲁国旧史书，孔子以此书作为底本，加以删修，而成孔子《春秋》。《春秋》始于鲁隐公元年，其时诸侯国各有本国纪年法和历法，鲁隐公元年（公元前722年）为周平王四十九年、齐僖公九年、晋鄂侯二年。孔子删修的《鲁春秋》，用的是鲁国纪年法，但他在鲁隐公"元年"下特加"春王正月"四字，郑重表明所秉承的乃是周王朝的正朔。周朝是以子月（阴历十一月）为正月，而以子月、丑月（阴历十二月）、寅月（阴历一月）这三个月为春，孔子以周历记时，这便显示出"尊周"的意思来。此外，孔子曾主张"行夏之时"，就是按夏朝的历法安排农事，这是从农事自然的角度说的，而在《春秋》中则是"尊周之时"，主张"历法统一"。

在阐释《春秋》"春王正月"四字时，《公羊传》提出了"大一统"的概念，"大一统"的"大"字是一个动词，是尊大、尊重之意，"大一统"的意思就是重视国家的统一。中国古代中央集权制的统一王朝虽然是从秦、汉之时开始建立的，但再往前推溯，至少在商、周之时，华夏民族已经具有了相对统一的政体。"大一统"是中华民族的悠久传统，也是中华民族的核心价值之一。在儒家看来，统治集团祸国殃民，人民可

分论

以起而推翻旧政权，建立新政权，但任何人不可以分裂国家。

再比如说，"天王狩于河阳"的书写手法。《春秋》记载鲁僖公二十八年（公元前632年），"冬，公会晋侯、齐侯、宋公、蔡侯、郑伯、陈子、莒子、邾人、秦人于温。天王狩于河阳"。这个背景是春秋五霸之一的晋文公率领盟军，侵卫伐曹，在城濮与楚军作战取得了决定性的胜利后，回师与各盟国国君会合于晋国的温地，并借此机会，号召诸侯"尊王"。

这里要插入一句，楚国在那时候被视为"蛮夷"，与中原地区在服饰、饮食、风俗、文化等方面都有不同，但楚国很强大，是中原地区最大的威胁，所以"尊王攘夷"在那时候说的就是借着"尊周室"的名义团结中原各诸侯国对抗楚国，把楚国当作"蛮夷"。

接着前面说，晋国的温地与东都洛阳相距百里。晋文公为了体现会议的高规格，欲"尊"天子以令诸侯，又担心率领诸侯连同各路大军前往朝周，会造成不便，于是请周襄王来晋国温地相会，周襄王应约而至。这件事说起来很简单，但该怎么写进史书呢？这就有点犯难了。如果说晋文公召请周襄王来参加会议，这是不符合君臣之礼的。而鲁国史书则如实记载了晋侯召请周天子这件事，孔子删修《鲁春秋》，认为"以臣召君，不可以训"，于是就用了"春秋笔法"，将晋文公"召"周襄王来参会这件事改写为"天王狩于河阳"。当西周时，周天子有冬狩之礼。孔子这样修改，就表示并非晋侯召请周天子，而是周天子"按礼冬狩"，顺便参加了这个会，这样便凸显出王室的尊贵来。而孔子之所以书"河阳"而不书"温"地，是因为"温"地是一个具体地点，河阳乃属一方，既然来冬狩，当然不会限制在一个小地方。这里充分地展现了孔子"《春秋》特笔"的妙处，备受后世学者推崇，如清人顾奎光《春秋随笔》卷上就说："书'天王狩于河阳'，便是旋乾转坤之笔。"

再如"天王崩葬"问题。诸侯对周天子是否尊重，可以从一件事上明显看出来。那就是当周天子去世后，诸侯特别是鲁国国君所表现出的态度。因为天下诸侯中，周王朝对鲁国恩礼最重，鲁国对周王室理应表示特别的尊重。诸侯对于周天子而言，诸侯是臣，周天子是君。臣之事君，犹子之事父。父亲葬礼，儿子不参加为不孝。同理，君之葬礼，臣子也必须参加。所以《春秋》将"天王崩"之事记载甚详，周天子讣告来，则书"天王崩"。按照当时礼仪规定，天子去世，七月而葬。诸侯近者奔丧，远者会葬。《周礼·大行人》称："若有大丧，则诏相诸侯之礼。"说的就是此事。《春秋》常事不书。如鲁公届时参加会葬，合于礼则不书。但有的时候，周王室太弱了，鲁国渐渐也就不把它当回事了。例如：周襄王之葬在鲁文公九年，鲁文公不参加葬礼，而派叔孙得臣代他参加；周景王之葬在鲁昭公二十二年，鲁昭公不参加葬礼，而派叔鞅代他参加。《春秋》书之，意在批评鲁君未能亲自参加周天子葬礼，不合于礼制。孔子就是以这种《春秋》笔法来彰显其"尊王"立场的。

孔子在《春秋》中除了表达"尊王室"的立场之外，还着重凸显了"正僭窃"的理念。所谓"僭"，是指超越本分和制度，以等同于在上者的名位行事。诸侯以天子的名位行事，便是"僭"，卿大夫以诸侯的名位行事，也是"僭"。等级制乃是当时权力结构和社会秩序的基石，破坏了这个基石，就等于破坏了当时的权力结构和社会秩序。

春秋时期可以说是天下大乱时期，这个"乱"的根源，总结起来就是一个"僭"字。孔子对当时的"僭越"行为极为反感，如我们熟知的《论语·八佾》所载："孔子谓季氏，八佾舞于庭，是可忍也，孰不可忍也。""八佾之舞"本是天子礼乐，鲁国大夫季桓子在其家庙之中竟然僭用天子礼乐。如果这样的事可以容忍，那还有什么事不能容忍呢？所以司马迁在《史记·孔子世家》中就讲了这么一段话："鲁自大夫以下皆僭，离于正道。故孔子不仕，退而修《诗》《书》《礼》《乐》。"当然，孔子不仅修《诗》《书》《礼》《乐》，他还特意作《春秋》，其所作《春秋》，发凡起例，专攻各种"僭越"行为。《春秋》一书随处可见讥刺"僭越"的行为，在这里我举两个例子来说明一下。

第一个例子是鲁国国君僭用天子郊礼。《春秋·襄公七年》载:"夏四月,四卜郊,不从。"郊礼是天子祭天礼。郊礼以辛日举行,一月三旬,每旬有一个辛日,祭祀之前要进行卜日,如上辛不吉,则卜中辛,中辛不吉,再卜下辛。卜三旬皆不吉,则不举行郊礼。鲁襄公作为诸侯而行郊礼,已属僭越礼制行为。更何况三卜不吉,还要进行四卜!不仅僭制,而且是亵渎神明。这在当时已属荒唐之事。

另外一个例子是楚国国君最先僭称王号。古语说:"天无二日,国无二王。"在春秋以前,天下定于一,那时天下只有一个王,就是周天子,或称为"天王"。周武王始封楚人先祖熊绎为诸侯,爵位是子爵。三百年后楚国强大,楚君熊通妄自尊大,目无天子,僭称王号。孔子于《春秋》中削其僭号,根本不承认其为"王",即便楚国在当时已经很强大了,但凡记其后楚君去世,皆书"楚子某卒"。这类例子都表明孔子坚定地反对破坏社会秩序的"僭越"行为。

四 "贵仁义而贱诈力"

《春秋》大义的第三条就是"贵仁义而贱诈力"。以孔子为代表的儒家,主张仁政,反对以诈力取天下。

在齐桓公主盟的时候,齐国是当时为数不多的"千乘之国",但齐桓公不炫耀武力,也不以武力去迫使他国屈服于自身的利益,而是一心维护和平,这是很难得的。《论语·宪问》记载:"子曰:桓公九合诸侯,不以兵车,管仲之力也。如其仁,如其仁!"管仲(前723—约前645年)为齐桓公的上卿,即丞相,辅佐齐桓公进行了经济、军事等多方面的改革,形成了雄厚的物质基础和军事实力,打出了"尊王攘夷"的旗帜,保护了中原经济和文化的发展,为华夏文明的存续作出了巨大贡献。《春秋》一书所载齐桓公的霸业,基本是管仲所策划和主持的。在春秋时代的政治家中,管仲和子产可以说是两个最为出彩的人物。所以,清代学者姜炳璋说:"《春秋》上半部得一管仲,《春秋》下半部得一子产。"

齐桓公"九合诸侯"是一个概数。实际的情况是,齐桓公会合诸侯共有十五次,其中四次以兵车相会,十一次不以兵车相会,"不以兵车相会"证明他不炫耀武力。齐桓公、管仲多次与诸侯会盟,团结诸侯,同心为善,虽然霸业渐显,犹不敢以盟主自居。并且在会盟之时,齐桓公表现出信义和诚信,从不举行"歃血为盟"的仪式。在他主盟期间,诸侯之间不曾有大战,说明他是贱视武力、爱惜民命的。所以孔子对他大加赞赏。

这些年,我们可以发现,在我国南海、东海、黄海附近,经常有西方国家举行军演,有的时候还出动多个航母编队,有那种大兵压境的感觉,这就是以军事实力来恐吓中国。当然,中国在不得已的情况下也不示弱,往往会以军演予以相应的回击,意在警告那些来家门口闹事的国家,不要低估中国军队保卫国家核心利益的决心。

我们回头再来讲齐桓公的事。当时南方的楚国很强大,经常兴兵侵犯中原华夏各国。华夏文明有被毁灭、取代的危险,即所谓"以夷变夏"。而中原华夏地区单独一国与之较量,皆感"势孤,力不能抗楚"。齐桓公打着"尊王攘夷"的旗帜,与各国结盟。所谓"攘夷",针对的就是楚国。既然针对楚国,就要向楚国展现盟军的实力,使楚国不敢轻易侵犯中原各国。

齐国和楚国对峙,把握一个分寸,就是"斗而不破",尽量不引发战争,能用和平方式解决争端,就一定不用武力解决。当时作为蛮夷的楚国先后灭掉了申、息、邓等国,并多次进攻郑国。郑国是通向中原华夏地区的要冲和门户。楚国企图通过控制郑国,来挺进中原。对此,齐桓公不是采取消极防守的策略,而是以攻为守,迫使对方主动讲和。公元前656年,齐桓公率领九国军队进兵至楚国边境,并不进攻,只是造成一种威慑气势,以挫楚军锋锐。楚王见对方军力强大,派大夫屈完与齐国讲和。齐桓公见好就收,遂退军到召陵(今河南郾城东南),与楚国订立

分论

互不进犯盟约。"召陵之盟"的性质不属于"结盟",而是近似一种"和平协议"。齐桓公"不肯黩兵血刃,以轻用民命",为后世所称道,这也成为兵家所谓"不战而屈人之兵"的典范。

对于爱使用"诈力"的人或国家,孔子则以贬抑的态度来对待。《春秋》鲁定公十四年(公元前496年)载:"五月,于越败吴于槜李,吴子光卒。""于越"就是越国,槜(音醉)李为越国地名。《春秋》此条所记为吴越两国的"槜李之战",这一战使得吴国国君阖闾受伤致死。

此事的始因是,先前,吴军与楚军曾有"鸡父(楚国地名)之战",吴国打败楚、顿、胡、沈、蔡、陈、许等国联军,当时吴军采用了"诈力"之法,即用三千罪人组成乌合之众,去冲击敌方胡、沈、陈三国盟军,这些乌合之众遇敌即溃逃,三国盟军尾随追击,结果进入吴军的埋伏圈中被歼灭。吴军乘胜大败楚军。

这次,吴军与越军对阵,孔子没有写具体日期,只言"五月",此即《春秋》笔法,凡属诈战,书"月"而不书"日"。华夏地区文字皆是单音节,越国人读"越"字拉长音,就读成了"于越"。《春秋》称赞其国时单书"越",贬抑其国时则书"于越"。这次战争越军使用诈力取胜,《春秋》故意书"于越",含有贬义。据史料记载,此次大战的过程如下:开战前,吴军阵列十分严整,难以冲击。越军用诈,命死囚犯排成三行到吴军阵前,一批一批表演集体自杀,吴军将士感到十分震惊,看得目瞪口呆,阵脚为之大乱。越军乘机出击,大败吴军,吴国国君阖闾大脚趾被越军砍掉,受伤感染致死。这就是《春秋》所记"于越败吴于槜李,吴子光卒"的始末。

为什么越国大胜而要贬越国呢?孔子认为,吴国开国之君是周族先祖太王之子泰伯,虽然吴国在春秋时期僭称王号,但后来与南方强楚争霸,客观上缓解了中原诸侯的压力。而越国与吴国为敌,则在客观上帮助了楚国。越军打败了吴军而不书"战",不书"胜",而言"于越败吴",也是要凸显越军以"诈力"取胜。

所以，宋代洪咨夔在《洪氏春秋说》中评论此事说："以诈遇诈，诈有时而穷；以力遇力，力有时而穷。穷则我之施于人者，人得以反诸我矣……况阖闾畜专诸以屠僚，用子胥以鞭郢，处心忍矣，而身死于兵，亦天理之穷必复欤。"当年吴公子光（即阖闾）用专诸刺杀吴王僚，夺取了吴王宝座，又用伍子胥率吴军攻进楚国郢都，掘楚平王墓鞭尸，并且多次发动侵伐战争，这些都表现出他的残忍凶狠性格。最后吴公子光受伤死于战争中，玩兵灭身，咎由自取。

五 "内中国而外四裔"

《春秋》大义的第四条是"内中国而外四裔"。这实际是一条修史的原则，史学家修史，对所记史事或褒或贬，必然会有自己的立场，特别是在本国与他国处在对立状态时，需要自己有一个明确的立场。孔子并不隐晦自己的立场，他的基本立场是：一、"内京师而外诸夏"，这是由孔子"尊周"的立场来决定的，"礼乐征伐自天子出"，被视为"有道"；反之，被视为"无道"。二、"内中国而外四裔"，或称"内中国而外夷狄"，这是爱国主义思想，孔子是站在鲁国及周王朝的立场上来看天下的。

当时所谓"中国"，基本是淮河以北的各诸侯国。而所谓"夷狄"，并不专指华夏族之外的西戎、北狄等族裔，更多的时候是指楚国与吴国。楚国与吴国虽然都曾经是周王朝的封国，但因为春秋时期两国脱离中原礼乐文明，自封为王，构建独立王国，并且经常侵犯中原诸侯国，所以《春秋》通常将两国视同"夷狄"，但如果两国在某些方面对中原诸侯国做出仁爱友善的表现时，《春秋》也会给予积极的评价，在那个时刻又不以"夷狄"视之。

"中国"之人是人，"夷狄"之人也是人，作为"圣人"的孔子为什么将两者加以明显区别？这可以从两个角度来解释：

一是从体用关系的角度来看。胡安国解释说："天无所不覆，地无所不载，何有于内、外乎？无不覆载者，王道之体。'内中国而外四裔'者，王道之用。"他用中国哲学的"体"和"用"的关系来解释人类性与族群性的关系问题。他的论点蕴含这样的意思："天无所不覆，地无所不载"，是说天下所有的人，皆为此"天"所"覆"，此地所"载"，天地对人是一视同仁的。圣人是"与天地参"者，也应该对人一视同仁，不应区分内、外。在胡安国看来，对天下人皆一视同仁，这本是"王道"的主张，所以说它是"体"。但怎么来将这个"体"发用出来呢？因为这个"王道"一直是文王、武王、周公所代表的周王朝的主张，而周王朝的礼乐文明便是"王道"的承载者，因而"王道"的发用推行，也必由周王朝向外发出，由此而有"内京师而外诸夏""内中国而外四裔"的逻辑命题。这是一种由内到外的扩展，包含着先后顺序在里面。就像孟子说的，"老吾老以及人之老，幼吾幼以及人之幼"，也是要从我之老、我之幼向外推去。可以说，任何一个真理落实到具体的实践上，都会面临一个施行先后的问题。

二是从文化是否先进的角度来区分"中国"和"夷狄"，公羊家认为这是孔子的一个重要的思想：看一个国家是否为"夷狄"，不仅仅只从地域上区分，还要看它是否行"仁义之道"，文明程度怎样。打个比方，如果哪一天，从地域上看起来偏远的"夷狄"的文化先进了，它就是"中国"，从地域上属于"中国"的文化落后了，它就是"夷狄"。这个观念到现在仍具有价值。

我们中国有这样一个传统，对国家的认可并不仅仅只看武力，而更重视其文化是否进步。事实上，文化的进步比武力的强大更能长久地影响历史。中国人自古崇尚文化，谁文化先进、理念先进，就拥护谁，这是中国的传统。西方的早期文化中，特别推崇武力，把武力征伐当作真理，因此那时候，他们的英雄史诗盛行不衰。

所以，中国即使有夷夏之辨，也主要是从文化是否先进这个层面上来区分的,这里没有种族、血缘、地域等方面的歧视,这是中国文化先进的地方。

今天我之所以详说《春秋》大义,主要是想跟大家讲清楚如何正确理解孔子在《春秋》里所传达的思想。比如说,孔子"贵仁义而贱诈力",我们现代社会也要坚持这样的信念。大家屡见不鲜的是,现在有些人靠欺诈来获取暴利,结果诈有时而穷,大好前程尽毁,还有牢狱之灾。人与人之间最好的交往方式就是要讲诚信,尤其是熟人之间、亲属之间、朋友之间,绝对不能欺诈。但遗憾的是,当今社会上一些人价值观迷失,出现了一种"杀熟"现象,专门去骗熟人,尤其是那些搞传销的,一个人进了传销网络,还把全家人都拉下水。

总之,以上我讲的《春秋》大义,需要大家好好琢磨、体会,看看哪些"大义"至今仍有它的价值,有其现实意义。

余 论

以上所述,是《春秋》经的主要宗旨,即人们通常说的"《春秋》大义"。而作为《春秋》三传之一的《左传》,由于其纪事的史书性质,则承载着丰富的历史经验和智慧。这里,我想联系现实谈一点体会,就是"春秋大国争霸及其历史启示"。

从春秋时期的整个历史看,当时有四大强国,即齐国、晋国、秦国、楚国。这四大强国各有自己的势力范围:齐国,东方;晋国,中原;秦国,西方;楚国,南方。

在春秋争霸的历史过程中,最受后世好评的是齐桓公。孔子就曾表扬齐桓公和管仲说:"桓公九合诸侯,不以兵车,管仲之力也。如其仁,如其仁。"齐桓公在杰出政治家管仲的辅佐下,首先在齐国国内发展经济、军事,富国强兵。同时注意思想教化,管仲著《管子》一书,首言"礼义廉耻,国之四维。四维不张,国乃灭亡"。与此同时,齐桓公以信义团结诸侯，维护华夏地区各国的安全。各国诸侯"就其利，信其仁，畏其武"。齐国在与敌对大国楚国争锋时，奉行"斗而不破"原则，即使当齐桓公率盟军来到楚国边境，与楚军对峙半年之久，也只是为了起到一种威慑作用，并不轻启兵端，最后以"召陵之盟"达成和解。

虽然两千五百年前的中国历史，不可与当今世界形势作简单比附和对号入座，但春秋时期长达二百五十年诸侯争霸的经验和智慧，作为一种宝贵的文化资源，对于今天仍有许多启示。首先，我们可以判断，当今世界形势类似中国春秋争霸，而不同于战国时期兼并战争。如果有一天世界形势进入到类似战国时期的兼并战争，那人类的前途是非常可悲的。要避免世界形势向悲观的前途发展，而使世界各国走向和平共赢的发展道路，中国责无旁贷。

中国没有谋求世界"霸主"地位的想法。中国现在奉行不结盟主义，就是不想把人类推向相互分裂和对峙的边缘，这已经是站在道德制高点上了。

现在中国已经有了"上合组织"和"一带一路"两个平台，在这两个平台上，我们可以借鉴齐桓公的经验，使各国能"就其利，信其仁，畏其武"。而在与敌对大国争锋时，则应借鉴齐桓公、管仲的经验，"斗而不破"，不轻启战端，尽量采取不战而屈人之兵的方针。

本讲重点提示：《孟子》说："孔子成《春秋》，而乱臣贼子惧。"孔子通过"《春秋》笔法"对当时各国君臣的行为进行了历史的审判。读《春秋》，应结合《左传》《公羊传》《穀梁传》一起读，方可找到门径。"《春秋》大义"有很多，可以列举的诸如："公天下而求治道""尊王室而正僭窃""贵仁义而贱诈力""内中国而外四裔"等。《春秋》"尊周之时"，主张"历法统一"，是出于"大一统"的政治目的。"大一统"观念由《公羊传》提出，成为中华民族最重要的核心价值观之一。春秋时期长达二百五十年诸侯争霸的经验和智慧，作为一种宝贵的文化资源，对于今天具有多方面的启示意义。

第十讲
《论语》的魅力与活力

近年来,刘梦溪教授非常活跃,他研究马一浮先生的思想,不断向学者宣传马一浮先生的观点。马一浮先生是民国时期一位很重要的思想家,在西学强势进入中国的年代,马一浮先生依旧主张青年人要学习儒家的"六经",并且认为儒家"六经"是中国学问的核心,也是世界学问的核心。这不仅体现了马先生治学眼光的独到,更展现了他的勇气与底气。学术本来是应该百家争鸣的,学术界有马一浮这样一种观点是不奇怪的。马一浮先生的观点在当时影响并不大,学者即使知道他的说法也会云淡风轻地看过去。在"国学热"的今天,刘梦溪教授能对马一浮先生的观点进行坚定的守护和大力的弘扬,是值得尊敬的。

前两天,我又看到刘先生发文倡导大家学习《论语》,认为《论语》虽不在"六经"之内,但在中国思想史上具有与"六经"同样崇高的地位。这个观点我很赞同。

《论语》是孔子及其亲传弟子的言行录,可能由孔子再传弟子编纂结集,是一本反映孔子言论和事迹的书。虽然,《孔子集语》等书也辑录了孔子的言论,但那些书不一定可信。我在读研究生的时候,曾向我的老师邱汉生先生请教过这个问题。我问邱先生:《孔子集语》等书也记载了孔子的言行,我们是否可以将这些书作为研究孔子思想的资料?邱先生回答我说:研究孔子,主要还是靠《论语》。

一　儒学的恒久魅力

由孔子创立的学派叫作儒学。"儒"字的本义已经不甚清楚,后儒通过谐声字和分析字形的方法对之加以解释。孔颖达《礼记注疏·原目》解释《儒行》篇的"儒"字,说:"儒者,濡也。以先王之道能濡其身。""濡"是沾溉、润泽之意,这意思是说儒者能以先王之道修己安人。北宋邢昺为《尔雅序》作疏说:"儒者,柔也。能以德柔服人也。"这是说儒者重视以德感化服人,不以力霸凌压人。南宋詹初《韩松阁集》卷一《翼学》说:"儒者,人之需也。"这是将"儒"字看作会意字来理解,也有其合理性。关于"儒"的确切含义,学术界历来争论不休,还未能形成定论。不过,各种解释皆大体不失儒学宗旨。

儒家学派自孔子创立至今,已经传承了两千多年。一个思想学派能传承这么久而兴盛不衰,一定有它内在的道理。为什么后世那么多学者信仰它、喜欢它、拥护它?它有什么价值和魅力?这里,我之所以特意拈出"魅力"这个词,是要思考和发掘《论语》这部书的内蕴及其吸引人的原因。在我看来,一流的学问像一流的人物一样,必定有其内在的魅力。

我们研究《论语》的时候,常常会发现其中有很多语句,看起来十分平常,但寓意非常深刻,可以发掘出很多意涵,可以无限地讨论下去,这或许就是《论语》的魅力来源之一。

比如说,《论语》里孔子讲过一句话:"朝闻道,夕死可矣。"这个让人达到人生最大满足的"道"是什么?这个"道"很不容易弄清楚,学者常常会废寝忘食地思考它、研究它。换言之,它若很容易被把握、被认定的话，《论语》也就不会那么有魅力了。

古代经典，《老子》五千字，《孝经》《大学》都只有两千多字，却让人们传诵两千余年。我们现在写一篇博士论文动辄十几万字，能流传多久呢？古人讲的东西为什么会有这样长久的生命力呢？就因为它所承载的是"道"，亦即"理义"。孟子说："理义之悦我心，如刍豢之悦我口。"这是说，理义悦我心的感觉，就如同品味"舌尖上的美食"的感觉。大家也可试想一下，如果你做学问或讲学时能让人产生发自内心的快乐，让听众像分享了美味一样愉悦，那就不是品味美食，而是品味人生了。

人为什么要追求"闻道"？这个问题不好回答，可能是因为人的"天性"吧。我们可以通过观察小孩子的行为，获得一些思考的线索。一般三四岁会讲话的小孩，非常天真，也非常好奇，有很强的求知、探索的欲望。他看到什么、想到什么，就会发问这是什么，为什么会这样。有些父母很没耐心，随意敷衍两下就打断了孩子的思考。其实啊，孩子的求知欲和探索欲恰恰是人类最宝贵的本能。人类是一种会反思的动物，而人类内心最终反思的问题会指向"我是谁""我从哪里来，向哪里去""人生的真谛是什么"等。大多数成年人因为面对生存、生计、社会竞争的压力，已无暇做这样的思考，而只有那些极少数的哲人，还在孜孜不倦地对这种人类的根本问题做一种终极式的思考。

儒学也称"儒教"，有人因此将儒学也看作一种宗教。但儒教的"教"是教化的"教"，与道教、佛教那种宗教的"教"有所不同。它不像道教、佛教那样教人如何"成仙""成佛"，而是教人如何"成人"。教人如何"成仙""成佛"，自然很有魅力。儒学教人如何"成人"，怎么也会有魅力，受人欢迎呢？

儒家不相信天地间有什么仙、佛。人不需要神灵来"拯救"，而是需要自己去"成就"。因此，儒家引导人们去追求完美的人格。如果有人问，儒学是一种什么学问，你可以回答："儒学是一种'学做人'的学

分论

问。"这种"做人"的道理可能需要别人教导,但"学以成人"的力行实践只能通过自己来完成。

通过《论语》我们看到,孔子总是通过循循善诱的方式去引导学生认识人生的真谛,《论语》的语言也由此变得蕴藉隽永、意味深长,它让人领略智慧的殿堂,使人感受"闻道"的愉悦。比如,《论语》开篇就讲:"学而时习之,不亦说乎?有朋自远方来,不亦乐乎?人不知而不愠,不亦君子乎?"对这几句话,能真正理解的人就会觉得生动有趣。学习了知识又通过不断复习获得新的收获,不让人觉得快乐吗?有日思夜想的朋友从远方来了,你不感到高兴吗?别人不了解你,你能做到不生气,不是君子的风范吗?这些话看似平常,当孔子将它总结起来,你细细读它,慢慢体会,日用常行不过如此,而人生的真谛也就在这日用常行当中,这就是"道"。你能体会其中的乐趣,就是"闻道"。"道"并不是远在天边的东西,"道"就在你的身边。《诗经》:"蒹葭苍苍,白露为霜。所谓伊人,在水一方。溯洄从之,道阻且长。溯游从之,宛在水中央。"这可以说是对追求"道"过程的形容。辛弃疾的词句"众里寻他千百度,蓦然回首,那人却在,灯火阑珊处",可以说是对"闻道"的形容。

清代大学问家阮元是一位悟性很高的学者,他认为《论语》开篇这三句话就是《论语》的总纲。《论语》为什么要把这三句话排在最前边?其实,这三句话里蕴含了三重深意。

第一重意思,是强调学习的重要性。人只有从学习中才能感受到长久的快乐。中华民族是一个爱好学习的民族,中华文明发展几千年长盛不衰,与人们普遍热爱学习的传统有密切的关系。我们经常会看到这样的情况:有的家庭即使十分贫穷,父母也会省吃俭用,用家里仅有的一点钱供孩子上学。这些家长都懂得这样一个道理,只有上学读书,孩子才会有前途。

其实,学习并不只是青少年之事。人的一辈子都要学习,活到老,学到老。我自1992年起，先后访问台湾十余次，还曾在台湾的大学里执教一年。我感觉到台湾人普遍有终身学习的习惯。我在大学里授课，经常会有七八十岁的老人来旁听。台湾社会有许多自发开办的学习班，学生来学习大多是免费的。我觉得这种终身学习的态度是值得赞扬的。

就我个人而言，我觉得学习是一件充满快乐的事情，虽然我的年纪大了，但是我每一天还在读书学习。即便一天学习研究下来，身体觉得很累，但心里却觉得很惬意，尤其是当弄懂弄通一个问题，写完一篇自己满意的文章时，心里充满了成就感，有时会独自一人哈哈大笑一声，自己夸奖自己一句："太棒了！"这就是学习的快乐。对于孩子来讲，"好好学习，天天向上"；对于成年人来讲，特别是对于老年人来讲，"好好学习，天天快乐"，这不是很好的事吗？所以不必想那远在天边的"道"，天天学习就是"闻道"的过程。"闻道"的结果很难期许，"闻道"的过程就很快乐。

现在七十岁左右这一代人，年轻时在学校的学习时光被"文化大革命"冲掉了，所以大家后来特别珍惜学习的机会。这些年我常常会和一些高中时期的同学聚会，发现同学中有的事业有成，有的潦倒一生。其中一个重要原因，与是否热爱学习、坚持学习有绝大的关系。

这些年高校搞"扩招"，许多大学生毕业后，因为一时找不到合适的工作，不得已选择读硕、读博，其中一部分人对继续学习并不太感兴趣，读硕、读博只是为了一张文凭。有的同学与我谈心，明确对我说自己不喜欢学习。我告诉他，人若是不喜欢学习，以后生活就变成"混日子"了。人的一生很长，我们一定要培养起对学习的兴趣和乐趣，这非常重要。

第二重意思，是强调要结交道义上的朋友。"有朋自远方来"中的"朋"绝不是指酒肉朋友，更不是"狐朋狗友"，而是指古人常说的"畏友"、益友。良朋好友因为相同的旨趣从远方前来相聚，在一起切磋学问、相互资益，共同提高，那是很难得的机会。比如，八百多年前，朱

分论

熹从福建专程来到岳麓书院同张栻会讲,现在已经成为千古佳话。那时闽湘之间交通不便,两地朋友见面并不容易。当年朱熹、张栻二人讨论"中"与"和"、"已发"与"未发"等高深的哲理,对于推动后来中国哲学的发展起了重要的作用。

现在说岳麓书院是"千年学府""中国最早的大学",我看到网络上有人不认可,认为那时的岳麓书院够不上大学水平。试想:朱熹、张栻当时讨论的"中"与"和"、"已发"与"未发"问题还够不上大学水平吗?那是今天哲学高级研究院的水平。所以我们可以理直气壮地认为岳麓书院就是"中国最早的大学",也是世界三个最早的大学之一。我说这段话有点跑题了,算是借题发挥吧。

在学问上、道义上有朋友很重要,《礼记·学记》说:"独学而无友,则孤陋而寡闻。"那些愿意在学问上、道义上结交志同道合朋友的人,自身能力的提高会很快,容易成功。反之,提高会很慢,不容易成功。

其实,在生活上、事业上,有好朋友也很重要。江湖上有"在家靠父母,出门靠朋友"的话;民间也有"多个朋友多条路"的俗语,民间还讽刺那些不与外界交往的家庭犹如"房顶开门,屋里打井"。这些话虽然出自江湖和民间,却有一定的真理性。现代网络用语有"宅男""宅女"之说,这些人不愿与人交际,喜欢在家玩电脑游戏。现在网络十分发达,人与人直接见面沟通变得少了。许多年轻人虽然对电脑、网络十分熟悉,但社会交际、沟通的能力却很差。这个问题应该引起重视。

第三重意思,是讲要学会"宽容",不因他人不了解自己、看低自己而有所介怀和怨恨,要时刻保持心态的愉悦。

《论语》记载了时人对孔子的批评,当时孔子带领几个弟子周游列国,到处碰壁。诸侯不待见,老百姓不买账,隐士不理解。有一次,子路落在后面,找不见孔子一行人了,就问一位以木杖担着竹筐的老农夫,他问老农夫,是否看到自己的老师。老农夫说:"是那个四体不勤、五谷不分的人吗?他是你的老师吗?"子路找到孔子一行人后,以实相告。孔子说那是一位隐士。他并没有对老农夫批评他的话表示不满。《论语》中还有一些记载当时人批评、误解，甚至嘲弄孔子的事，孔子都没有因此而表示不满。为什么《论语》要选择记载这些在我们看来较为负面的事？就是要彰显孔子"人不知而不愠"的君子人格，彰显他宽容的精神。

我们大多数人都有一个通病，就是喜欢听赞扬自己的话，不喜欢听批评自己的话，像《孟子·公孙丑上》所说的"子路人告之以有过则喜"一类人，是少之又少。有些时候，人们并不认识你或对你了解不深，对你的人品和度量有所误解，对你的学问和能力有所质疑，对你的地位和贡献有所轻视等，一般人遇到这种情况会不高兴。但作为君子应该持"人不知而不愠"的态度。如果不是这样，你一遇到这样的情况就生气，或反唇相讥，你的格局就不够大，人际关系就很难处得好。书画大师齐白石主张毁誉不萦于怀，他曾说："人誉之，一笑；人毁之，一笑。"我觉得这个态度就很好。

其实，这样的事情可能在我们每一个人的身上都发生过，我们自己做得怎么样，静下来的时候可以反省一下自己。特别是领导干部、老同志更要反省一下自己。我们有些人在地位低的时候、在年轻的时候，尚能听进别人批评的话。地位高了、年纪大了之后，尤其是那些位高权重并且资历老的领导反而很难听进别人的批评意见。这一点要学习春秋初年的卫武公。卫武公是一位贤君，他在九十五岁高龄时，还告诫卫国臣民要多给他提批评的意见。他还特别作了一首诗，这首诗就是《诗经·大雅·抑》，其中说："人亦有言，靡哲不愚。"没有一个哲人不会有愚蠢的时候，任何人都会犯错误。他要求他的臣民不要舍弃他，要多给他提批评意见。所以后世卫国人很怀念他。

《论语》开篇三句话，看似简单，蕴含的道理却很深刻，让人常读常新，一辈子受用不尽。试想：一个人一生好学不倦；又喜欢与同道好友交流探讨、砥砺奋进；并且对误解、看低自己的人也不愠怒，人际关系自然也很好。这样的人学问好、有本事，眼界、胸怀宽。若说这样的人将来不发展、没前途，我是不相信的。

宋初赵普"半部《论语》治天下"。其实，对于我们的人生来说，掌握好《论语》中的几句话就已足矣。过去有一个笑话，说是在《论语》课上，老师问大家对《论语》中的哪一句话觉得最受用，有一个学生迫不及待地举起了手，回答说："食不厌精，脍不厌细。"老师没有感到无奈，反而笑着回答说："这也很好，可以当美食家了。"《论语》中的话，值得我们细细体会、涵咏。

二 "立德"乃是人生根本

在社会中，人们面对着一个十分现实的问题，就是你在当下和将来的社会地位问题。怎样去争取和获得自己的社会地位？对于这个问题，不同的人有不同的解答。有的人依靠自己的家族力量获得社会地位，也有人靠自己的奋斗拼搏去获得社会地位。在孔子看来，任何人不论家庭背景如何，都要靠"立德"来获得自己的社会地位。孔子说："不患无位，患所以立。"所以立，立于什么？《左传·襄公二十四年》载穆叔的话说："太上有立德，其次有立功，其次有立言。"这也就是后人常视为人生终极目标的"三不朽"。"三不朽"中，首先是要立德。立德，是做人的根本。

"立德"就是要"学做人"。当年，朱熹主持白鹿洞书院，邀请陆九渊到书院讲学。陆九渊首先讲的是"立志"，他说，"立志"首先要"学做人"："若某则不识一个字，亦须还我堂堂地做个人。"他具体的讲学内容没有流传下来。据记载，当时讲学的时节是冬天，座下很多学子听后大汗淋漓，深感惭愧。

孔子就极为重视"德"与"位"、"义"与"利"的辨析。如果一个人一味争"位"逐"利"，不修其德，不顾道义，狗苟蝇营，即使一朝得位，终将不齿于人类，"位"也会得而复失。所以孔子引用《易经》的话说:"不恒其德,或承之羞。"人不应以"无位"为羞,而应以"无德"为羞。在孔子看来,《易经》所讲的道理千头万绪,一言以蔽之,就是"恒其德"。

孟子对于孔子的"立德"思想,从心理学上予以解释:人都有自尊心,都希望得到别人的尊重。一个人品德优美,自然会受到人们的尊重;反之,一个人品德败坏,就会受到人们的厌弃。美国的心理学家马斯洛曾提出需求层次理论,认为人类需求从低到高的层次分为五种:生理需求、安全需求、社交需求、尊重需求和自我实现需求。"尊重需求"是人类一种较高的精神需求。

一般人认为,人只要有社会地位,就会受到尊重。但孟子却不这样看,他认为,希望尊贵是人们的共同心理,但尊贵有两种:一种人品德高尚,受人尊重,这是人人都可以有的"良贵"、自然之贵,是上天赐予的"天爵",是别人夺不走的。另一种是达官显贵的尊贵,这是别人所给予的"人爵",也能被别人收回。比如说,一些达官显宦在位时门庭若市,失位时门可罗雀,由此可见,当初人们所尊重的是他的"势位",并不是他这个人。

这些年社会上出现一种"六十岁现象",一些人到了六十岁从领导岗位上退下来,很快精神就垮掉了,身体也垮掉了。为什么会出现这一现象呢?因为这些人在位时一言九鼎,出门前呼后拥。他领导下的人见了他毕恭毕敬。一旦他退下,官位没了,一切就都变了,很少有人会理他了。这种心理的落差太大了,有些人经受不住这种打击,抑郁生病,有的很快就去世了。这就是大家所说的"六十岁现象"。这种情况也说明,当初人们所尊重的是他的"势位",并不是他这个人。

人类社会,从古到今,世态炎凉。所以要把这些东西看破看淡。不必刻意去追求"势位"。要想保持自己人格的尊严,一定要坚持"立德"。

"立德"就是追求道德修养的自我完善。那怎样才能做到这一点呢?孔子提出两个基本方法:

分论

一是经常树立榜样,"见贤思齐"。孔子以众人为师,认为"三人行,必有我师焉"。孔子注意学习别人的优点与长处,哪怕是一德之优、一技之长。《论语》中记载:孔子在同别人一起唱歌时,如果发现谁唱得好,必定要他重唱,然后自己跟着唱。

二是随时修正错误,孔子提出"过则勿惮改",有了错误不要害怕改正。他很欣赏颜回的"不贰过"精神,同样的错误不会犯第二次。他的学生都有乃师的风范,子路"人告之以有过,则喜"。子贡说:"君子之过也,如日月之食焉。过也,人皆见之;更也,人皆仰之。"人难免要犯错误,伟人也是如此。伟人不怕他有过错,有了过错可以改正,改正了,人们仍然会敬仰他。如果文过饰非,或诿过他人,那就会令人失望了。

"立德",要有高尚的志向和操守,要有维护和弘扬人间正气的道义精神,这种道义精神是自己心中的最高信仰,它甚至高于自己的生命。孔子强调君子要有弘毅的品格,维护道义,见义勇为,不谋私利,急赴公难。他说:"见义不为,无勇也。"他强调君子要有坚贞的操守和坚定的意志,在敌人的威胁、利诱面前,决不屈服,"临大节而不移"。他说:"三军可夺帅也,匹夫不可夺志也。""志士仁人,无求生以害仁,有杀身以成仁。"这些思想激励了后世许许多多爱民爱国的仁人志士。

"立德"是一个长期的过程,孔子自述他的立德过程说:"吾十有五而志于学,三十而立,四十而不惑,五十而知天命,六十而耳顺,七十而从心所欲,不逾矩。"大概的意思是说:他十五岁的时候有志于学;到三十岁的时候学有所成,可以立身于世;到四十岁的时候,不容易受别人迷惑了;到五十岁的时候知道了此生会有什么样的成就;到了六十岁的时候,能听得进反面意见了;到七十岁的时候做什么都不会违反规矩了。你看,"立德"差不多是一生的事情。

在"立德"的长期过程中,大约要经历两个大的阶段:第一个阶段是从自然美到修饰美。儿童的本性是纯真的,这可以说是自然美,但有了自然美还应该加以修饰。子夏曾经问孔子:"'巧笑倩兮,美目盼兮,素以为绚兮',何谓也?"意思是说有了自然美,为什么还要打扮呢?孔子回答说:"绘事后素。"先有白底,然后画画。子夏很理解老师的意思,立即反问:"礼后乎?"他领悟到:人有了自然美,还应该用礼仪加以修饰。这一点我们在生活中常可体会到,有些男孩或女孩虽然外表很美,但你一听他(她)说话,会感觉浊恶不堪,毫无礼义廉耻,这说明人光有外在美还不行,还要用礼义文化培养内在美。

第二个阶段是从外在的规范到内心的愉悦。礼仪总是带有某种约束性、制约性,人们不免感到礼仪对思想和行为的束缚,可是习惯成自然,慢慢地人们会安于礼仪,并从中获得心理上的愉悦,所以孔于说"七十而从心所欲,不逾矩"。他能从规范中得到心理上的愉悦,不再感到规范的束缚,并且无往而非仁。他又说:"仁者安仁,智者利仁。"智者认为仁有利,才提倡仁道;仁者是为了仁而仁,并不考虑它有利还是无利,这是因为他可以从仁中得到心理的愉悦。到此地步,可以说他已进入了一种崇高的道德精神境界。

三 亲情之爱与人类之爱

自古以来,世界上许多伟大的宗教和学说都讲普遍的"人类之爱",其目的就是要引导人们走向爱的世界。因此,普遍的"人类之爱"可以说是人间正道。

中国古代儒家提出的"仁爱",墨家提出的"兼爱",西方基督教提出的"博爱",从其理论最终目标来说,都是要实现普遍的"人类之爱"。但就其实现途径和方法而言,却又有所不同。

首先,儒家的"仁爱"与墨家的"兼爱"就有所不同,甚至在儒家的孟子看来有绝大的不同。墨家"兼爱"的特点是"爱无差等",爱自己的亲人同爱别人一样,不加区别。而儒家"仁爱"则主张"爱有差等",首先要爱自己的亲人,然后由近及远,推己及人。在孟子看来,若如墨家所说,爱自己的父亲同爱别人的父亲一样,那就等于没有了父亲。这是不能被接受的"禽兽"行为。

墨家的"兼爱"说无论在实际上还是在逻辑上都会遇到这样的难题:爱一切人一定要从爱具体人开始,而爱具体人并不等于爱一切人。你要么以爱一切人为借口,拒绝对具体人的爱,要么因对具体人的爱而减少了对其他人的爱,形成实际的厚此薄彼。

基督教所讲的"博爱",也遇到这样的难题。但基督教教义明确指出:博爱首先要从"爱邻人"开始,即关心那些我爱之所及和需要我的人。这就把普遍的"人类之爱"与具体人的互爱实践统一了起来。

儒家"仁爱"思想解决上述难题的思路与基督教相仿佛,但儒家面临着不同的社会背景。中华民族由于农业文明发达很早,因而长期以来形成一种安于乡土、不愿迁徙的心理,人们因而祖祖辈辈定居在一个地方,很自然地形成一种以血缘关系为纽带的村社聚落形态。这样,他们的邻居也就是"乡亲","爱邻人"也就表现为"爱亲人"。

儒家强调"仁者爱人""泛爱众",这是指普遍的"人类之爱"。这种"爱心"和爱的实践是怎样培养起来的呢?儒家认为是从家庭生活培养起来的。家庭是人们共同生活的最小单位。"家庭之爱"表现为血缘亲情之爱,很少有人怀疑这种真挚之爱。儒家就是要人体会这种真挚的"爱心",并将这种"爱心"一层一层外推,推己及人,"老吾老以及人之老,幼吾幼以及人之幼"。由爱父母兄弟推而及于爱国家天下。爱父母叫"孝",爱兄弟叫"悌",爱天下的人和万物叫"仁"。所以《论语》载有子之言说:"孝悌也者,其为仁之本与!"按照儒家的理论,普遍的人类之爱要从家庭之爱开始,从家庭之爱做起。所以《礼记·祭义》更明确地说:"立爱自亲始。"《礼记·中庸》说:"仁者,人也,亲亲为大。"儒学的逻辑推理是这样的:如果一个人连自己的父母亲人都不爱,就很难谈得上去爱别人;只有具有爱自己父母亲人的真挚感情,才能把这种爱推广于社会。这种思想方法是将心比心,推己及人,由此而形成一种社会道德的通则："己欲立而立人，己欲达而达人"，"己所不欲，勿施于人"。前些年，瑞士学者孔汉思（Hans Küng, 1928—　）召集了世界各大宗教的学者讨论一个可以适用于全人类的道德准则，讨论来讨论去，发现孔子这句"己所不欲，勿施于人"最为适合，被称为"道德金律"。孔汉思曾说："只有回首反思自己令人钦佩的伦理传统，中国才能在未来国内外事务面临的种种艰巨任务中发挥更大的作用。"

接下来，我想顺便说一下家庭教育与学校教育之间的关系。古代儒家观点认为，"门内之治恩掩义，门外之治义断恩"，门内是就家庭内部而言，门外是就社会而言。在家庭内部恩情大于正义。所以有"父为子隐，子为父隐"的说法，父亲犯了错误，儿子对外要隐瞒；儿子犯了错误，父亲对外要隐瞒。古人这种观念与现代人不同，是因为古人把亲人的恩情看得更为重要。父母与孩子之间是一种恩情关系，父母在教育孩子的时候也讲"恩情第一"的原则。古人有时怕家庭内太重恩情，教育不好孩子，会"易子而教"，两个家庭的父亲若都很有学问，又有一些交情，就会各自让孩子拜对方为师，这就是"易子而教"。

"家庭教育"与"学校教育"可以互为补充，但有时也有矛盾。孩子都是有灵性的，他知道家庭是最后的避风港。无论他在社会上做了什么或遭受了什么，他在家里都是最安心的。比如说，我们常在电视上看到一些在社会上做过许多恶事的人被抓的时候，说出的第一句忏悔的话就是"对不起父母"，说明他即使罪大恶极也还记念家庭的恩情。孩子始终还是愿意听父母的话的，有时候孩子在学校接受了很久的教育，最终听从的还是父母言传身教给他的观念。由此可以看出"家庭教育"的重要性。我们这些年来的学校教育是很失败的，因为它教的东西脱离了社会，讲得虚、讲得假，而父母在家里的教育往往是很实的，是从社会生活中提炼出来的经验，所以孩子一长大，就对学校师长的教育失去了信任。

儒家学者明白，道德规范的建立，要有自觉的、长久有效的道德信念支撑。要做到这一点，道德信念就必须建立在人性的基础上。如果人在年少时被灌输了某种道德观念,他们长大成人后却将这种道德观念抛在脑后,那只能说是教育的失败。因此,儒家抓教育,始终抓住"孝"的观念,把它贯彻于人的一生。"孝"的观念牢固确立之后,可以帮助其他道德规范的确立,因为自己的身体是父母所遗,寄托着父母的殷殷期望,因而自爱自重,不辱没父母,也就理所应当成为"孝"的准绳。古代人很重视家族荣誉,扬名立万是为了"光宗耀祖"。如果人们说,亏得某人生了这样的儿子,这就可谓"大孝"。反之,如果事情做得不好,比如"事君不忠""莅官不敬""朋友不信""战阵无勇"等,给父母带来恶名,那就不能称作"孝"。

"孝"是一种敬本心理,在古人看来,天地是人之本,因而对天地也应该有孝敬之心。广义的"孝"就是"仁民爱物",与自然万物相协调,中国古人奉此为理所当然的信念、安身立命的根本。从这点出发,就会对世界充满爱心,"仁被万物"。

我在前面提到,西方社会不大倡导孝道。2004年,我在法国斯特拉斯堡大学作了一次演讲:《孔子在中国》。当讲到中国的孝道观念时,在座的西方老人们表示非常羡慕。西方的老年人不如中国老年人的日子好过,中国人讲孝道,老年人在家里受到子女的尊重与照顾。西方没有这样的传统。有人说:西方社会是"儿童的天堂,中年人的战场,老年人的坟墓"。以此比较,我觉得今天的中国社会差不多是"儿童的战场,中年人的坟墓,老年人的天堂"。孩子父母都抱着这样的心理:不要让孩子"输在起跑线上",所以要自己的孩子加学很多很多东西,还让他们参加这样那样的比赛,竞争很激烈;中年人上有老、下有小,工作压力大,不少人过劳死,英年早逝;老年人则活得很开心,每天下下象棋、打打麻将等,不亦乐乎。这是东西方社会现象的不同,是地域文化不同所导致的。但是,我们必须说,"孝悌"思想无疑是中国传统文化中最可宝贵的思想之一。

四 "和谐"思想的现代活力

《论语》到现在之所以还有活力与实践价值，就在于它的"和谐"思想。所谓"和谐"，是说我们的家庭要和谐，社会要和谐，世界要和谐。当然，和谐是相对的，我们所看到的家庭未必都和谐，社会未必都和谐，世界也未必都和谐。但是，追求和谐是我们的理想目标，我们总不能把家庭不和谐、社会不和谐、世界不和谐当作目标，唯恐天下不乱。

中华民族自古以来就是一个重视"和谐"的民族，倡导"和谐"是中国文化的核心价值观之一。

"和谐"思想不仅是中国古人对世界事物的本质认识，也是对人际关系的理想追求。《尚书·尧典》颂扬尧的大德，称尧"克明俊德，以亲九族；九族既睦，平章百姓；百姓昭明，协和万邦"。《国语·周语上》记载西周末年史伯之语说："和实生物，同则不继。"这里谈到"和"与"同"两个概念。所谓"和"，是指二元或多元的对立统一。所谓"同"，是指在一个整体或系统中只有同质的元素。世界上的万事万物皆产生于二元或多元的对立统一；如果只有同一种元素，事物便无法发展延续。这是西周末年史伯的思想观点。

自史伯之后，"和同之辨"成为中国哲学的一个独特范畴。春秋末期，孔子便提出了君子"和而不同"的行为准则，《论语·子路》篇："君子和而不同，小人同而不和。"主张人与人之间相互尊重，和睦相处，反对沆瀣一气，一味苟同。

讲"和谐"，不是为了和谐而和谐，而是要讲原则的。《论语·学而》篇记载有子之言说："礼之用，和为贵。先王之道，斯为美。小大由之，有所不行。知和而和，不以礼节之，亦不可行也。"指出西周先王所倡导的礼乐文明，其根本的精神，是以和谐为贵。"先王之道，斯为美"，这是对西周礼乐文明"和谐"精神的赞美。但是有子也同时指出，如果你

分论

不论大事小事为"和谐"而和谐，不按礼规定的原则来办事，那也是不可行的。概括言之，"和谐"是目标，但为"和谐"而和谐，可能达不到真正的"和谐"，有时要通过斗争来达到"和谐"。

先秦儒家讲"和谐"，包括两个方面：一个是人与自然关系的和谐统一；另一个是人际关系的和谐统一。

在人与自然关系方面，儒者主张，对天地万物应该采取友善的态度，因为天地万物的自然资源是人类赖以生存的物质基础，破坏、浪费了这些自然资源，也就损害了人类本身。按照古代制度，对林木、鸟兽等自然资源都分官典守，加以保护，并严格规定了捕猎鸟兽、采伐林木的季节。古代制度：春夏之交，不准捕猎。这时新出生鸟兽还没有长成，没有离开巢穴，在此时捕猎就会伤害幼小的鸟兽。夏季是山林树木生长季节，不准斩伐，"凡窃木者，有刑罚"，待到草木黄落时，才允许采伐。古人很早就认识到，乱砍滥伐不仅会浪费自然资源，而且会破坏自然界的生态平衡；"斩其木，不雨"，破坏森林，就会造成气候干旱、反常。古代儒家学者对于保护自然资源是非常自觉的，《论语》记载："子钓而不纲，弋不射宿。"是说孔子只用鱼竿钓鱼，不用大挂网拦河捕鱼，并且反对偷猎归林的宿鸟。孟子主张"数罟不入洿池""斧斤以时入山林"。捕鱼不准用很细密的渔网，避免把小鱼捕上来；采伐树木要遵守一定的时节，以免妨害树木的生长。这种爱护自然资源、保护生态平衡的思想是非常可贵的。这种思想被后人概括为"天人合一"。"天人合一"思想是中华文化核心价值观之一。

在人际关系方面，儒家的思想路数是以一家规模推之天下，而从其理想目标而言，则是要实现天下一家。儒家希望整个社会成为一个"老者安之，朋友信之，少者怀之"的和睦大家庭。社会和谐的实现，需要有一个稳定的生产、生活秩序。现实社会中常常出现不和谐的局面，在许多情况下，是由于统治者的残暴政治违背了人民的自然生养之道。孔子说"使民以时"，告诫统治者爱惜民力，毋违农时。儒家主张薄赋敛，

《礼记·檀弓下》记孔子之言"苛政猛于虎",反映了儒家对暴政的批判态度。

《周易·乾卦》象传说:"首出庶物,万国咸宁。"《尚书·尧典》说:"百姓昭明,协和万邦。"这是讲民族与民族、邦国与邦国之间的友好相处,和谐安宁。《中庸》讲治理天下的大经大法有九项,其中两项是:"柔远人也,怀诸侯也。"这是讲大国对待小国及周边少数民族的态度,对待他们要亲善,对他们好的东西要加以学习,对他们还做不到的,要给予帮助,"嘉善而矜不能,所以柔远人也"。小邦国纳贡的礼品不妨少些、轻些,而回报的礼品却要厚重,"厚往而薄来,所以怀诸侯也"。这是古代哲人提出的大国对待小邦国及周边少数民族的态度。古代许多思想家以为,国与国之间应该和睦相处,不要轻易诉诸武力。古代思想家并不一概反对用兵,在乱世之时战争是避免不了的,但他们反对在太平时节擅启兵端,发动侵夺战争。孟子说:"善战者服上刑。"《吕氏春秋·召类篇》说:"三王以上,固皆用兵也。乱则用,治则止。治而攻之,不祥莫大焉。"擅自发动侵夺战争,最终是不会有好下场的。这种思想体现出了中华民族热爱和平、不尚暴力的思想性格。

宋代张载讲到对世界的看法,说了四句话:"有象斯有对,对必反其为;有反斯有仇,仇必和而解。"(《正蒙·太和篇》)意思是说,从可见的物质世界的现象看,都是两两相对的,而有相对就有矛盾,有矛盾就会有敌对和斗争,斗争使得矛盾得以化解而归于和谐。这一说法总结了古老中国的哲学智慧。这个思想与早些年我们熟知的"斗争"哲学是不同的。"斗争"哲学认为斗争是绝对的、永恒的,"和谐"是相对的、短暂的。所以,那些年在"斗争"哲学的指导下,不停地搞"运动",互相斗争,斗来斗去,"运动""斗争"便成了斗人、整人,造成了极大的内耗和伤害。这是对"和谐"与"斗争"的哲学认识的一种极大误解。试想,这宇宙各星体之间若没有一个整体的、统一的、和谐的秩序,这个宇宙还会存在吗?当然个别、局部的星体之间的撞击或湮灭总会有的,但它无碍于整体宇宙的有秩序的运行。以人类所居住的地球而言，若无整体的生态平衡、环境和谐，天地万物何以生生不息，人类又依赖什么繁衍生存？"和谐"与"斗争"是一对矛盾，这是宇宙运动的法则。不能以绝对相对、永恒短暂来分判。若说"斗争"是绝对的、永恒的，那"和谐"又何尝不是绝对的、永恒的？什么时候宇宙的"和谐"秩序会消解？

　　总结起来，中国古代哲学对世界哲学的最大贡献就是"和谐"。前些年，在欧洲召开了一个亚欧哲学大会，当场就有西方学者在会上向中国学者提问说：西方哲学提出了自由、民主、平等、博爱、市场经济等普世价值，你们中国哲学对世界有什么贡献？在场的中国学者没有心理准备，突然被问到这个问题，没有回答出来。之后一位当时在场的中国学者向我说起这个问题。我就提出：我们中国哲学对世界哲学的最大贡献是"和谐"的价值观。这一贡献并不低于西方哲学的诸多贡献。随后我到台湾参加纪念钱穆先生诞辰一百周年的研讨会，提供的论文题目就叫《整体和谐观：中国文化对于人类的永久性价值》，我到现在还是坚持这一观点。

　　英国著名历史学家汤因比（Arnold Joseph Toynbee，1889—1975）曾经准确预言两次世界大战发生。他曾经说过：

　　　　人类已经掌握了可以毁灭自己的高度技术文明手段，同时又处于极端对立的政治、意识形态的营垒，最重要的精神就是中国文明的精髓和谐。

　　　　中国如果不能取代西方成为人类的主导，那么整个人类的前途是可悲的。

　　1995年，瑞士学者孔汉思发起创立"世界伦理基金会"，并通过一系列教育宣传项目向全世界推广世界伦理的理念。他非常重视中国文化的

"和谐"理念,他说:"世界伦理项目的顺利推广,能够给未来的全球和平提供希望。而中国的伟大人文传统的精髓——人道、互信、和谐,给世界伦理提供了强大的精神力量。"人类在今天,科技水平高度发展,面临着核战争的潜在威胁,而且各个国家的意识形态又非常对立,在汤因比和孔汉思等西方有识之士看来,将来唯一能帮助世界走出困局的就是中国哲学的"和谐"思想。由此可以看出孔子乃至整个中国文化中"和谐"思想的重要价值。所以《论语》到现在不仅有魅力,还非常有活力。

但是中国现在光有一个先哲"和谐"的理念是远远不够的。它需要有强有力的承载者和推行者,这个艰难的历史使命必将落在现代中国人的身上。今天,中国领导人习近平发出构建"人类命运共同体"的声音,标志中国将责无旁贷地承担起这一人类历史使命。这也将是中国文化对人类作出的最伟大的贡献。

余 论

《论语》中有许多格言警句,每句话单提出来,都可以写成大文章。这话不是瞎说的。上期讲座,我教给大家方法,听讲的博士生每人从《论语》中选出一句话写成10000字的论文,大家都写得非常好。其中有几篇还获得全国博士生论文比赛大奖。后来由我和邓林主编,将这些论文结集,在中国社会科学出版社出版了,读者对此书的反应也非常好。

总之,《论语》可发掘的问题很多。这里,我想从《论语》中孔子的话出发,讲一个"三十年现象"问题。

《论语·子路》记载孔子之言说:"如有王者,必世而后仁。"一世三十年,若有圣王出现,需三十年时间才能成就仁政。这个说法道理何在?

管仲曾说:"仓廪实而知礼节,衣食足而知荣辱。"那怎么做到"仓廪实"呢?做到什么程度才算"仓廪实"呢?《礼记·王制》说:"三年耕,必有一年之食;九年耕,必有三年之食。以三十年之通,虽有凶旱水溢，民无菜色。"中国古代以农立国，国无三年粮食储备，则国非其国。然而水旱天灾，不时而有，特殊时期灾害连年，仅仅三年的粮食储备显然是不够的，那就需要在三十年时间积累十年的粮食储备。水旱灾害属于天变，人力备，则可以应天变，有备而无患，只有这种情况才叫"仓廪实"。国民也只有在充分富裕之时，才会顾得上提高礼仪文明的水平。

在古代，从西周初到成康之治，大约三十年。所以元代陈悦道《书义断法》卷六说："周公有大勋劳于王家，其所致谨，尤拳拳于营洛邑，迁商民。一世三十年之后，然后教化洽于天下。"其后，西汉初至文景之治，唐初至贞观之治，都大约经历了一世三十年。

从较为远观的历史看，如司马迁《史记·天官书》说："天运三十岁一小变，百年中变，五百载大变。"而从较为近观的历史看，如明代王维桢说："天道三年一小变，三十年一大变，则人情推移可知也。"

从自然变迁的角度说，古代黄河经常改道，改道周期平均是三十年，故有"三十年河东，三十年河西"之说。古代建筑以土木为主，而较高的土木建筑经历三十年就要大修一次。所以，明代李流芳《檀园集》卷八说："浮图（佛塔）高而易堕，大约三十年一修。"

从人的成长说，三十而壮，是成家立业的年龄，宋代邹浩《道乡集》卷一《感年》诗说："一世三十年，我今二十九。昔人当此时，事业已不朽。"孔子所说的"三十而立"，说的正是这一年龄段。个人如此，国家也如此。国家是由社会共同体许许多多成员组成的。许许多多的创造者"三十而立"，当然国家自然也会"三十而立"。

从社会政治说，由于社会的变化，法制也应随之修改，如不及时修改，社会将会遭遇动乱，所以明代徐缙说："法久弊滋，绥御无方，率三十年一遭大乱。"中国古人常言"世变"，"世变"盖有二义：一是"世事之变"；二是"三十年一变"的规律。

另外，中国古人纪星宿运行、纪月、纪年等常以含"三"的数字来总结，如三十度为一辰，三十日为一月，三百六十日为一期，三十年为一世，三百年为一限。这里既包含自然规律，也包含社会变迁规律。

回顾和总结中国历史，我们发现这样一个基本规律：历史上每一个大的朝代，差不多要经历三代人才能进入文化繁荣时期。汉朝从建立到汉武帝是七十年左右；宋朝从建立到庆历时期，差不多八十年；清朝从建立到乾嘉时期，差不多九十年。这是一个三代人的周期，按传统的一代约三十年的计算方法，三代人加在一起大约九十年。当新兴政权建立后，第一代人主要做的是军事平定、政治稳定，并在此基础上恢复经济，这个过程平均约三十年。历史上像秦朝、隋朝、五代时期各国那些极短命王朝大多未超过三十年。这些王朝都没有渡过开国后政治稳定这一关。第二代人要繁荣经济，积累财富，这个过程也平均需要三十年。到了第三代人，就要抓文化教育建设了。元朝与清朝都是周边民族入主中原，但元朝只统治九十多年便灭亡了，之所以相对短命，其中一个重要原因，就是元朝统治者不太重视文化建设。一个新的朝代若想长治久安，在政治稳定、经济繁荣、文化建设三个方面都要交出好的答卷。

现在新中国也是按照这个历史逻辑发展的，从1949年到今天，恰恰已经过去两个三十年了。第一个三十年（1949—1979），巩固政权，政治稳定；第二个三十年（1979—2009），改革开放，经济飞速发展；第三个三十年，也可以说未来的三十年，就需要搞好文化建设，即现代版的"兴礼作乐"。这个文化建设能不能搞好，关系到国家能否可持续发展和长治久安。

文化亡，则国家亡；文化兴，则民族兴。我所讲的"文化建设"不仅仅是文化部、教育部所管辖之事，更是中华民族文化复兴的宏伟大业，全国上下当有"文化自信""文化强国"的坚定意识，团结一心，突破一百年来的"西学"围城，在世界文化之林中树立起一个文化大国的中国形象。

分论

本讲重点提示：孔子创立了儒学，其学行主要反映在《论语》一书中。儒学是一种"学做人"的学问。人们通常认为孔子思想以"仁"为本，但《论语》明载："孝悌也者，其为仁之本与！"孔子主张由亲情的"孝悌"之爱推扩而至人类的"仁爱"。孔子又主张"和为贵"，其"和谐"思想在现代仍有蓬勃的活力。"孝悌""仁爱""和谐"皆为中华民族的核心价值观。

孔子的思想方法是将心比心，推己及人，由此而形成一种社会道德的通则："己欲立而立人，己欲达而达人"，"己所不欲，勿施于人"。"己所不欲，勿施于人"被当今世界公认为"道德金律"。《论语·子路》载孔子之言说："如有王者，必世而后仁。"一世三十年，由此而有中华特色的"三十年现象"。

第十一讲
《孟子》的弘道精神

　　《孟子》一书直到北宋时才被确立为经典。在此前一直被当作子部之书,最多只被看作辅经之书。以我们现在的立场看,《孟子》这部书确实是值得与儒家其他经典并列的。《孟子》一书这么晚才被作为经典,充分说明人们对于经典有一个认识的过程,这个过程可能会长达上千年。由于有这样一种历史背景,我们研究《孟子》可以从三个视角来进行。

　　一是作为诸子百家中的一家来研究,因为长期以来学术界并没有把《孟子》看作是经书,那就要研究在当时学者那里,《孟子》的地位是怎样的,它与其他诸子百家之书的异同在哪里。

　　二是从汉学的视角研究《孟子》。虽然《孟子》在汉代还不是经典,但汉代人都将它视为五经之外的辅经之书,它的地位高于一般的诸子百家。

　　三是从经学的视角研究《孟子》。北宋王安石变法失败后,他的许多改革都被司马光废除了。但王安石关于科举制度的改革却被保留下来。王安石关于科举制度的改革,有一项内容就是把《孟子》从诸子百家的地位提升到经典的地位,以国家法典的形式承认了《孟子》是儒家经典

分论

之一。《孟子》因而成为最后一部被列为儒家经典的书,使原来的"十二经"变成了"十三经"。①《孟子》被列为经典的时间虽然比较晚,但孟子个人对儒家经学的确立起到了关键性的作用。

所以,今天我们主要从经学发生的视角来研究和看待《孟子》一书。

一 经学成立所需要的四个条件

以前的经学史都认同荀子"传经"的说法,却没有人说孟子"传经"。但我认为孟子在经学发生史上做了比"传经"更重要的事情,那就是"弘道"。我提出这样一个观点:"弘道"和"传经"是经学发生初期的两件重要事情,"弘道"比"传经"更重要。孟子的主要贡献在于"弘道"。他虽然没有一字一句来传承经典,但传承了经典中的思想宗旨。

孟子之时,并没有所谓经书。这不是说当时还没有《诗》《书》《礼》《易》《春秋》这些文本,这些文本在当时已经都有了。先秦时期的人们经常用"诗曰""书曰""诗云""书云"等形式引用《诗》《书》。虽然在引用者的心里已经把《诗》《书》等典籍当作了经典,但是那时它们还不被称作"经",因而也无所谓"经学"。

到了汉代以后,儒家的许多经典如《诗》《书》《礼》《易》《春秋》,在原来的书名后都加了"经"字,变成《诗经》《书经》《易经》《春秋经》《礼经》等,于是在汉代有了"五经"的称谓,也有了"经学"的名目。

这里就存在着一个问题:这是否意味着经学史要从汉代才能开始写呢?现在,我们所见到的一些经学和经学史研究著作就是从汉代开始写

---

① 关于《孟子》何时被列为经典,学界一直存有争议。杨伯峻先生在《孟子译注》中提出,《孟子》在五代蜀主孟昶之时就已经被列为经典了。这一说法并不准确。五代时蜀国曾经刊刻过儒家经典"十经",并不包括《孟子》。北宋王安石变法,《孟子》得以以国家法典的形式被列为经典。北宋末年宋徽宗时,有位主持蜀地事务的官员名叫席旦,在蜀国经典刻石"十经"的基础上增补了《孟子》。杨伯峻先生应该是把席旦所增刻的《孟子》误作蜀主孟昶时所刻。

的，基本不说先秦。

我们看以前的经学史，经常有这样的写作形式，比如，《诗经》从先秦开始由孔子传子夏，子夏再传给某某，某某又传给他的弟子某某……下面会有一长串的名字，一直到汉代。可是除了他们的名字之外，其他一无所知。诸如这些人是哪里人、怎么传的经、有什么主要思想等，没有任何信息。那这一长串名字又有什么意义呢？但是古人喜欢这么做，把一长串名字一个不落地连起来，后人却没法做任何考证，那么这种经学史写作要告诉大家什么呢？它有何重要的历史价值呢？我写经学史就不看重这些，也不采纳这些资料。在我看来，对于经学史而言，这些属于无用的知识。我们不应该让读者了解或记住这些无用的知识。

更为遗憾的是，在前人列出的传经谱系中恰恰没有提到孟子，然而毋庸置疑的是，孟子在中国经学发生史上扮演了非常重要的角色。在我看来，汉代以后《诗》《书》被确立为经，与先秦儒家的不断"弘扬"有直接的关系。先秦时期是经学的发生和酝酿时期，虽然还未到经学的确立时期，但是如果没有经学的发生和酝酿期，经学怎么可能在汉代凭空出现呢？

"经学发生和酝酿期"不是白白度过的。这段时期为经学在汉代的成立准备了四个必要的条件，这个工作主要是由孟子的"弘道"派来完成的。那么，经学成立的四个必要条件是什么？孟子的"弘道"派又是怎么完成的呢？

第一个条件，要有被信奉的圣化的经典。什么是"圣化的经典"？"经"被认定为圣人所修，由对圣人的崇拜延伸到对圣人所修经典的崇拜。正如唐朝韩愈所说："曾经圣人手，议论安敢到。"圣人所修的经书具有至高无上的权威，别人只能尊崇，不能非议。没有对圣人的绝对崇拜，就不会有对经书的崇拜。在中国两千多年的历史中，很少有人批判孔子和五经。人们对圣人和圣人所修之书几乎是绝对崇拜的。

"经"在古代具有权威性，这种权威从哪里来？从圣人来。这里的关

分论

键就是要确认谁是圣人。孟子把孔子推崇到无以复加的地位，他认为孔子是自有人类以来最伟大的圣人，超过尧、舜、禹。尧、舜、禹在历史上被尊为圣人，这几乎是没有争议的。而在孟子看来，孔子比他们还伟大，由此就形成了对孔子的圣人崇拜，孔子的思想也就成为了人们的精神信仰。

既然已经是信仰，就要采取弘扬、遵从的态度，而不是挑剔、批评的态度。近代新儒家第一代学人熊十力，有几个有名的弟子如徐复观、唐君毅和牟宗三。徐复观当时已经是少将，因为仰慕熊十力，拜他为师。熊十力推荐他读王夫之的书，徐复观读过后，说王夫之的许多观点并不正确。结果熊十力狠狠地教训了他一顿。熊十力说：任何书的内容，都有好的地方，也有坏的地方。你不看好的地方，专门去挑剔哪些是坏的，你这样读书会得到什么益处呢？徐复观经此一次训导，领悟了这样一个道理：研究传统文化，要注重研究其正面的价值，表而出之，加以弘扬。

回到正题，如前所述，由于对圣人绝对的崇拜，引发了对他所删修的书的崇拜，由此而有"六经"的名目。因此，经学成立的第一个条件就是要有对圣人的信仰，并由对圣人的信仰衍生对经书的信仰。

第二个条件，经书必须有担负道义的传承者。有了经书，就要有传习者，并且传习者应具备道义担负的强烈意识，能维护经典的崇高地位而不敢。儒家虽说是一个具有人文主义精神的学术宗派，但在精神信仰的层面，有与宗教相类似之处。宗教有教主，有经书，还有信徒。一个宗教只有教主和经书，而没有信徒，这个宗教就不能延续发展。同样的道理，儒家的经书也需要有传承者。这种对经书的传承，不同于我们现在一般的知识学习，而是要有一种强烈的道义担当精神，有一种随时准备"殉道"的精神。为了传承这个"道"，为了维护经典的崇高地位，可以不惜牺牲生命。古今中外的大宗教都有"殉道"精神，如基督教的耶稣就被钉在十字架上，成为"殉道"者。虽然儒学不是宗教，也需要有类似的精神信仰。

我们知道，孔子弟子三千，贤人七十二，这七十二贤人就是孔子学说的传承者。在汉以后，郑玄的学问有很多传习者；在宋代，二程、朱熹的学问有很多传习者。明代的王阳明也如此。一种学问、学说有魅力，就会有很多信徒，有很多传习者。一个学派只有宗师是不行的，还必须要有一大批有才华的弟子，能传承师道。有人提出：一个学派若非传承三代以上，就不能叫学派，而且在以下几代传承的过程中，要至少出一个了不起的大人物，才能将学术宗师的崇高地位树立起来。比如，孔子学说传承四代而有孟子，二程学说传承四代而有朱熹，如此之类。

第三个条件，经典具有普世性和至尊性。什么是"经"？"经"的意思是"常"，后世"经常"二字常连用。引申而言，"经"就是"常道"。由此而言，经书的基本教义具有普世性和至尊性，在精神上高于一切权势，并有广泛的社会基础，成为维持社会稳定的指导性原则。

一种学说能否流传还取决于它是否有魅力、有活力。光有后人捧不行，经典文本自身的内容应具有普世性，能对社会的政治、文化及社会生活起一种良性的指导作用，同时还要具有一种至尊性，即使皇帝说话也须顾及和考虑这些经典是怎么说的，不能违背经典精神。

第四个条件，要建立起一套经典诠释的原则和方法。经典与法典有所不同。随着时代的变迁，法典的条文可变化和更改。而经典的文本一旦确立，就不能随便更改。这就要求经典的文本具有可诠释性。凡是被称为"经典"的文献，一般字数都不是很多，但却有多种诠释的可能性。《老子》五千言，学者研究了两千多年，有各种各样的解释，并且现在和将来还会有许多种解释。不仅中国人在解释，外国人也在解释。《周易》《论语》《大学》《中庸》等经典，千百年来都有过许多种解释。

但是，各种经典的解释又不是可以漫无规则、信口雌黄的。它需要有一定的解释原则和方法。这不是说经典诠释的原则和方法是一成不变的。不同的时代、不同的学派会有不同的经典诠释的原则和方法。学者通过对经典的创造性诠释，来深入发掘经典的思想内容，从而发展经学，使之能适应时代的变化和社会的需要。

虽然经典诠释的原则和方法并不是一成不变的，但是一种带有权威性的经典诠释原则和方法还是应该确立的，并且能为学界所公认。

以上四点，虽然不能说是经学成立的全部准备条件，但可以说是经学成立的必要条件。正是孟子的弘道派基本解决了经学成立的准备条件。孟子倡导圣人崇拜，强调士人的道义担负，高扬儒学的核心价值观念，以及提出一套解经原则和方法等，在促进经学发生的过程中起了关键性的作用。

在我看来，孟子的学术贡献，已经为经学的成立准备了条件，只是还缺少一个时机，这个时机就是通过国家权力将经学确立为国家的统治思想。战国时代这一时机尚不成熟。到了汉代，汉武帝采纳董仲舒提出的"罢黜百家，表章六经"的建言后，经学水到渠成地确立了。董仲舒当时能提出这样的建言，正是因为孟子在之前做了许多准备性、铺垫性的学术工作。

那么，孟子是如何为经学的确立创造条件的呢？我们从这一讲的第二个问题说起。

二 创造"圣人救世"论以推崇孔子，兼推崇《诗》《书》

正如西方基督教坚定地树立对上帝的信仰一样，中国文化在其发展过程中坚定地树立对圣人的信仰。这种信仰的形成并不是一蹴而就的，也并非成于一人之力。

顾颉刚先生在《"圣""贤"观念和字义的演变》（载于《中国哲学》第一辑）一文中指出："圣"的初文是耶，口表示说话，耳表示听话，你一张口他就能懂你的意思。在春秋以前，"圣人"二字只是"聪明人"的意思，并无崇高和神秘的意味。"圣"字崇高和神秘的意味是春秋以后形成的。至战国时期，社会的长期争乱使得人民痛苦不堪，这促成了圣人崇拜思潮的兴起。

从史料上看，战国时期，诸侯为了争霸天下，"贪饕无耻，竞进无厌"，各国之间动相征伐，"兵革更起，城邑数屠"。尤其荒谬者，统治集团内部争夺权力，以至于"臣弑其君者有之，子弑其父者有之"。春秋时期二百四十二年之间，弑君三十六，亡国五十二，为前古所未有。整个社会陷入动乱痛苦之中，人们为脱离痛苦，期盼能带来安宁和秩序的救星人物出现。用孟子的话说，"民望之，若大旱之望云霓也"，人们盼望这种救星人物，就像久旱之时盼望甘霖从天而降一样。

后世用"诸侯异政，诸子异说"来概括当时精英阶层的动向。当时的知识分子没有共同的信仰，诸子百家各倡其说。值得注意的是，那时诸子百家几乎都崇拜"圣人"，只是各家所说的圣人有所不同。先秦诸子所谓的"圣人"，虽然实有所指，但在一定意义上又是一种符号，它是真理、是正义、是秩序、是理想，总之，是人们所希望的一切美好的东西。他们认为，圣人出来以后，这个社会就会由无序走向有序，由黑暗走向光明，由荒谬走向理性。

在诸子百家中，孟子的"圣人救世"说最成体系。这种思想体系认为，自古以来，历史都是由圣人主导的，圣人的发明（如钻木取火、建造房屋车舟、创造文字等）推动了社会进步。而在人类面临灾难时，由于圣人的挽救，人民得以脱离苦难。孟子指出，从已知的历史看，在华夏区域经历了三次大的灾难，这三次大的灾难，都有"圣人救世"的伟大事迹。第一次"圣人救世"的伟大事迹是尧、舜、禹三位圣人领导人民合力治水，"然后人得平土而居之"；第二次"圣人救世"的伟大事迹是商朝末年，周文王、周武王和周公两代三圣"翦商"除暴；第三次"圣人救世"的伟大事迹出现在春秋末期，有鉴于社会上"臣弑其君者有之，子弑其父者有之"的混乱世道，"孔子成《春秋》而乱臣贼子惧"。孔子通过作《春秋》来扭转荒谬无序的社会现状。孟子认为，第三次大

分论

灾难还没有结束,所以他大力抨击与孔子伦理观念不符的杨朱、墨子的说法,批判他们的理论可能导致"无父""无君",而自己要继承"圣人救世"的事业。

孟子对孔子推崇备至。在孟子看来,孔子不是一般的"圣人",而是一个"集大成"的"至圣",孟子说:"孔子,圣之时者也。孔子之谓集大成。"孟子之前的学者认为,尧、舜是上古以来最伟大的圣人。而孟子认为,孔子的伟大超过了尧、舜,他借孔子弟子宰我等人之口说,"夫子,贤于尧、舜远矣","自有生民以来,未有孔子也"。孟子表达了自己的志愿:"乃所愿,则学孔子也。"后世称孔子为"大成至圣""万世师表",其实不过是概括孟子的意思。可以说,孔子儒学宗主地位之确立,孟子实有力焉!

任何学派和教派,除了宗师本人有非凡的品格和造诣之外,还需要有强有力的后学不遗余力地弘扬宗师的学问。孟子就是这样的人。孟子不是孔子的直接学生,但是他能不遗余力地弘扬孔子的学说、思想。按照孟子"圣人救世"的逻辑,人们要想救世,必须信奉儒学和孔子,必须建立对孔子和儒学经典的信仰。

除了创立"圣人救世"说并极力推崇孔子之外,孟子还极力推崇经书。当时的道家对《诗》《书》等经典不甚赞同,法家则视经书为"虱"为"蠹"。孟子除了表彰孔子所作《春秋》之外,还频繁引用《诗》《书》,而所引述的内容总与圣人有关。这表明他有一种思想,即认为《诗》《书》等经典是反映圣人思想的典籍,是"圣人之道"的文本载体。这样,经书的价值就不言而喻了。

三 "士"阶层的道义担负与人格重塑

在西周,社会各个阶层总体来说是比较固定的。当时实行的是宗法制度。"宗法"也称"宗子法",实即嫡长子继承制。"嫡长子"继承宗主地位，即"宗子"。"嫡长子"之外的其余兄弟称为"余子"。"宗子"一系称为"大宗"；"余子"一系称为"小宗"。"余子"地位世代递降。数代之后，原来上层贵族的"余子"后代便可能降而为"士"。"士"为低级贵族，有享受贵族化教育的资格，有居于国中统驭平民的权利，也有执干戈以卫社稷的义务。因为当时实行世袭制度，"士之子恒为士"，因而当时"士"是一个相对稳定的社会阶层。

但是东周以降，中国历史由原始的统合，进入了群雄争霸的长期分裂、混乱的时期，各诸侯国国君需要大量的知识分子来治理国家。而"士"，由于其半依附性、半独立性及以知识才能自售的性质，在政治舞台上显得格外活跃。到了后来，由于"学术下移"，庶人有了通过教育上升为"士"的机会，因而"士"阶层就变成一个上下流动、非有定职的知识阶层。

当时社会有两类士：第一类士是像孔子、孟子这类担负道义和正义、成为社会良心的人；第二类士是像张仪、公孙衍这类成为各国诸侯的谋士，为该国利益去侵伐别国、为了国库富裕而加重人民税务负担、使社会更加混乱的人，这类士人"言无定术，行无常议"。

在那个时候，士是"崇道"，还是"崇势"，是一种选择。一些"士"为各国国君所用，使那些国家变得富强了，比如：商鞅实行变法使秦国国富兵强；楚国、魏国用吴起为统帅，常打胜仗；齐威王用孙膑战胜他国；张仪、公孙衍纵横捭阖，以诈术对待他国，为本国牟利；等等。然而天下形势并没有因为他们的出现变得更好，反而变得更坏、更乱了。

这里涉及了士人的操守和人生选择的问题。这是每个士人包括孟子所不得不面对的问题。司马迁在《史记》中说："天下方务于合从（纵）连衡，以攻伐为贤，而孟轲乃述唐、虞、三代之德，是以所如者不合。"意思是说，孟子在当时不识时务，不为各诸侯国国君所喜欢。各诸侯国国君喜欢哪一类人？一是喜欢那些能帮助他们富国强兵、兼并他国的人。二是喜欢那些会"忽悠"的人，司马迁《史记》用了很大篇幅描述阴阳

分论

家代表人物邹衍：

> 驺子重于齐。适梁，惠王郊迎，执宾主之礼。适赵，平原君侧行撇席。如燕，昭王拥彗先驱，请列弟子之座而受业，筑碣石宫，身亲往师之。……其游诸侯见尊礼如此，岂与仲尼菜色陈、蔡，孟轲困于齐、梁同乎哉！

邹衍到各诸侯国访问，梁惠王亲自"郊迎"，赵国平原君"侧行撇席"，燕昭王"拥彗先驱"，都对邹衍表现出尊崇的态度。其实，邹衍就是那种特别能"忽悠"的人。当时没有"忽悠"这个词，但有与之类似的词，史料记载，邹衍言辞"闳大不经"。"闳大不经"就是指胡说乱道忽悠人，但他走到哪儿都有轰动效应。越是这种人，那些王公贵族就越欢迎。

相比之下，孔子周游列国时困于陈、蔡，面露菜色，饭都没得吃；孟子也曾周游列国，困于齐、梁之间，备受磨难。孔、孟虽不被当权者重视，但还是秉承着道义。

有人说儒者不必过于耿直，可以先顺着统治者的喜好，然后将他们慢慢引到正道上来。孔子、孟子并没有这样做，他们立足于人民的现世福祉和人类的长远利益，要为万世立法。不能为了一时幸进，乱了堂堂正正的法度；不愿苟且行事，坚持"直道而行"。所以，孔子、孟子周游列国，遍访不遇，终见其道不行，退而著书立说，期以传之后人，将推行"仁道"的希望寄托于后世。

在许多游士不讲德行操守的时代，孟子奋身而起，廓清辞辟，对"士"的人格操守进行了深入的思索与构建。他针对当时"士无定主"的情形，激励士人要有道义担负精神；针对当时士人依附权势的现象，着眼于士人理想人格的重塑。

孟子告诫士人欲担负道义，要先有一种经受艰苦磨难的精神准备，他说:"天将降大任于斯人也,必先苦其心志,劳其筋骨,饿其体肤,空乏其身,行拂乱其所为,所以动心忍性,增益其所不能。"这就要求士人自觉地、有意识地在艰难困苦的环境中磨炼自己,使自己具备一种坚韧不拔的精神品质。

所谓"道义担负",就是无论自身穷达贵贱,都要站在社会正义、社会良心的立场上。"士穷不失义",不因自己的穷困而丢掉道义;"达不离道",不因自己通达显赫而背离大道。孟子将这一思想又凝练为"穷则独善其身,达则兼善天下"的格言,以作为士人立身处世的座右铭。

要重塑士人的理想人格,先要解决"士"的气节问题,是"从势",还是"从道"。所谓"从势",就是谁有权势就跟谁走;所谓"从道",就是伸张人间正义,成为社会良心的代表者,不为金钱、权势折腰。孟子因而提出士人要有"大丈夫"的品格:"富贵不能淫,贫贱不能移,威武不能屈。"这种理想人格的重塑,激励着一代代士人砥砺廉隅、任天下之重。

孟子说:"无恒产而有恒心者,惟士为能。"由于"士"阶层的固有特性,以及孟子对"士"阶层人格重塑所产生的影响。士人成为尔后社会的一个举足轻重的阶层。

在中国古代,"得人心者得天下",几乎成为人人皆知的真理。但却很少有人深入了解此语的内涵。"人"大体可分为官吏、军人、民众、士人四类,其各自特点是什么,哪类人的"心"易得,哪类人的"心"不易得,政治家须对之有清楚的认识和精准的分析。宋代姚勉说:

> 为政以得人心为本。然而得吏心易,得军心难;得军心易,得民心难;得民心易,得士心难。得吏心者最下,吏可为奸耳。得军、民心者次之,谓犹可以惠致。士,心镜善恶,口衡臧否,不可威怵、利诱。众论所归,谓之公是。至难得者士心。(《雪坡集》卷三十三)

分论

姚勉认为，对于执政者而言，"得人心"由易到难可分为四类：得官吏之心最易，因为官吏违命可能被免职，他们会最先表示拥戴。其次稍难的是"得军心"，军人以服从命令为天职，但也有"将在外，君命有所不受"的时候，执政者可以收回他的兵权，而任命可以信任的人接管军队，收揽军心。比较难的是"得民心"，人民是社会中为数众多的群体，也是政权的基础。执政者只要维护社会公义，并且能使广大民众得到实惠，就会受到民众的爱戴和拥护。

执政者最难得的是"士心"。士人阶层的特点，在于它是一个具有相对独立性的精英阶层，属于社会的"关键少数"。士人阶层中的优秀者，怀抱高远的理想，有自己的人生追求。他们一般不以升官发财为目标，而有志担当社会的良心，"心镜善恶，口衡臧否"，心要像明镜那样照察善恶，口要像天平那样褒贬人物。不可以威权怵吓他，也不可以利禄引诱他。清议妍媸，众论所归。犹如今人所说的"有理想的公众知识分子"。

士人阶层在后世社会获得这样的地位，应该与孟子对"士"阶层的人格重塑有绝大的关系。

四　建立普世性的价值准则

前面讲到，孔子、孟子在"从道"与"从势"的选择上，毅然从道，他们不愿像邹衍之徒那样，讲一些"闳大不经"的东西以吸引诸侯，而要"直道而行"。司马迁《史记·孟荀列传》说孟子"退而与万章之徒序《诗》《书》，述仲尼之意"。显然，孟子之"道"与孔子之"道"是一致的。那么他们所讲的"道"究竟是什么？换言之，孟子的学术主张的要点是什么？这是必须要说清楚的。

按我们的理解，《孟子》七篇概括了《诗》《书》、孔子的宗旨，集中反映了儒家关于人类社会的价值准则。因此，我下面就着重来讲《孟子》价值理论中最重要的几个原则,并借以说明孟子对《诗》《书》、孔子思想所作的创造性的阐释。

第一条,"仁义"优先的价值原则。在孟子的思想中,"仁义"始终是第一位的。南宋朱熹讲过:"义利之说,乃儒者第一义。"儒家所讲的道理,千头万绪都集中在"义利之辨"上,"义利"问题是一个人生价值观的问题。"义"是维系社会共同生活的道德准则,"利"是维持和增进人们生活的物质资财。孔孟之道要求士人对"义"采取优先的立场。"利"无论对个人、对一家、对一国都是很重要的,这是维持个体和家国生存、发展的物质性保障。但若"利"字当先,不顾理义,那一家之中父子、兄弟之间就会相争相残,国与国之间就会攻城略地,战争不断。只有仁义优先,正确处理个人与个人、家庭与家庭、国家与国家之间的关系,社会才有和谐可言。仁义不是空洞的口号,而是协调各种利益关系使之和谐相处的最公允的立场和最好的方案。这个仁义优先的立场,虽然历经两千余年的风云变幻,至今仍是立得住的。可以说,孟子提出的"仁义"优先的原则是中华民族的核心价值观之一。

第二条,以人民为价值的主体。以人民为价值的主体,在中国历史上,可以说孟子讲得最直白、最清楚。孟子说:"民为贵,社稷次之,君为轻。"这句话震古烁今,它既体现社会的公正,也符合历史的公正。统治者即使口头不说,心里对此语也是不满意的,甚至厌恶、畏惧这句话。比如,朱元璋当了皇帝之后,命人删节《孟子》,删节之后的书,叫《孟子节文》。在此书中将所有不利于统治者的话都删掉了。但《孟子》一书毕竟是儒家经典,自有它的权威性,是不容许删改的。后来在朝廷群臣的坚持下,《孟子》又恢复了它的原貌。

《孟子》一书以民众为价值的主体,有两处议论特见精彩。

一是他提出以民意作为政治决策最重要的参照。他说:

国君进贤,……可不慎与?左右皆曰贤,未可也;诸大夫皆曰

分论

贤，未可也；国人皆曰贤，然后察之；见贤焉，然后用之。

左右皆曰不可，勿听；诸大夫皆曰不可，勿听；国人皆曰不可，然后察之；见不可焉，然后去之。

左右皆曰可杀，勿听；诸大夫皆曰可杀，勿听；国人皆曰可杀，然后察之；见可杀焉，然后杀之。

这段话的意思是：国君要选用贤臣，近臣说某人贤能，不要急于任用；朝臣也说他贤能，还是不要急于任用；只有国人认为他贤能并且又经过种种考察，才加以任用。要实施某项政策，近臣说不行，不必听从；朝臣说不行，也不必听从；只有国人认为这政策不行，进行试验发现真的不可施行，然后再予以废黜。对于某个人，近臣皆说可杀，不要听从；朝臣也都说可杀，也不要听从；只有国人都认为可杀，经过调查发现确实有该杀的罪状，然后再杀他。这就是说，国家最后的决策权应该取决于民意，这种重视民意的思想在两千年后的今天依然光彩夺目。

二是孟子认为，如果统治者暴虐无道，没有起码的社会公正，臣民便有革命的权利，可以起而推翻暴君统治。《孟子》记载，齐宣王问孟子："汤放桀，武王伐纣，有诸？"孟子对曰："于《传》有之。"曰："臣弑其君，可乎？"曰："贼仁者谓之贼，贼义者谓之残，残贼之人谓之一夫。闻诛一夫纣矣，未闻弑君也。""民本"思想反映了原始儒家的理论特色，此思想在《孟子》中讲得最为集中而彻底。"民本"思想也是中华文化核心价值观之一。

晚清学者宋恕倡导"民权"，提出应对"先儒"与"后儒"有所区分。他认为先儒"扶民权"，后儒"抑民权"。先儒以孔子、孟子为代表，孔孟先儒"尊尧舜""称汤武"，其真义在于尧舜是公举的代表，汤武是革命的榜样。宋恕说："儒家宗旨有二：尊尧舜以明君之宜公举也；称汤武以明臣之可废君也。三代下，二者之义不明，而在下者遂不胜其苦矣。"（引自孙宝瑄《忘山庐日记·丁酉九月九日》）宋恕这一见解有助于我们对孔孟思想的理解。

当然，因为时代局限，孟子的思想不完全与我们现代的"民主"与"革命"思想相同，但在他那个时代，有如此先进的思想，已是十分难能可贵了。

第三条，以人性为价值的源头。这条原则的意思是说，国家制定政策、施行教化，不是根据统治者的好恶，而是要根据"人性"。自殷、周鼎革，中国政教渐由神本位转向人本位。这时关于政教合理性的论证虽然有时也诉诸"天命"，但"天命"一词已包含较多理性的成分。先秦古本《尚书·泰誓》有"天视自我民视，天听自我民听"之语，此语为《孟子》所引用。这里所说的"天"只是"虚悬一格"，"民视""民听"才是最后的根据，符合"人性"的政教易于为民众所认可，由此而有后来广泛深入的人性论讨论。

人性论之所以与价值论有联系，是因为人性善恶问题，关系到人的内在尊严与价值问题，也关系到价值源头的定位问题。如果我们认为人性本善，那便肯定了人的内在尊严与价值，同时也把人性看作内在的价值源头。反之，便不然。

孟子独标"性善"论。他对"性善"的论证是很别致的，他提出"人皆有不忍人之心"，却全然不顾那"杀人盈城""杀人盈野"的残忍事实，单单指点"人乍见孺子将入于井"时所自然呈现的"怵惕恻隐之心"。他说：

> 所以谓人皆有不忍人之心者，今人乍见孺子将入于井，皆有怵惕恻隐之心，非所以内交于孺子之父母也，非所以要誉于乡党朋友也，非恶其声而然也。由是观之，无恻隐之心，非人也；无羞恶之心，非人也；无辞让之心，非人也；无是非之心，非人也。恻隐之心，仁之端也；羞恶之心，义之端也；辞让之心，礼之端也；是非之心，智之端也。人之有是四端也，犹其有四体也。……凡有四端

于我者，知皆扩而充之矣，若火之始然，泉之始达。苟能充之，足以保四海，苟不充之，不足事父母。

孟子的意思是说，世人尽管所作所为有各种不同，但是在内心深处都有"恻隐之心"，这种"恻隐之心"便可作为人性本善的证明：当你看到一个完全不懂事的小孩将要落入井中的时候，你会自然萌生出想要救他的心思，这个救人的心思不在于你与小孩的父母熟识，也不是出于你想要扬名于乡里等原因，而是来源于你本身的良心。人不仅都有恻隐之心，也都有羞恶之心、辞让之心、是非之心，这四心便是仁、义、礼、智的开端，也叫"四端之心"。孟子将儒家教义安置在这一性善论的基础之上，指点人心的善端，这善端即人心向上修为之枢机，扩而充之，"人人可以为尧舜"。

孟子性善论的证成，使人性作为道德价值的源头，成为价值原则的内在根据。

五　建立经典诠释的基本原则

最近几十年，西方诠释学一度成为"显学"。事实上，中国经典诠释传统历史悠久，但中国人不大善于理论概括，没有创造出中国诠释学的系统理论。然而在历史上，也并非没有人关注到经典诠释的原则和方法问题。我们也许可以说，孟子是中国历史上第一位关注到经典诠释原则和方法问题的学者。

孟子之时，《诗》《书》等典籍尚未加"经"之名，但当时学人动辄称引《诗》《书》，"诗云""书云"经常挂在嘴上，我们似乎可以说当时《诗》《书》已经具有"准经书"的地位。《诗》《书》成为了公共的文本，这便出现一个问题：对于《诗》《书》等文本，怎样理解与解释才是对的，才能被人们接受。这在解释学上，就是解释的有效性问题。

这里存在一个矛盾，就是对文本的解释许多时候并非只有一种，你这样解释，他那样解释，究竟哪种解释正确呢？似乎解释的正确性服从于某种目的。不同时代或不同学派有不同的目的，解释也就因之而异。经典诠释似乎是通往目的地的桥梁，你能否到达目的地，就看你的桥梁如何建构，通向哪个方向。而经典的生命力恰恰在于它能不断地被解释。我们通过研究认为，《孟子》一书已经深刻地触及了这个问题，并提出了一些经典诠释的基本原则与方法。

第一个原则是"智足知圣"。这意思是说，解释者的智慧只有接近圣人，才有可能理解圣人，这其实是讲诠释者的资格问题。

我们常说"不要以小人之心度君子之腹"，君子怎么想的，你用小人的思维去度量，永远也不能理解。所以，作为经典的诠释者，应该走进圣人的精神世界，与圣人的视域相融合，即"优入圣域"，才能与圣人进行精神交流，才能诠释好经典。反过来说，如果一个人终日汲汲于功名利禄、声色犬马，你要他去思考圣人所思考的问题，那就是对牛弹琴了。

孟子曾说："观于海者难为水，游于圣人之门者难为言。"当你看到过大海之后，你就会觉得平时所看到的江河太小太浅，当你受教于圣人之门后，你就会发现你平时所思所言与圣人的境界相比，水平太低。那圣人的境界是怎样的呢？孔门大贤颜回对于孔子有过这样的描述，"仰之弥高，钻之弥坚，瞻之在前，忽焉在后"，总之一句话，这是世间一般人难以企及的境界。因此，只有"优入圣域"之中，"智足以知圣人"者，方有经典诠释的资格。

第二个原则是价值取向。经典诠释是一种精神活动，它具有明确的意向性，即要弘扬道德价值和人文理想。从历史上看，"经"与"史"不同，经学的思想方法主要是价值判断，史学的方法主要是事实判断。价值判断着眼于是否应该如此，事实判断着眼于有无此一事实。所以，历史不全符合价值判断，甚至还会与价值判断相左。比如，《尚书·武成篇》描述武王伐纣的场景时，用了"血流漂杵"一语，是说杀死的人太多，以致血流成河，使木杵都漂了起来。这句话或许有些夸张，但战争之惨烈是可想而知的。孟子看到这一描述评论说："尽信书，则不如无书，吾于《武成》取二三策而已矣。仁人无敌于天下，而何其血之漂杵也？"那时的典籍书写在竹简上，一支竹简就是一策，一策大多只能写一行字，孟子认为《武成篇》不可尽信，只取其中两三行看看就可以了。为什么孟子会这样认为呢？他的观点是：周武王是至仁者，商纣王是至不仁者，仁者无敌，武王伐纣，殷商军队理应临阵倒戈，不战而降，绝不可能拼死厮杀，以致血流漂杵。其实战争从来都是残酷的，即使是正义的战争也是残酷的。孟子明显是以价值判断代替事实判断。孟子为什么要这样做？他认为历史的书写会成为一种导向，你将"血流漂杵"当作一个曾有的历史事实，后世就可能不在乎再多几次"血流漂杵"的战争，这样无形中会鼓励人们向残忍的方向发展。而孟子的价值取向，主张"修仁"，反对"攻战"，则是鼓励人们向善良、和平的方向发展。

秉承孟子提出的这一诠释原则，我们来反观章学诚"六经皆史"的观点，就可以发现，他的观点基本是错误的。《诗》《书》原来确实有史书的性质，后来经过儒家的改造，自汉以来两千余年就是经书了。经书重价值判断，史书重事实判断，两者是不相同的，你不能因为经书来源于史书，就将"经""史"混为一谈。打个比方，人是从猿猴变来的，你难道可以说人皆为猿猴吗？又比如，化学的前身是炼金术，你能说化学皆为炼金术吗？其实，在章学诚以前，有学者也表达过类似的观点，但是他们有一个基本的前提，就是首先承认六经是经，然后才说六经曾经是史，说明六经都有历史实践的品格。这反映了它的历史真实性。但是经书不能停留在一般历史真实性的层面，它要在历史真实性的基础上，向上提升到价值理想的层面。这才是正确的观点。

第三个原则是"知人论世"。讨论一个文本，应该对作者其人及其时代有所了解，才能更好地把握作品本身，这叫"知人论世"。孟子说："尚论古之人，颂其诗，读其书，不知其人，可乎？是以论其世也，是尚友也。"即讨论经典不能单单去看纸面上的意思,还要了解作者的生平和学问,及其当时的处境和所要表达的意思。因为时代不同,作者和读者之间的"视界"不能尽同,因此在对问题的理解上可能会有"间距"。这是"理解的历史性"。读者要把文本中的论述对象置于历史的情景中去理解,而不应该脱离时代、脱离作者本人的思想境界。在孟子看来,今人和古人的思想是可以得到交流贯通的,其方法就是"尚友古人"。这好比朋友之间虽有个性的差别,但在思想感情上相互间是可以沟通理解的。对于古人,只要知其人、论其世,设身处地,走进他的精神世界,就可以像了解熟悉的朋友那样了解他。

第四个原则是"以意逆志"。经典中的某一概念、某些话,在后世可能会产生非常多的歧义。最典型的例子就是《大学》中"格物致知"。"格物"在儒家经典中只出现过一次。"格物"这一概念究竟应该怎么诠释?据明代思想家刘宗周统计,前人对"格物"的不同解释有72家。刘宗周之后,清代又有若干人对它作了不同的诠释。在众多诠释中,我们已无法判断谁的诠释更符合作者的原意。这种情况在西方的经典诠释的实践中也会碰到,德国哲学家伽达默尔因而提出作者的原意不可知。

对于作者的原意,孟子提出了"以意逆志"的方法,他说:"说《诗》者,不以文害辞,不以辞害志。以意逆志,是为得之。"这里的"意"是指自己的意识;"逆"是迎合之意;"志"是作者的旨趣。"以意逆志"就是使自己的意识去迎合、接近作者的旨趣,即试着从作者的角度思考问题,才能真正探寻到作者的原意。

要做到"以意逆志",就要研究经典言论的语境如何,不能脱离具体的语境对经典词句作孤立的解释。比如说,咸丘蒙曾问孟子:《诗》云"普天之下,莫非王土;率土之滨,莫非王臣"。舜既为天子,何以舜父瞽叟却不是臣民?孟子回答:这首诗不是你说的那意思,而是说作者本人勤劳国事以致不能奉养父母,他觉得大家都是天子的臣民,为什么独我一人如此劳苦呢?所以不能离开文本的语境将此语作泛化的理解。

分论

依德国哲学家伽达默尔的见解，文本作者的原意是无法复制的，不可知的。但伽达默尔同时又指出，人们阅读经典又总是想要理解作者的原意，这就产生了一种矛盾。矛盾怎么解决呢？他提出"视域融合"的理论，即理解是文本所拥有的过去视界与主体的现在视界的叠合。这是说，在历史上可能有无数解释，这无数解释融合在一起，你从中选出一种最合适的解释，这不一定是原意，但可能接近原意。

伽达默尔代表着现代解释学的巅峰，而在两千年前的孟子那里，就已经提出了解释学的基本原则和方法，我们没有必要对他的理论求全责备，他在当时能做到这些，已经难能可贵了。

由上所述可见，孟子在中国经学的酝酿和发生上，起了重要的、关键性的作用。因此，我认为孟子在中国经学史上的地位应该超过荀子。虽然荀子是"传经"的儒学大师。但对于孟子这样的"弘道"之儒，我们永远不要忽略和忘却。

余 论

《孟子》与《论语》在风格上有很大不同，但也有与《论语》共同的特点，那就是书中的格言警句很多，每句话单提出来，都可以写成大文章。这里，我想从《孟子》中的一句话出发，来谈一种"时势"观。

《孟子》说："虽有智慧，不如乘势；虽有镃基（农具），不如待时。"在中国古代，"时"与"势"是战略决策中的两个重要概念。"时"谓时机、机遇；"势"谓势能、态势。后来"时势"二字连用，表示当下各方政治或军事的实力对比，以及客观的天时、地利、人和等条件。所以《孟子》又说："天时不如地利，地利不如人和。"天下之事皆有其机宜。其机宜便是"时"与"势"。审"时"度"势"，顺时而动，乘势而为，则胜算在我，无往不利。

"时"与"势"在不同的时空中，有完全不同的作用。同样是水，或如洞庭湖"春和景明，波澜不惊，一碧万顷"；或如钱塘江潮"声如雷霆，涛如山岳"；或如地下河不见其形，不闻其声，波涛暗涌，待时而出。政治或军事的战略决策者，会时时面对不同的"时"与"势"的分析和研判，与此同时参与战略博弈的对手也同样在谋划，究竟鹿死谁手，往往看谁更善于把握"时"与"势"。

时势造英雄，英雄亦造时势。千百年来，人们对"时势造英雄"，还是"英雄造时势"争议不休，其实这两个问题并不能截然分开。《吕氏春秋·首时》说："有汤、武之贤，而无桀、纣之时不成；有桀、纣之时，而无汤、武之贤亦不成。"这是说桀、纣那时的"时势"，造就了"汤、武"这样的英雄。反过来说，即使有桀、纣那时的"时势"，若无汤、武这样的英雄，历史完全可能会改写。光讲"时势造英雄"是不够的，孔子说过："人能弘道，非道弘人。"没有人的主观能动性和历史创造性，人类历史是不会自动向前发展的。单纯讲"时势造英雄"是一种机械唯物论的观点，在讲"时势造英雄"的前提下，也讲"英雄造时势"则是辩证唯物论的观点。实际上"时"与"势"中有自然因素的"客观"，也有社会因素的"客观"，只要充分发挥人的主观能动性和历史创造性，"时"与"势"就能朝着有利于自己的方向发展。正如清顾奎光在《春秋随笔》中所说，"谋国者论时势，不容以盛衰强弱委之天意，而不知自强"，历史地看，秦国于战国七雄中卓然挺出，近代美国于世界各国中谋得霸权，皆是其长期战略决策的结果。因为当各国相互竞争之时，其"时"与"势"大致是相同的，但最后有的胜出，有的落败。其结果更应归于"人为"，不能仅归于"时势"。

如果将"时"理解为某种"时空"的话，"势"就是这种"时空"中各种"力量"的存在和对比。在一个社会共同体中，最高执政者便是最强有力的"势"，如同《吕氏春秋·慎势》所说："王也者，势也。王也者，势无敌也。势有敌，则王者废矣。"君王之所以成为一国中最强有力的"势"，在于他是一国中最高的战略决策人，可以调动和集中一国之

> 分论

力来做事情。即使如此,最高决策者同样要面对国际、国内客观的"时"与"势"的各种政治力量,斟酌选择他所能做的事情。清代雍正皇帝告诫大臣:"卿等若肯实心求治,君臣同心,视如一体,遇事彼此商酌,朕无有不推诚指训之理。假若沽名钓誉,不论时势之可否,不体朕躬之难易,似此者又当别论耳。"正是这种对"时势之可否"的考量及其所作出的决策,决定了一位君主的能力和成就。决定君王能否成为"雄主""英主"的因素,并不仅仅是智商因素,还有许多其他的"特质"因素。宋代黄应龙将其归纳为几点:一是"人主当坚必治之志"。一个国家的盛衰治乱有其"天运""时势"的因素。但作为一国之主的最高战略决策者负有治理好国家的神圣使命,自始至终不能有丝毫的动摇或松懈。因为"志也者,心君之所主,治道之从出",一旦最高战略决策者动摇或松懈了将国家治理好的决心和志向,这种情绪很快便会传染到下层官员。二是"图治必有定谋"。战略决策不同于一般决策,它是较为长远的、总体性的谋猷规划。这种"雄图大略"的制定要审慎周密。若"图撰之不审",谋猷规划便容易落空、失败。三是"致治必有定力"。"定谋"一旦确立,便坚定付诸实施。开始付诸实施时,应做逐步检验,看此"定谋"是否"中肯綮""得要领"。"果中肯綮,则不变其初心";"既得要领,则坚持其初意"。任何一件事情都会有不同的意见和议论。规划实施时不要受这些意见和议论的牵制。在规划实行中,要"振士气而羞其行,饬吏治而责其成",即激发鼓动参与者的士气,树立荣辱观,以达标为荣,以不达标为羞,并对管理人员实行层层问责制。四是"不以效验悠邈而动摇"。从一个民族长远的发展方向来说,应有其社会理想,如中华民族自古以来就有"大同"社会理想,近世以来则追求的是社会主义制度和共产主义理想。这种社会理想带有信仰、信念的性质。这种信仰和信念是一种内在的"克己奉公"的精神。另外,一种大的战略谋猷,需要几代人才能完成,这就不能因为暂时的"效验悠邈"而轻易动摇和放弃已经制定好的战略谋猷。

中华民族伟大复兴是如今最大的"时"与"势"。在这个最大的"时""势"下，我们要正确处理好"时""势"与"人为"之间的辩证关系。这种辩证关系表现为：有时尽管"时""势"多变，但既定的战略决策并不随之而变，这是人为"持守"的一面；有时"时""势"不变，而施政方略却有变化，这是人为"变通"的一面。在前人看来，为治之方不外"持守"与"变通"二者。如宋代林骃所说："天下之治，非其蹈常袭故之为难，而以运用变通之为不易。……善守法者，不见其因仍之习而自足以享经久悠远之利；善革弊者，不见其纷更变乱之迹而自足以致安强平定之功。"（《古今源流至论·别集》卷七）在一定的"时""势"下，如何把握好"持守"的原则和"变通"的艺术，反映出一位政治或军事战略家洞察、驾驭"时""势"的能力。

本讲重点提示：战国时期为经学发生和酝酿期，它为经学在汉代的成立准备了四个必要的条件，这个工作主要是由孟子的"弘道"派完成的。经学成立的四个必要条件：一、要有被信奉的圣化经典；二、经典必须有担负道义的传承者；三、经典具有普世性和至尊性；四、要建立起一套经典诠释的原则和方法。孟子说："无恒产而有恒心者，惟士为能。"由于孟子对"士"阶层人格重塑所产生的影响，士人成为尔后社会的一个举足轻重的阶层。此外，《孟子》一书集中而彻底地阐释了原始儒家的"民本"思想。"民本"思想也是中华民族的核心价值观之一。

第十二讲
《大学》的宏规

一 《大学》为"大人之学"

《大学》不到两千字,但义理却博大精深。司马迁的父亲司马谈曾在《论六家要旨》中评价儒学说:"夫儒者以六艺为法。六艺经传以千万数,累世不能通其学,当年不能究其礼,故曰:'博而寡要,劳而少功。'"或许司马谈当时没有见过《大学》一文。若司马谈见过《大学》一文,就不应该说儒学"博而寡要,劳而少功"了。为什么这么说呢?因为《大学》概括了儒家思想的精髓,将儒者的治学规模、人生理想,以及践行次序用极其概括的语言表达了出来,儒学就不再是"博而寡要,劳而少功"了。

众所周知,《大学》与《中庸》一样,原为《礼记》中的一篇。南宋时,朱熹将《大学》《中庸》从《礼记》中抽出来,与《论语》《孟子》合编成"四书",写成《四书章句集注》,并把《大学》排在《四书》的首篇。

朱熹为什么要把《大学》作为《四书》的首篇呢?他是这样解释的:

"某要人先读《大学》，以定其规模；次读《论语》，以立其根本；次读《孟子》，以观其发越；次读《中庸》，以求古之微妙。"由此看来，《大学》极其重要，它是学习儒家经典所要上的第一个台阶，朱熹把它看作儒士的"开端入门之学"。

《大学》的作者是谁呢？《四书》在朱熹那里，又被称为"四子书"，哪四子呢？朱熹认为《论语》记录的是孔子之学，《大学》为曾子所作，《中庸》为子思所作，《孟子》为孟子及其弟子所作。"四子"指的是孔子、曾子、子思、孟子。值得注意的是，曾子是孔子的学生，子思是曾子的学生，而孟子呢，又是子思的再传弟子，这就呈现出一种"道统"传承。朱熹编订"四书"，其目的也是有意要勾勒出儒学的道统脉络。

《大学》是否为曾子所作，其实并无定论。因为朱熹的思想影响甚大，所以在朱熹殁后几百年间，竟没有人敢于指出他的论断不妥。到了清代的时候，戴震对此提出质疑。戴震小时候发育很慢，十岁的时候才会说话，老师教他朱熹的《大学章句》。《大学章句》里记载朱熹说："右经一章，盖孔子之言，而曾子述之。凡二百五字。其传十章，则曾子之意而门人记之也。"戴震就此提出质疑，《戴震年谱》记载此事说：

> 授《大学章句》至"右经一章"以下，问塾师："此何以知为孔子之言而曾子述之？又何以知为曾子之意而门人记之？"师应之曰："此朱文公所说。"即问："朱文公何时人？"曰："宋朝人。""孔子、曾子何时人？"曰："周朝人。""周朝、宋朝相去几何时矣？"曰："几二千年矣。""然则朱文公何以知然？"师无以应，曰："此非常儿也。"

其实这个问题岂止戴震会怀疑，一般人都能想到这一点，只是大多数人宁愿盲目相信权威都不愿提出来。

《大学》的作者是谁，其实很难考证。这里我们只能提出这样一种意见:《大学》中曾引用孔子之言,又引用曾子之言,因此从一种宽泛的时段看,它作于曾子之后、戴圣之前这三四百年之间,是这三四百年之间的儒家学者所作。这范围虽然有点宽,但是正确。

《大学》一书为什么叫"大学"呢?我们一看到"大学"两字,就会联想到今天的小学、中学、高中、大学,会推想这个"大学"是不是指古代的高等学府呢。中国古代的确也有高等学府,朱熹说:"人生八岁,则自王公以下,至于庶人之子弟,皆入小学,而教之以洒扫应对进退之节,礼乐射御书数之文;及其十有五年,则自天子之元子、众子,以至公、卿、大夫、元士之適(相当于嫡,读音迪)子,与凡民之俊秀,皆入大学。而教之以穷理、正心、修己、治人之道。此又学校之教、大小之节所以分也。"中国古代的"大学"是相对"小学"而言的。但是,《大学》这篇文献并不是讲教育机构。"大学"二字有另外的意义。朱熹说:"大学者,大人之学也。""大学"就是指"大人之学"。在古代,有"大人""小人"之分,"大人"是指有地位、有身份或有道德的人,从一般官吏到皇帝都可称为"大人","小人"则主要是指平民百姓。如古典小说中百姓称做官之人为"大人",称自己为"小人"。

在先秦,《大学》是写给贵族子弟看的,这些贵族子弟将来多半是要从政的。古人讲"学而优则仕",即只有学习优秀的人才能进入仕途。《大学》教授贵族子弟如何做"大人","大人"不仅是一个为官的地位,还要有为官的道德。到了南宋,真德秀作《大学衍义》,又把"大人之学"改成了"帝王之学"。用现在的语言来概括,可以叫它"领导力之学",就是领导者需要具备的道德和知识。

二 对于"三纲领"的理解

《大学》开篇就讲"大学之道","大学之道"的"道"指的是什么?我们知道,老子《道德经》里经常提到"道","道"是道家的核心思想。其实,"道"也是儒家的核心思想。只是各家对"道"的理解和界定有所不同。

"道"的字面意思是指"道路",引申之义是人生所应走的道路,社会所应走的道路。"道"再加引申就是指人生的真理、人间的真理,乃至宇宙的真理,由此而上升到一种"形而上"的抽象的本体之"道",这就是古人常说的"形而上者谓之道,形而下者谓之器"。老子所讲的"道"是一种"形而上"的抽象的本体之"道"。《大学》所讲的"道"不是指"形而上"的抽象的本体之"道",而是指人生所应走的道路,社会所应走的道路。

《大学》第一句完整的话是:"大学之道,在明明德,在亲民,在止于至善。"朱熹把它概括为"三纲领"。

所谓"纲",是指渔网中提网的那条总绳。大家看过用渔网捕鱼吗?渔夫把渔网撒在河里之后,网里可能罩住鱼了,最后一拉纲绳收网,鱼就被捕上来了。所谓"纲举目张","纲"就是控制渔网收放的大绳,"目"就是渔网上的许多网眼。纲一举,渔网就张开;纲一拉,渔网就收上来。

所谓"领",即衣领,一提衣领,衣服就顺了,有句成语叫"提纲挈领",意指做事情的要领就是要抓住事物的主导部分,这样就能顺理而成。就像牵牛一样,你不能牵它的尾巴或腿,它会踢你,你只有牵它的鼻子,它才会听从你的指令。以上就是"纲领"的意思。

明白了"纲领"的含义后,大家对古人常说的"君为臣纲,父为子纲,夫为妇纲"就能理解得更深入。"君为臣纲"是指当时的统治者拉着国家的"总绳",所有臣民都得跟着这根"总绳"走;"父为子纲"是指在家里父亲把控着孩子言行举止的"总绳",当然,现在是倒过来了,因为家里一般只有一个小孩嘛,很多父母都予以了过度的宠爱,往往变成小孩在拉着一家的"总绳"了;"夫为妇纲"好理解,在一个家里面总得有个说了算的,两个人势均力敌容易打架,在古代妇女地位比较低,所

分论

以是妻子要无条件地听丈夫的。当然，现代社会男女平等，所以不管是"夫为妇纲"还是"妇为夫纲"，只要自己家里定了就好。

朱熹指出，《大学》的"三纲领"涵盖了领导人必须做到的三件事：第一件事是"明明德"；第二件事是"亲民"（或"新民"）；第三件事是"止于至善"。

首先说"明明德"。第一个"明"是个动词，是彰显、开发、展现的意思；第二个"明"是形容词，是光明的意思。"德"指德性、品德，也包含智力。"明明德"就是把人内在的"明德"开发出来，使之显明于世。

古人认为，人的本性，动物的本性，都是上天赋予的。《尚书》说："惟皇上帝，降衷于下民。""上帝"就是今天老百姓说的"老天爷"；"衷"即"中"，老天爷把天地阴阳二气最好的那部分，降在了人性中，叫"明德"。"中"就是"好"的意思。我们今天河南人说"中不中"，就是"好不好"的意思。"中"就是不偏不倚、恰到好处的"善性"。"明明德"就是彰显人性的"善"。这意思是说，作为领导者首先要自己带头，来彰显、展现人性中光明而美好的德行，这是做一个好的领导者的基础。

"明德"这个词组，在西周是一个重要概念，在文献中多有出现。它有两个意思：第一是强调"德"，光明的道德，做官的人要有光明磊落的"德"；第二是强调"明"。这里的"德"不专指道德，而是指个体的能力，就是说要有明白事理的能力，做官的人要明白事理，不能是非不分。古人认为，上天给人的"明德"是非常充沛的，每个人都有明白事理的内在能力。当一个人降生时，由于各种原因，内在的"明德"被遮蔽、掩盖了。一个人"为学"，就是要把那些遮蔽的东西去掉。是什么东西把人的"明德"遮蔽了呢？最大的就是人的"欲望"，人的"欲望"多了就会遮蔽"明德"。大家都知道"见利忘义""利令智昏"这些话，这里的"义"和"智"就是"明德"，见了"利"就把"义"忘了，"智"

也就自然不在了,这就等于把"明德"遮蔽了。"明明德"就是把社会加给你的各种污染和诱惑去掉,把自己过分的欲望去掉。就像一面镜子,若是上面沾满灰尘,被污染了,就照不见东西了。"明明德"就是要把内心那面镜子擦得干干净净,把本有的能照物的性能显露出来,一照物体就清清楚楚。我们大家看古装戏,县官大堂上面有四个大字"明镜高悬",这不是说县官办公场所挂着一块大镜子,而是说清官大老爷的心要像明镜一样,能看清一切事情。古人认为,"明德"最高的人,上天就会看中他,让他做天子。《诗经·大雅·皇矣》说:"帝谓文王,予怀尔明德。"上帝看中了文王,是看中了他所具备的"明德",所以选中他来做天下的王。你看,"明德"在古人的观念中有多么重要!

说得更通俗一些,"明德"就是指要做一个"明白人"。"明明德"就是使自己做一个"明白人"。什么是"明白人"?第一,"人贵有自知之明",要知道自己能做什么,不能做什么;第二,要有"知人之明",能知道每个人的优缺点,知人善任,人尽其才;第三,要有"知事之明"或"知世之明",小到知道一件事怎么处理,大到知道国家社会怎么治理。古代君主能做到这几点,就被称为"明君",也就是懂得"明明德"。这就是《大学》被称为"帝王之学"的原因。

从学术的角度讲,"明德"就是说看世界要有一个正确的方法,能把事情看得准确,而且能抓住本质。所以"明德"就等于正确的世界观,"明明德"就是要树立正确的世界观。我们现在网络上有个词叫"三观不正","明明德"也可以理解为"正三观"。古今哲学说法不一样,基本意思却是可以相通的。

现在,我们来讲"三纲领"的第二纲领:"亲民"。"亲民"的"亲"和"新"两个字在古代可以通假,"通假"就是可以互相借用,是相通的。那么,这里到底应该读作"亲",还是应该读作"新"呢?如果读成"亲"字,就是官员要亲近人民,"亲民"在现代社会来讲也是很有意义的。如果读作"新",意思是要人们观念更新,改变不合时宜的旧观念,成为一个"新民"。

《大学》本身在解释"亲民"时，引用古籍"苟日新，日日新，又日新"，就是讲要随着时代变化而变化，弃旧图新，每日都有新收获。有鉴于此，宋代程朱学派讲"亲民"就是从"新民"的意义说的，所以他们把"亲民"读作"新民"。

近代梁启超提出"新民说"，还创办了《新民丛报》，就是取《大学》中"新民"之意。他在《新民丛报》章程中说："本报取《大学》'新民'之义，以为欲维新吾国，当先维新吾民。中国所以不振，由于国民公德缺乏，智慧不开。故本报专对此病而药治之，务采合中西道德，以为德育之方针；广罗政学理论，以为智育之本原。"梁启超站在历史发展的高度，以一种历史进步的观念赋予了"新民"新的意义。

综上所述，我认为，《大学》中的"亲民"二字，读作"新民"可能更好，更符合《大学》作者的原意。

《大学》"三纲领"的第三纲领是"止于至善"。什么是"止于至善"呢？朱熹说："止者，必至于是而不迁之意。至善，则事理当然之极也。""止"字是个象形字，它的字形像一只脚丫子，是脚趾的"趾"的最初写法，引申的意思就是落脚在那里，止步在那里。用现在的话说，就是"定位"在那里。"至善"就是完善之地，用现在的话说就是理想的目标。"止于至善"就是定位在理想的目标上，就是把自己能做到的事做得最好，做到极致。意思是要把"明明德""新民"的事做到极致，也要把其他自己能做的事情做到极致，做到最好。古人教导得很正确。全世界有几个国家的人做事情讲求极致，一个是德国，一个是日本，还有瑞士等，比如，我们都喜欢瑞士手表，因为它非常精致。手表的构造原理都是一样的，为何他们能做得最好？德国人的光学仪器、日本人的摄像机等为什么做得最好，也是因为他们做事追求极致。这几个国家的人做事都很认真。

相比之下，前些年国人在这方面显得有点逊色。就说小鸭洗衣机吧，也算是名牌，但返修率很高。我曾买了两台，两台都返修，买到家里没用几天就坏了。还好，厂家有售后服务，上门修理，发现只是里面一个螺丝钉没拧紧。为什么我们的生产工人不能把这个小问题做好呢？我们的老祖宗早就说要"止于至善"，可是两千多年过去了，我们确实还远远没有达到古人要求的做事"止于至善"的境界！因此，中国共产党十八大以来，中央很强调要弘扬"工匠精神"，就是看到了这一点。不过，最近这两年，我们国家有些品牌也受到了全世界的认可，比如说华为手机就是很好的例子，可能不久的将来要与美国的苹果手机和韩国的三星手机争第一把交椅了。

需要特别点明的是，我们现代的许多大学，都强调"止于至善"，并把它作为校训或楼名。比如：东南大学的校训就是"止于至善"；江南大学的校训是"笃学尚行，止于至善"；厦门大学的校训是"自强不息，止于至善"；河南师范大学的校训是"厚德博学，止于至善"；等等。既然有这样的校训，那么这些高校是否将这种"止于至善"的精神贯彻落实了呢？

总的来说，《大学》"三纲领"，其精神就在于：要去掉"私欲"等遮蔽，从而彰显人性中本有的"光明之德"，并将其推己及人，使人民都能更新旧观念，都能彰显人性中本有的"光明之德"，做事精益求精，达到至善。

三 对于"五心法"的理解

《大学》在讲了"明明德""亲（新）民""止于至善"的"三纲领"之后，接下来讲了五句话。这五句话有点相似，但要完全理解透彻不容易。这五句话是：

> 知止而后有定，定而后能静，静而后能安，安而后能虑，虑而

后能得。

《大学》为什么要在"三纲领""八条目"之间插上这五句话，历来学者都没有作出很好的解释。我是这样考虑的，《大学》所说的"三纲领""八条目"是培养领导人才的大纲和细目，但不是把这些东西摆出来，领导人才就会自然而然地培养出来。这里有一个领导人才自身的因素，这个自身因素在我们今天称为"心理素质""性格""器识""情商"等，总之，是比较微妙的元素。这五句话实际是说"定""静""安""虑""得"五种"心法"。"定""静""安"三字，字面意思有些相近，但是深入到心理学里面，却是三种不同的境界。"三纲领""八条目"是朱熹的概括，"五心法"是我的补充概括。这有点胆大妄为。

《大学》本身并没有为这五句话作传注，我想这属于那种"只可意会，不可言传"的内容。虽然不可言传，但我还是尝试作些分析和解释：

第一句话是"知止而后有定"。这里的"知止"二字是接着前面"止于至善"说的。"知止"就是确定理想目标。这个理想目标要适合自己。确定了适合自己的理想目标才会"有定"。"定"从宀（mián）从正，可以理解为在一个屋室里或在一个区域里从事正当的事业，引申之义是定处、定分。用现在的话说，就是找到自己的"定位"，从社会中争取到自己的份额。这个"定位"对大家来说很重要，你适合做什么？你能从事业中收获什么？大家成年之后把这个问题考虑清楚，才不会迷茫。尤其是，当你确定了理想之后，第一件事，就是要找到自己的定位。

我们都熟知刘备的故事，当年"桃园三结义"，刘备、关羽、张飞兄弟三人打天下，开始时漂泊无定处，四处投奔他人。像没头苍蝇一样到处乱窜，没有个落脚处，没有找到自己的"定位"。后来"三顾茅庐"，到隆中拜访诸葛亮，请他出山帮助。诸葛亮给他们分析形势，献上著名的"隆中对"。刘备的主观条件非常有利，他是汉朝中山靖王刘胜的后代，论辈分是当时汉朝皇帝的叔叔，号称"刘皇叔"。在群雄争霸天下之时，他利用老百姓对大汉王朝盛世的眷恋，打起恢复汉室江山的旗号，当然他自己也集聚了一定的政治和军事实力。诸葛亮帮助刘备找到自己的"定位"，与曹操、孙权三分天下，在曹操、孙权控制不到的地方寻求发展，这才在日后建立了蜀汉政权。

《大学》中引《诗经》说："缗蛮黄鸟，止于丘隅。"意思是：那叫得好听的黄鸟，都栖止在山丘的一隅。孔子读到这句诗之后很有感触，他评论说："知其所止，可以人而不如鸟乎？"黄鸟这个小东西，都能找到容易觅食、能安全栖息的地方，而人为万物之灵，"可以人而不如鸟乎"？人不能总是漂着，在社会上无所事事，总得找到自己的"定位"。如果找不到自己的"定位"，那岂不是"人而不如鸟"吗？

现在北京有一个词叫"北漂"，人数很多，这些"北漂"以艺术爱好者居多，有一类是想成为影视演员的，像王宝强就是从这一类人里奋斗出来的代表，但"北漂"里能像他这样成功的人极少；一类是美术爱好者，现在北京有一个艺术名地叫"798"，里面有很多青年美术爱好者；还有一类就是想成为"歌手"的人，但现实很残酷，唱红的没几个，唱不红的往往是绝大多数。北京房价贵得离谱，"北漂"们大多比较清贫，所以租住在地下室，生活很苦。其实这些"北漂"中有相当一部分人可以去做其他一些事情，以满足生活所需，做出自己的成就，但因为对自己的"定位"不准，大家一起过独木桥，所以就只能在北京一直"漂着"。

"知止而后有定"话说得简单，道理却很深刻。当年，朱熹主持白鹿洞书院，请陆九渊来讲学，陆九渊讲学的主题是"立志"，在大冬天讲得当时在座的学子大汗淋漓，说明讲到了大家的灵魂深处。其实，他所讲的内容归结起来就是教导大家要"立志"，要"知止"，就是要树立坚定的理想，把心定下来，将来才能成就大事。

"立志""知止"这两个词对青年人特别重要。立什么志，是否"知止"，往往决定人一生处于怎样的高度。有一句话叫"有志者立志长，无

分论

志者常立志"，有志气的人立下了一个志向之后就坚韧不拔地朝着目标奋进；没有志气的人一下立这个志，一下又立那个志，定位不清、行动不明。我想嘱咐大家的是，你们要谨慎地立下自己的志向，立下志向之后就一定要坚定不移地走下去，不要反复改变。

我自己大概十四五岁的时候，很喜欢看书，崇拜做学问的人，就立下了想当一名"学者"的志向。这个志一立就坚持了五十多年，到现在我都还没想着改。其实，人生很短，坚持做好一件事也就够了。

我为什么说这个事呢？就是要告诉大家一个自我定位的人生经验。古人常说，"学如积薪，后来居上"。一方面是说后来人比前人拥有更多的资源，另一方面就是寄语后来人在做学问上要不断创新，超越前人，将某一学科的学问做到极致。

我认为，每一个人只要找准目标与定位，并能持之以恒，就都能做出一番事业，不存在能力不够、智商不够、机遇不够等问题，唯一存在的问题就是志气不够、坚持不够、努力不够。做学问需要的不是一股子"冲劲"，而是需要坚持不懈的"韧劲"，它要求大家天天如此、月月如此、年年如此，坐冷板凳。我的老师侯外庐先生晚年回忆录的题目叫《韧的追求》，就蕴含了这个道理。

总之，每个人都要有"知止"意识，要能找到自己的"定位"。"定位"不等于一步到位，要先求"生存"，再求发展，要在某一个方面有谁也比不上的特殊才能或突破，这就是人们常说的"一招鲜，吃遍天"。不要怕自己的起点低、地位卑微，只要一步一步坚持走，找到适合你自己的发展空间，占据了你自己的那个"份额"，你就能慢慢成长壮大起来。

第二句话是"定而后能静"。"静"是指心不为外物所动。当你找到自己的"定位"后，心思就能安静下来。但"能静"不意味必然安静下来。当心受到诱惑之后仍然可能会扰动、躁动。那就要告诫自己守着这个"静"心，不要轻易改变，要静静地坚持。

"静"可以看成一种心理素质，凡是成大事、有大成就的人都具备这种心理素质,这就是古人常说的"静气",有"静气"的人才能有发展和希望。我们大家都了解一些战争史,古今中外的战争很多,但优秀的统帅却屈指可数。不是他们的计谋与才能不够,计谋和才能当然也很重要,但更重要的是统帅的心理素质,很多人在心理素质上过不了关。战争形势瞬息万变,一旦有人员伤亡(当然,士兵的性命是最宝贵的),就可能做出荒谬决定,铸成大错。统帅心理素质不好,再有谋略和才能也不行。我们可以举俄国统帅库图佐夫战胜法国统帅拿破仑的例子。拿破仑曾经横扫欧洲,称得上"战神"。可是他在1812年和俄国人作战却失败了,为什么?俄国的统帅库图佐夫心理素质极好,他根据双方的主、客观形势,早已确定了战争的大方向、大战略。一旦确定之后,即使有暂时利益的诱惑,也不为所动;有暂时利益的损失,也不为所扰。他深知,由于法军战线过长,后勤补给困难,所以他避免过早与法国人进行交战,而是避其锋芒,保存俄军的有生力量,与之打持久战。他预见到法国人不可能在离开本土两千公里,与充满敌意的大国进行持久作战。而俄国具有广阔的战略纵深,人口众多,冬季气候严寒,他可以利用这些条件与法军作持久战以消耗敌军。为此,他一上任,就制定了在较长时间和较广阔的区域内消耗法军的战略决策。不计较一城一地的得失,甚至放弃莫斯科,积蓄力量,为夺取最后的胜利创造条件。他抓住拿破仑急于决战的心理,采取避开锋芒、诱敌深入、后发制人的战略,最终取得大胜。

我们再看《三国演义》,诸葛亮六出祁山,北伐中原。魏军统帅司马懿心理素质极好,他根据双方的主、客观形势,确定了战争的大方向、大战略——坚守要塞不出战。因为形势对蜀军不利:蜀国粮少,而且蜀道艰险,交通不便,运输困难。蜀军只有速战,如速战不胜,便难以相持。司马懿看到了诸葛亮的弱势和困境,坚守不出战。即使诸葛亮派人给他送去巾帼女衣,说他若再不出来应战,便与妇人无异,他也能忍辱受怨,坚守不出。诸葛亮无法,只好退兵回蜀。

> 分论

"定而后能静"说明，作为统帅，一旦确定好了战争的战略之后，心就不能轻易为外界的形势变动而妄动。战争不是儿戏，做统帅要有一股静气，做大事的人都要有一股静气。所以诸葛亮《诫子书》就讲："非淡泊无以明志，非宁静无以致远。"清朝三代皇帝的老师翁同龢很欣赏此语，因而拟出这样一副对联："每临大事有静气，不信今时无古贤。"在这位皇帝的老师看来，"静气"有多么重要啊！

从做学问来讲，最大的问题，就是能不能坐冷板凳。有一次我和朋友说闲话，说做学问最费什么。有人说，做学问要经常看书，最费眼睛；有人说，做学问要经常思考，最费脑子；我认为，眼睛和脑子都要费，但是最费的还是屁股。为什么？做学问经常要坐着看书、找资料、写文章，一辈子都得这样，有些大学者屁股都会坐出茧子。古代禅师每天都坐着读经悟道，坐几十年，屁股都坐破了，所以有人就骂禅师"坐、坐、坐，坐得屁股破"。因此，范文澜说："板凳须坐十年冷，文章不写半句空。"

今天这个时代，人心非常浮躁，尤其是年轻人，外面的机会太多，诱惑太多，很难使人"静"下来。而一旦静不下来，就会四处晃荡，结果时间耗费了，什么事都没做成。因此，我们每个人都要记住《大学》的话，为人处世，要"定而后能静"。

第三句话是"静而后能安"。"安"就是安于无事，不挑事，不惹事，不折腾。"无事生非"就是典型的不"安"。

"安"是一种超然的、超脱的态度。"安"很重要，从社会层面来说，"安"就是要让社会基层的人民，按自己的生活方式，按自己所认识的规律自然而然地生活。作为统治者，不要总搞劳民伤财的事，也就是要"无为而治，休养生息"。秦始皇当年修阿房宫、郦山陵，把人民逼得造反。历史上有许多经验智慧，就是要大家"安"于无事。历代统治者都懂得这个道理，得了天下，不仅要求安定，还要长治久安。大家看老北京城门的名字大都少不了一个"安"字，如天安门、地安门、西安门、东安门、广安门、左安门、右安门等。社会安定了，人民才能安居乐业。社会一乱，就会百弊丛生。

当年项羽、刘邦灭秦，项羽自封"西楚霸王"，将刘邦封在蜀地。项羽据守咸阳，驻军灞上，扼住刘邦不得出蜀地。刘邦的谋士张良使了个计谋，想让项羽迁都。于是教小儿童谣："隔壁有人摇串铃，只闻声音不见形；得了富贵不还乡，似穿锦衣夜里行。"项羽本来就思念家乡，听到童谣后，怦然心动，以为是"天意"，决定迁都回老家。当时项羽有个谋士骂他是"沐猴而冠"！什么叫"沐猴而冠"？你给猴子洗完澡，给它戴上帽子，以为它是个人了，可它还是猴，上蹿下跳，不得安宁。因为这个谋士懂得，在当时形势下，一旦迁都，便会动摇国本。

汉朝有个海昏侯刘贺，只做了27天皇帝，就被人赶下了台。最近他的墓被考古队进行保护性发掘，墓中出土了许多珍贵文物。史载，刘贺当年一听说选他做皇帝，便带着许多随从进京即位。他天天和这班人一起折腾，频繁下诏书，27天下了一千多封诏书，干了许多荒唐事，将皇宫闹得乌烟瘴气，所以很快就被废掉了。

"静而后能安"，要求我们每做一个事情，成功了之后，都要稳一段时间，保护胜利果实，不要得意忘形瞎折腾，否则会带来严重后果。

第四句是"安而后能虑"。刚刚讲了"安"就是要安于无事，在这里，"安"还有另一层意思，就是排除一切干扰，使自己能冷静、客观、超脱地思考问题。"虑"就是心中要有正见，且考虑事情要精详。心有正见则遇事不迷，纵有大事，也可以从容镇定，泰然处之，安静地思考摆脱困境的策略。

大家都知道历史上有名的淝水之战。当时前秦的君主苻坚心高气浮、骄狂不可一世，他要发兵灭晋，众大臣都不赞同，苻坚置若罔闻，率领八十万兵马南下攻晋，并扬言自己军队投下的马鞭可以阻断河流，灭亡东晋指日可待。东晋主政大臣谢安面对双方悬殊的兵力，心态非常安宁，他认为，东晋虽弱，但内部团结，无隙可乘；前秦虽然实力强大，却有许多弱点。因为前秦连年征战，军队疲惫，百姓厌战，且国内存在尖锐的民族矛盾。谢安提出，东晋王朝只要"人气不动，便有胜理"，晋军可以利用前秦的弱点和矛盾，将其击破。两军临阵前，谢安想出一计，让侄子谢玄派人传书给苻坚，请前秦军队稍稍后退，待晋军渡河后，再决一胜负。苻坚接到书信，表示同意。他以为可以乘晋军半渡而击溃之。殊不料，苻坚军队一向后退，藏在军队阵后的晋人内应就大呼："前线的秦军败了！"秦军大乱，士兵夺路逃跑，自相践踏。随后晋军全力出击，大败秦军。

更让人佩服的是，据史书记载，当谢安的侄子谢玄率十万将士同苻坚号称数十万的大军作战时，谢安却若无其事地同友人下棋。下棋过程中有人向他密传捷报，他仍然不动声色地把棋下完。等棋下完后，友人问他刚才发生了什么事，他说小儿辈把敌人打败了。这些都是谢安意料之中的事。这就是"安而后能虑""运筹帷幄之中，决胜千里之外"，这就是大将风度。千古之下，让人钦佩！

通过"淝水之战"这个历史故事，我们看到，领导者个人的素质很重要。领导者个人素质不好，骄狂浮躁，有再强的实力也会走向失败。领导者个人素质好，心态安宁，指挥若定，往往能转危为安，化险为夷。

当我们在生活中遇到困难、问题或挫折的时候，万不可大惊失色、自乱阵脚、胡乱行事，而应该让自己静下来，根据客观形势作出周密的判断，然后再行动。有的时候要善于把问题交给时间，等待时机。

第五句话是"虑而后能得"。我在前面说了，"虑"是心中要有正见，考虑事情要周详。在这里，"虑"还有一层意思，就是要有"预案"。"得"就是达到预设目标。这个"得"字作为"五心法"之一，非常重要。"定""静""安""虑"之后，才是"得"。这个"得"在禅宗四禅八定那里，可以说是最后"得道""悟道"。而在儒家这里则可以说是事业成功。有句话说："成功细中取，富贵险中求。"这个"得"不是个人"贪得无厌""患得患失"的那个"得"，而是学问事业上发人之所未发的"独得之见""自得灵机"那种"得"。"成功细中取",成功在于细节,一着不慎,满盘皆输。并且这个"细"的很重要一点,除了想得周全,还要有临机处置的"预案"。《礼记·中庸》说:"凡事预则立,不预则废。"意思是说,不论做什么事,事先要有准备,有准备才能取得成功,不然就会失败。毛主席《论持久战》中也曾引用过句话,他说:"'凡事预则立,不预则废',没有事先的计划和准备,就不能获得战争的胜利。"这充分体现了毛主席卓越的战略思想,他的丰功伟绩不是凭空而就的。

生活中事态的发展往往有多种可能性。这些可能性也都有其自身的展开逻辑。作为一个领导者,要把各种可能性都考虑到,甚至要把那种大家认为不可能发生的事情也仔细考虑过。

我们都知道"邓艾偷渡阴平"的故事。三国时,曹魏统帅钟会率军攻打蜀国,蜀国统帅姜维率军防守于剑阁。剑阁素有"一夫当关,万夫莫开"之称,姜维凭险据守,钟会久攻剑阁不下,无计可施,并且魏军粮草不继,难以久驻。钟会准备退兵了。这时邓艾献计,绕开剑阁,到百里之外寻找山路而行,直取成都。钟会同意了他的建议,邓艾率军离开剑阁,到百里外攀登山中小道,有时没路,就凿山开路,修栈架桥,越过七百余里无人烟的险域。山高谷深,至为艰险。途中粮运不继,曾多次陷入困境。最后,邓艾率军出其不意地逼近成都,迫使蜀汉后主刘禅投降,蜀汉因而灭亡。在古今中外的战争史上,这种"出其不意,攻其不备"的例子很多。从成功的一方说,是想人所不敢想;从失败的一方说,是准备的预案还不够。所以"虑而后能得"意义重大。

以上,我解释了《大学》中"知止而后有定,定而后能静,静而后能安,安而后能虑,虑而后能得"五句话的意思。讲完这"五句话",接下来就要讲"八条目"了。

分论

四 对于"八条目"的理解

《大学》在"三纲领""五心法"之后列举了"格物""致知""诚意""正心""修身""齐家""治国""平天下",朱熹称之为"八条目"。这"八条目"对儒学各要素作了一个简要的概括和高明的整合。但《大学》又明确提出:"自天子以至于庶人,壹是皆以修身为本。"这意味"八条目"中的"修身",对天下所有人来说都是根本。"修身则道立","修身"是立身处世、人生事业的根本。正因为如此,"修身"成为中华民族核心价值观之一。

儒家之学,有时被简括为"修己安人"之学,"修身"把"八条目"分为两大段,"修身"以前"四条目"讲如何"修己";"修身"以后三条目讲如何"安人"。

"修身"也就是如何"学以成人"的问题。现在我们对青少年的教育方针落在"德""智""体"全面发展上。在民国时期,蔡元培先生提出教育学生要坚持"德""智""体""美"四个方面兼顾。相对于现在的教育方针来说,蔡元培先生强调培养学生的审美情趣。

回到《大学》一书上来,《大学》对"修身"的要求主要集中在"德育"和"智育"上。格物致知,主要是指智育;诚意正心,主要是指德育。要修身,就要从智育和德育入手。

修身之后呢,是"安人",也就是"齐家、治国、平天下"。齐家,不是发家,而是指将家里的人际关系协调好。然后再以"齐家"的道理治国,以"治国"的道理"平天下"。"平天下"的意思是使天下太平。中国人一直追求"太平盛世","盛世"的第一特征就是太平。

中国哲学产生甚早,先秦诸子就讨论了人性善恶的问题。中国文化的主流偏向于对善的诱导和宣扬。大家都有这样一种经验,在幼儿园,某个小朋友吃好吃的东西,另外的小朋友可能会去抢,这时家长和老师就会教育这些小朋友不能抢别人的东西，他们慢慢地就会养成"不能抢别人东西"的善念。但反过来也说明，人看到好吃的东西想去占为己有，这似乎是人一种天性。人类文明已经发展好几千年了，但我们会发现历史上一直存在这样一种现象：有的民族喜欢抢别的民族的东西。到现在，这种喜欢抢别人东西的恶性还没有消除，比如说，现在某些西方国家就喜欢抢中东的资源，造成了中东的战乱频仍。中国儒家文化一直教育人们不能掠夺他人，而西方一些民族将掠夺他人视为荣耀，所以西方很推崇"英雄史诗"，把开疆拓土、掠夺别国财富的人物视为崇拜对象。习总书记说："中华民族的血液中没有侵略他人、称霸世界的基因。"说得很准确，历史的事实正是如此。从《大学》"八条目"的最后一句"平天下"中大家可以看得出来，我们的终极愿望是希望"天下太平"，而不是攻城略地、抢人财物。

在"八条目"中，"格物致知"经朱熹诠释，成为宋明理学中最见光彩，争议也最多的一个命题。说它"最见光彩"是因为这个命题集中反映了程朱理学的知识论向度及其所可能蕴含的科学精神。说它"争议最多"是有见于朱熹以后理学家们对"格物"一词竞相诠解，竟有数十乃至百家之多，以致迷惑了许多儒者的判断力，乃至于最后无所适从。

据明末刘宗周（公元1578—1645年）统计，"格物之说，古今聚讼有七十二家"，如果要加上清代诸儒的解释，只怕还会更多。这近百家的解释究竟哪一种是对的？从伽达默尔"作者原意不可知"的诠释学理念来说，你已经无法判断哪一种解释是对的。中国古代也有类似"作者原意不可知"的思想，比如，韩非就说过，儒分为八，墨分为三，这八儒与三墨谁是真儒、真墨？只有把孔子和墨子从地下请出来分辨才能有定论，但孔、墨已然逝去不可复返，这就没办法判断谁是真儒、真墨了。经学再发展，也难以消弭类似的学术争论，而确定一种唯一的正解。只能说在某一个时代，根据时代需要而选择一种合适的解释。

以"格物致知"来说，我们已经无法确定作者的原意，但是我们可

分论

以确定哪一种解释对当前时代最好。这个"最好"怎么判定？就是看它是否有利于科学、文化的进步。我们用这个标准来评判诸家对"格物致知"的解释，发现朱熹的解释是最好的。朱熹的解释为什么好？因为他"开出了知识论的新向度"。中国传统文化对知识论一向不很重视，这一点与西方有很大不同，西方哲学比较注重知识论，怎么获得知识，怎么发展知识，这是西方哲学中经常讨论的问题。中国古代儒家，大多数时候都在讨论道德伦理问题，所以儒家哲学常被称为"伦理的哲学""道德的哲学"，而不是"知识的哲学"。因此，在儒家思想体系中如何开出知识论的一脉学术，便是一个重要的历史课题。朱熹的理论贡献就在于，他站在时代的理论高度上，通过对"格物致知"的解释开出了中国"知识论"的学术流派。而其他各家对"格物"的解释，大多还停留在伦理学的工夫论之中，虽然有可能更接近古义，但其理论价值就显得低了许多。有鉴于此，可以说在众多关于"格物致知"的解释当中，朱熹的解释对学术的发展推动最大。朱熹在《大学章句》中对"格物致知"作了一个《补传》，这段话非常精辟，特引之于下：

> 所谓致知在格物者，言欲致吾之知，在即物而穷其理也。盖人心之灵，莫不有知，而天下之物，莫不有理；惟于理有未穷，故其知有不尽也。是以大学始教，必使学者即凡天下之物，莫不因其已知之理而益穷之，以求至乎其极。至于用力之久，而一旦豁然贯通焉，则众物之表里精粗无不到，而吾心之全体大用无不明矣。此谓物格，此谓知之至也。

这段话里有这样一层意思，人不仅有感性认识和理性意识，还有"悟性认识"。人们通过前人已知道的知识和自身所明白的道理不断去探索新事物，今日格一物，明日格一物，通过不断地积累知识、主动探索，最终超越某一个临界点，对事物之理有一种豁然贯通的理解，王国维先生所说的"三境界"与此类同。

朱熹的《四书章句集注》在后世被立为官学，家藏人诵，书中关于"格物致知"的解释因而深入人心。从经学的角度而言，这种解释属于一种"过度诠释"，朱熹的治学方式因而受到后世许多学者的批评。但我认为，朱熹是一位具有二重身份的学者，他不仅是一位经学家，也是一位哲学思想家，不如此"过度诠释"，他也就不可能成为哲学思想家。

朱熹讲的"格物穷理"，在一定意义上与明末西方传来的科学方法比较接近，所以当时徐光启等人遂用"格物穷理之学"来界定利玛窦等西方传教士传来的西方科学。徐光启《泰西水法序》称：泰西之教"其绪余更有一种格物穷理之学，凡世间世外、万事万物之理，叩之无不河悬响答，丝分理解；退而思之，穷年累月，愈见其说之必然而不可易也"。此后一直到清末，中国士大夫便使用"格致学"来翻译英语的 Science（科学）。

近代以来关于"格物致知"命题阐释最好的是谁呢？这个人就是诺贝尔奖得主、华裔物理学家丁肇中先生。他在谈到《大学》的"格物致知"一词时说：

> 从探察物体而得到知识，用这个名词描写现代学术发展是再适当也没有了。现代学术的基础就是实地的探察，就是我们现在所谓的实验。但是传统的中国教育并不重视真正的格物和致知。这可能是因为传统教育的目的并不是寻求新知识，而是适应一个固定的社会制度。《大学》本身就说，格物致知的目的，是使人能达到诚意、正心、修身、齐家、治国的田地，从而追求儒家的最高理想平天下。因为这样，格物致知的真正意义便被埋没了。

丁肇中先生从科学方法论的角度来讲"格物致知"，在他看来，"格物致知"的真正意义应该是"探察"与"实验"，这是最前沿的科学家对"格物致知"的理解。

在中国明朝末年，方以智首创"质测之学"这样一个新名词，王夫之说："密翁（方以智）与其公子为质测之学，诚学思兼致之实功。盖格物者，即物以穷理，唯质测为得之。"（王夫之《搔首问》）我的老师侯外庐先生称方以智的"质测之学"一词，相当于西方的"科学"一词。在我们看来，可能方以智的"质测之学"一词更接近丁肇中教授所说的"探察"与"实验"的意思。

由上所论，我们可以看到，从对时代的发展是否有利的角度来说，朱熹的解释开出了知识论向度的新学脉，具有重要的意义。

五 从"诚意"到"意"本论

在《大学》中，还有一个概念常为人们所忽视，但却很有价值，这就是"诚意"。朱熹在《大学章句》将"诚意"解释为"诚，实也。意者，心之所发也。实其心之所发，欲其必自慊而无自欺也"。既然"意"为"心之所发"，"意"便是"意念"之意。而从工夫次第说，"致知"必先于"诚意"，所以，朱熹《四书或问》说："《大学》之序，先致知而后诚意，其等有不可躐者。"而"致知"又在"格物"。"格物致知"在朱熹哲学体系中非常重要，成为其为学宗旨。虽然朱熹临终前仍在修改"诚意"章的注释，但"诚意"在朱熹哲学中的位置并不高。

明末大儒刘宗周对"诚意"有新的理解，他主张"诚意"是指"心之主宰处"，"意"为心之所存，非心之所发。他说："意为心之所存，正从《中庸》以'未发'为'天下之大本'，不闻以'发'为本也。《大学》之教，只是知本，'身'既本于'心'，'心'安得不本于'意'？"这样解释，"意"便不是"意念"之"意"，而是"主意"之"意"。这个"主意"，若放大了，就是我们今天说的人生观。刘宗周认为，人这个心，不是空空的心，它总存有"前见"，即观察认识判断事物的一套思维方法。用现代语言表述，"正心"即端正思想之意。"诚意"即确立人生观之意。确立人生观，为人生最重要之事。刘宗周对"诚意"的解释，是对宋明理学的一个重大理论贡献。

若干年前，我发表文章说，未来中国哲学将是"意"本论的天下。这个观点并不是我的首创，而是刘述先先生最先提出的。25 年前他写过一篇《建立意义哲学的新方法论基础》①的长文，文章开篇即说：

> 由现代科学哲学与知识现象学的探究之中，我们发现它们内部实函有一种更深刻更广赅的"意义哲学"（Philosophy of Significance）的概念，如能将之凸显出来，便能为未来的哲学觅得一条康庄的大道。

此文先得我心，在我看来极具前瞻性，可惜学术界应者寥寥。我为什么赞同"意"本论呢？在我看来，人的认识从来都不是心、物二分的。打个比方，你说这个桌子是客观存在的，但是你在叫它"桌子"的时候，就已经将"桌子"这个概念投射在它上面了。进一步，你所认识的一切事物，都是人类给它起的名字，赋予的意义。当我们说"月有阴晴圆缺"，那是在人类的视角下才有的情况，假如人们能在宇宙其他地方看月亮，它或许总是圆的。即便如此，当你说它"圆"，就已经用你的观念在概括它、理解它了。在这个意义上，心和物是一体的。而将心和物联系在一起、结合在一起的便是"意"。事实上，迄今为止，人类关于自然的、社会的、人文的知识体系都属于"意义建构"。在宇宙中，这种心、物一体的感知能力，也许只有人类才有。那么，人类的特质是什么？或者说人类区别于宇宙万物的特质是什么？那我必须说，人的特质是能作"意义"建构。人类融于宇宙万物中，在这个意义上，人与万物的本质是

---

① 参见景海峰编《儒家思想与现代化》，中国广播电视出版社 1992 年版，第 438—484 页。

同一的。但如果只承认这一点，那便将人等同于物了。而人之为人，乃因有意义的追求，在这个意义上，人又是高于万物的。用哲学的表述方式，我们或许可以说："意义高于本质。"有见于此，我觉得关于"意"本论的研究，将来会是哲学研究的大方向。大家要有哲学研究的前瞻性。

我一直认为，意义哲学将是一种发展前景广阔的学说。所以我在《中国文化的根与魂》的扉页上题词："让意义化为生命，让生命化为意义。"这或许会成为将来人们的精神追求。

本讲重点提示：《大学》一书为儒学之纲要，有了此书，儒学就不再是"博而寡要，劳而少功"了。"大学"二字，意谓"大人之学"，宋代范祖禹、真德秀又将其发展为"帝王之学"。《大学》有"三纲领""五心法""八条目"。"八条目"以"修身"为本。"修身"成为中华民族核心价值观之一。朱熹以"格物致知"为宗旨，开出中国知识论的学脉。刘宗周以"诚意"为宗旨，开出意义哲学的学脉。意义哲学将是一种发展前景广阔的学说。"让意义化为生命，让生命化为意义"，或许会成为将来人们的精神追求。

第十三讲

《中庸》的奥义

我们这一堂课讲《中庸》，之所以特别强调《中庸》的"奥义"，是因为《中庸》这篇文献一向以"难读""微妙"著称，它在儒家文献中可以说是抽象思维水平最高的。《中庸》书中讲"尊德性而道问学，致广大而尽精微，极高明而道中庸"，这话也可以用来形容《中庸》这篇文献。《中庸》中有许多话不好理解，比如，"喜怒哀乐之未发谓之中……中也者，天下之大本也""诚者天之道也，诚之者人之道也""不诚无物"等。正因为这篇文献"微妙""难读"，所以朱熹的《四书章句集注》把《中庸》排在最后，并说"读《中庸》以观古人微妙处"。

《中庸》要彻底弄懂有些难，要全面铺开解读，内容会变得很繁杂。所以这一讲，我打算挑一些重要的观点和难懂的地方来讲。

一 《中庸》的成书历程及历史地位

相传《中庸》是子思所作，子思是孔子的孙子。有记载说《中庸》共有49篇，也有记载说《中庸》共有21篇。可是《礼记》所收《中庸》

分论

只有1篇。前半部集中阐释"中庸"的内涵，后半部集中阐释"诚明"的内涵。所以有学者主张将之分为两篇，前面一篇叫《中庸》，后一篇叫《诚明》。这是一种观点。但是也有学者认为，现在的《中庸》实由若干篇组成，只是最前面的一篇叫作《中庸》。这些观点虽然都有合理之处，但我们还是不能擅自将其分割。

关于子思作《中庸》，其缘起是什么？有一部书叫《孔丛子》，记载了许多孔子家族的事情。其中有一篇叫《居卫》，讲到这样一则故事：当年子思在宋国，宋大夫乐朔来与子思谈学问，他对子思说：著书立说，目的在于教化民众，语言要简易通俗。有人故作高深难知之辞，是不是太繁难了？乐朔所说的"有人"其实是暗讽子思。子思平时讲学内容比较高深，乐朔对子思这样说，颇有挑衅的味道。子思一听就知道乐朔来者不善，回答说：《尚书》意深辞奥，学者训诂成义，古人视为典雅。这等于回应并反驳乐朔："深奥"不仅不是著书的缺陷，在古人看来，还是一种"典雅"。乐朔进一步挑衅说：鲁国市井曲巷里的底层人物也有类似您这种说法。这就等于骂子思了。子思听了很不高兴，回敬说：道为智者传，如果来讨教的人不是智者，便不会将道传给他，您是不是后一种人呢？乐朔不悦而退，认为子思侮辱了自己，遂派人围攻子思。宋国国君听说此事，立刻亲自来为子思解围。子思得救后，思考文王当年困于羑里作《周易》，先祖孔子困于陈、蔡作《春秋》，我今天困于宋国，能不作书吗？于是撰《中庸》之书四十九篇。这个故事的真实程度如何，我们已经很难考证。

《中庸》的书名，用的是孔子的话。《论语·雍也》载孔子之语说："中庸之为德也，其至矣乎！民鲜久矣。"孔子此语是对当时民风的批评。他认为先王之时民风淳正质朴，那时候的人平日做事守规矩，"无过无不及"，这就是"中"；依本分做事，不为怪异之事，这就是"庸"，"庸"是平常的意思。"无过无不及"，以"平常心"来做人处事。在孔子看来，这样的民风虽然很"平常"，很"质朴"，其实乃是"至德"的表现。

孔子为什么把"中庸"说得这么重要，并且还用它来形容"至德"呢？是不是有点小题大做？而子思作《中庸》，为的正是要解释孔子的话："中庸"之德为什么是"至德"。

　　孔子当时并没有对"中庸"作出解释，也不怎么讲授深奥的哲理，《论语》记载子贡之语说："夫子之言性与天道，不可得而闻也。""性"是指人性的本质，"天道"是指自然界的本质。这两个问题是很深奥的。孔子平时不向学生讲授这类深奥的哲理，怕将人引向玄虚的空谈。但这不等于孔子对这些问题没有深刻的思考。他既然说"中庸之为德也，其至矣乎"，那他一定懂得"中庸之德"何以为"至德"的道理。孔子对此没有展开说明，便离开人间了。子思是孔子的嫡孙，有得于家学，懂得"中庸"之为"至德"的道理，他若是再不说，怕以后再也没人能知道了。所以，这应该就是子思作《中庸》的一个重要原因。

　　从今天我们所掌握的文献资料看，子思那个时代，似乎有人对"中庸"作了某种肤浅化、世俗化的解释。子思要矫正这类解释，认为"中庸"其实包含着深刻而神圣的哲理，应借以提升儒者的精神境界，而不能作肤浅化、世俗化的解释。在他看来，"中庸"即现实而又超现实。它有两个层面的意义：一个层面是无论做什么事，都要讲究恰到好处，"无过无不及"；另一个层面，"中"又是一种宇宙的本体。这两个层面的问题放在"中庸"概念里来讲，并不很容易理解。

二　《中庸》之"中"

　　《中庸》和《大学》一样，最早是被编辑在《礼记》之中的。郑玄为"三礼"作注，"三礼"包括《礼记》。郑玄为《礼记·中庸》篇所作的注，也就成了流传至今的最早的《中庸》注。唐代孔颖达为郑玄的《礼记注》作疏，当然也为其中的《中庸注》作疏。郑玄、孔颖达对《中庸》的看法，代表了汉唐儒者的一般意见。

分论

郑玄将"中庸"解释为:"以其记中和之为用也。庸,用也。"又解释称:"庸,常也,用中为常道也。"郑玄认为"中庸"便是"用中",也就是以"中"为常道的理论,这个"中"指的是"中和"之道。

宋代朱熹的解释与郑玄有所不同。朱熹说《中庸》之"中"有两层含义,他说:"《中庸》之'中',本是'无过无不及'之'中',大旨在'时中'上。若推其'中',则自'喜怒哀乐未发'之'中'而为'时中'之'中'。'未发'之'中'是体,'时中'之'中'是用。"

朱熹这段话的意思是说,作为"时中"的"中",不是固定的,而是因时而变的。比如说我们穿衣服,穿多少合适并没有一个固定的标准,天气冷穿得多,天气热穿得少,并且还要考虑个人的体质状况等因素,随时选择厚薄程度恰当的衣服,这就是生活上的"时中"。

《中庸》里有这样一段话:"君子中庸,小人反中庸。君子之中庸也,君子而时中;小人之中庸也,小人而无忌惮也。"这里的君子是指有位者而言,有位者居于决策者地位,所做出的决策应该不偏不倚,合乎中道。而在一个社会共同体中,人们的利益各自不同,决策者要听取各个方面的诉求,综合考虑大家的意见,照顾各方面的利益,而不能偏向哪一个阶层、哪一个方面。这样他所做出的决定,最后容易为大多数人所接受。小人做决策则不然,他想怎么干就怎么干,以致肆无忌惮,胡作非为。

"时中"的"中",既有原则性又有灵活性,能在不同的时空条件下及时调整自己,做到恰到好处。小人唯利是图,唯名是求,他们的心思想法与君子一切相反,但他们也会装成君子的样子,也会跟着讲"中庸"、讲"时中",其实是打着"中庸"的旗号反"中庸"。

讲"中庸",允许有必要的"权变"和灵活性。但"权变"和灵活性不能违反应有的原则。有这样一种小人:同乎流俗,合乎污世,尽用小聪明搞投机,毫无原则之可言。比如,东汉时期有一位高官,姓胡名广,字伯始,生前事奉六位皇帝。当时天下多故,群奸乱政。胡广身居高位,与时浮沉。他既不能匡时救世,又不能引身而退,平时逊言恭色,左右逢源，滴水不漏，乃至趋炎附势，取媚于外戚宦官。所以当时京师流行一句谚语说："万事不理问伯始，天下中庸有胡公。"

胡广是"中庸"的代表人物吗？当然不是。这里的"中庸"乃是反讽之语。其实他是貌似"中庸"，而实际是"反中庸"的。孔子说"小人反中庸"，指的就是这样一类人。

单讲"中"，就是不偏不倚、"无过无不及"，但这是不够的，还要强调"中"与"道"合一的那一面，"中庸"要求服从"天""天道""天命"。因而还要从与"道"合一的高度来讲"中"。从这个高度来讲"中"，"中"也就相当于"道"或"太极"。《尚书·汤诰》说："惟皇上帝，降衷于下民。"这里的"皇上帝"就是天帝；"衷"即"中"，也即"性"，意谓人民的善性是上天赋予的。这便导出《中庸》"中者，天下之大本也"和"天命之谓性"的观点。

元代陈绎曾写过一篇《文说》，其中讲："读《中庸》最不易，此兼明大人之道，微而显，著而隐，若识得'天命之谓性'一句分明，方可读下文也。"所以说《中庸》开篇所说的"天命之谓性，率性之谓道，修道之谓教"这一句，一定要读懂，读懂了这一句，整部《中庸》就好读了。

中国自商周以来，有一种"天命"神学观。那时人们普遍认为，"天"或"上帝"是天地间最高的神圣主宰，所以人们对"天"或"上帝"保持着敬畏之心。"天命"就是"天"或"上帝"的命令或安排。人世间的王者是"天"或"上帝"所命，这是当时人们被统治者普遍告知的。

《中庸》告诉人们，人类的本性（人性）也是天所"命"。所以《中庸》反复强调，不要以为"天"或"上帝"无声无臭，似乎不存在，其实"他"是一种真实的存在，他"高高在上"，时时监视着人类。"天"或"上帝"赋予了人类以德性（"中"），人类应该珍惜它、守护它，不应该让它丢失。所以《中庸》开篇劈头就是一句："天命之谓性。"人性既是天所赋予，那便有一种神圣的意义。天对人如此眷顾，人类怎么可以等闲视之呢？

西方近代有"天赋人权论"，而中国古代则有"天赋人性论"。"天赋人性论"是什么意思呢？今天的中国人大多成了自然主义、唯物论者，已经不大能懂得其中的含义了。打一个比方，当有人告诉一个基督教徒说：你的本性是上帝赐予的。他一定会感激涕零，顶礼膜拜。其实子思讲"天命之谓性"，是一样的意思，就是要人们树立起对"天"的敬畏，同时对天赋予人们的"性"一定要好好珍存，不要让社会的污浊玷污了自己的天性。

我由此想到，树立对"天"的敬畏，应该是人类的一种正确态度。将来中国哲学在世界哲学舞台上重新登场，首先要能以新的视角、新的方式来论证对"天"的敬畏的合理性和必要性。今天的人类应该思考，上天给人类在宇宙中安置了这么美好的一个星球居住，难道人类要把它连同自己一起毁掉吗？世界最大的单口径射电望远镜在中国贵州，号称"天眼"，它能探测几百亿光年以外的星空，但依旧还没发现和地球一样的星球，即便发现了，人们在有生之年也难以到达那里。所以人类应该如何认识"天下之大本"和"天下之达道"呢？如何以一种"中道"的精神与他人和万物共生共存呢？所以只有懂得"敬畏"，才是"君子之中庸"；不懂"敬畏"，便是"小人而无忌惮"。因此，真切理解《中庸》"天命之谓性"的意义非常重要。

我刚才讲过，"中"的一层意思是"时中"，要在每一个时空条件下做到"无过无不及"。"过"是做得过头，"不及"是做得不够。一般人都知道做得不够，就是做得不好。但是很少人知道做得过头同样不好。中国古代哲人总是告诫人们"物极必反"。任何一个事物的发展都有一个过程，当它发展到鼎盛阶段的时候，不仅不会继续上升，可能还会走向反面。对真、善、美的追求，对世界上各民族来说都具有正面的意义。但对真、善、美的追求，同样要防止"物极必反"。

我们先来讲"求真"。科学的发展在于不断地"求真",这似乎没有什么不好,但一味"求真",追求科学发展,而不注意某些"度"就可能给人类带来灾难。比如,最近霍金就反复警告人类两件事:一是不要企图去认识外星人,因为外星人可能在科技方面远远超过我们,到时候"请神容易送神难",说不定他们会将人类置于死地;二是不要疯狂制造机器人,现在世界各国都在研究机器人,比如说"阿尔法狗"就打败了全世界所有顶尖的棋手。机器人本来就在计算、力量等能力上远远超过人类,而这种机器人不仅会自我学习,还会自我思考,那将来人类是否能完全驾驭它们呢?说不定人类还会成为机器人的奴隶。西方常拍类似情节的科幻影视片,霍金担心这些科幻会变成现实。现今人们大都认为霍金的话有些危言耸听,但我认为霍金所言不无意义。这种科技发展可能带来的危险性确实是存在的。人类在做一些事情的时候往往意识不到"过"的问题,因此谁也不会放弃。比如说核武器,大家都知道它的巨大的破坏性和危害性,但拥核国家谁都不愿主动弃核。在这方面,科学发展似乎已经太过,但尚可控制。而一旦它无法控制,它所造成的危害将无法估量。

再来讲"求善"。"求善"太过的问题历史上也不少见。众所周知,道德的善是有时代性的。宋明理学讲"存天理,灭人欲",讲的是灭"私欲",在当时是道德的"善"。但这个"善"其实造成了很多"恶",比如说许多女子因为所谓"失节"就被处死。朱熹在解释《诗经》时硬说其中有二十多首"淫奔诗",这就把美好的诗歌解释成宣扬"淫乱"的文本了,这就是"求善"过度了。

再来讲"求美",求美也容易过度。比如说,我们现在有些女孩子喜欢到韩国整容,整一回还不满足,觉得美得不够,还要继续整,结果整上瘾了,整了十多次,毁容了。这就是"过"!孔子总强调"过犹不及",这种说法太好了,"过"和"不及"一样,都不合乎"中庸"之道。

再举个例子,古人重视"礼"是好的,但"经礼三百、曲礼三千",

那也太繁琐了，做什么事情都依礼而行，既耗时间又耗物资。这就对"礼"强调得过分了。进入现代社会，五四时期"反礼教"，将"礼"几乎反没了，我们这个自古以来的"礼仪之邦"反而不讲礼仪了。这又是反"礼"太过。

这些例子都说明，即使是具有正面价值的事物，也都有"度"的问题。中国思想的核心用一个字来形容就是"中"，用两个字来形容就是"中和"，这个词就出自《中庸》："中也者，天下之大本也；和也者，天下之达道也。""中"自古以来就成为中国人的道统，最早尧传位给舜，嘱咐他要"允执厥中"，即好好把握"中道"的原则。

关于"和"与"和谐"，这些年学者讨论很多。这一次特朗普访华，习总书记带他参观了故宫三大殿：太和殿、中和殿、保和殿。故宫三大殿的名字都带"和"字，为什么古代的统治者要以"和"为殿名呢？因为"和"是国家长治久安的根基，太重要了。当然，这次习总书记请特朗普参观这些地方大概还有一个言外之意，就是要告诉美国领导人：中国自古以来就是一个"以和为贵"的国家。

讲上面一段话，是为了提醒大家，平时做任何事情都要注意"过"与"不及"的问题，做"过"了要及时刹车，"不及"还要继续努力，这样才能实现成功美丽的人生。

三 《中庸》之"诚"

《中庸》里还有一个重要观念就是"诚"。前面说过，有学者认为《中庸》可分为两篇，首先提出这一观点的是南宋王柏，他说："《中庸》古有二篇。'诚明'可为纲，不可为目。"冯友兰先生注意到了王柏的观点。梁涛受此启发，也提出《中庸》有两篇：第一部分是《中庸》，第二部分是《诚明》。前者突出"中"的观念，后者突出"诚"的观念。而"诚"比"中"更难讲。

"诚"为什么不好讲呢?"诚"也有两层意思:一层意思是指"诚信",这个大家容易理解。另一层意思是指世界的本体,世界的本体看不见摸不着,你说世界的本体是"诚",就让人难以琢磨了。

　　古人大多相信世界上有鬼神存在,这与现代人不同。中国现代人大多是唯物论者,不相信世界上有鬼神存在。在古人看来,鬼神虽然看不见、摸不着,但却是一种冥冥中无所不在的实存。《中庸》在正式讨论"诚"之前,先讨论"鬼神"问题。子思援引一段孔子讨论"鬼神"的话说:"子曰:'鬼神之为德,其盛矣乎!视之而弗见,听之而弗闻,体物而不可遗,使天下之人齐明盛服,以承祭祀,洋洋乎如在其上,如在其左右。'《诗》曰:'神之格思,不可度思,矧可射思。'夫微之显,诚之不可掩如此夫!"这一大段文字看似讲鬼神,其实是以"鬼神"的特性来比喻"诚"的存在方式。因为对"诚"的存在不好描述,所以子思借对鬼神的描写来说"诚"。

　　在子思看来,"诚"是本体,是宇宙间的一种根本性存在,所以二程弟子侯仲良(字师圣)说:"天非诚,其行也不健;地非诚,其载也不厚;人非诚,其形也不践。总摄天地,斡旋造化,动役鬼神,阖辟乾坤,万物由之以生死,日月由之而晦明者,诚也。《经》不曰'鬼神',而曰'鬼神之为德其盛矣乎!'鬼神之德,诚也。"

　　《中庸》讲"中"讲"诚",其实是在回答什么是"道"。孔子说:"朝闻道,夕死可矣。"在子思看来,"道"是什么?"道"就是"中","道"就是"诚"。他通过论述"中"与"诚"来论述"道"。所以宋儒袁甫在其《蒙斋中庸讲义》中说:"学者读《中庸》,须思圣人何为发明鬼神之道,又思圣人反复形容,何为于此下一'诚'字。呜呼!欲识'不睹不闻',请观于此!欲识'君子谨独',请观于此!欲识'物之终始,不诚无物',请观于此!此书发明'诚'字,不待后面论'诚'而已。"

　　这段话的意思是说,人们对"鬼神"的态度怎样,对"诚"的态度也就应该怎样。所以即使在私居独处之时，心中想着一个"诚"字，便不敢放肆妄为。现在流行一句话叫"举头三尺有神明"，就是告诫大家无论在什么时候，都要心存敬畏，不要任性妄为。

接着，《中庸》又说："诚者，天之道也。诚之者，人之道也。"我们读这句话的时候会觉得有一点拗口，也很难懂。

子思为什么这样讲？子思在讲"中"的时候，认为"中"的人道价值来源于"上天"，因而"中"兼有"天道"和"人道"两层意义。从天道方面说，"中"是"天下之大本"，从人道方面说，"中"是"无过无不及"。

子思用同样的方法来讲"诚"。"诚"的人道价值也来源于"上天"，它也兼有天道和人道两层意义。从天道方面说，"诚"是本体之"诚"，"诚者，天之道"；从人道方面说，"诚"是"诚信"之"诚"，偏重于"信"的意义。《朱子语类》载："叔器问：诚与信如何分？曰：'诚'是个自然之实，'信'是个人所为之实。《中庸》说：'诚者，天之道也。'便是诚。若'诚之者，人之道也'，便是信。"读了这段话，我们便可以明白："诚者，天之道也"的"诚"是天道的属性。"诚之者，人之道也"的"诚"，是信奉的意思。全句意思是说："诚"是天道的属性，信奉"诚"，努力使自己接近"诚"的境界，是对人道的要求。

《中庸》里还有一句难懂的话，叫作"自诚明，谓之性；自明诚，谓之教。诚则明矣，明则诚矣"。郑玄对这句话逐字解释说："自，由也。由至诚而有明德，是圣人之性者也。由明德而有至诚，是贤人学以成之也。有至诚则必有明德，有明德则必有至诚。"

子思认为有两种学问路数：一种是圣人的学问路数；另一种是贤人以下的学问路数。圣人是"生而知之"，因为他们天生气质清明纯粹，犹如良玉美珠。这种人无待于教，不假修行，率性而为，思想行为会自然合于中道，此即所谓"不勉而中，不思而得，从容中道"。这是"圣人之德"，是天性本有的，所以说"自诚明，谓之性"。这种人是非常少的，就连孔子自己都说："我非生而知之者。"又说自己"吾十有五而志于学",直到七十岁才做到"从心所欲,不逾矩"。这样看来,孔子的学问也算不上是"自诚明"的路数。所以我以为,子思所说的"自诚明"的路数过于高远,可以说是"虚悬一格"。

绝大多数人成就学问的路数,是"自明诚"的路数。这类人思想行为做不到"不勉而中,不思而得,从容中道",未免有过、有不及。那怎么办呢?只有"学而知之",通过"学道"来纠正。其学由教而入,所以说"自明诚,谓之教"。已达到"诚"的境界的人,自然无有不明;而由"明"求"诚"的人,也可达到"诚"的地步,所以说"诚则明矣,明则诚矣"。

还有,《中庸》"诚者,物之终始,不诚无物"一句也不好懂。关于此句,历史上有很多种说解,而具有代表性的有两家。一是郑玄,他说:"物,万物也,亦事也。大人无诚,万物不生;小人无诚,则事不成。"这是说,"大人"即管理者"不诚",国家就会纷乱,万物得不到增长;"小人"如果"不诚",那就什么事也做不好。

另一种解释来自二程。二程说:"诚者自成,如至诚事亲,则成人子;至诚事君,则成人臣。'不诚无物''诚者,物之终始',犹俗语'彻头彻尾不诚,更有甚物也?'"这段话的意思是说,人事亲也好,事君也好,无论做什么事情,都要将诚信贯彻始终。一旦某时失去诚信,事情就会出岔子。若彻头彻尾没有诚信,那就什么事情也做不成了,这就是"不诚无物"。二程的解释有很强的教诫意义。所以朱熹认为在各家解释中,二程的解释最好。他说:"'诚者,物之终始,不诚无物'之义,亦惟程子之言为至当。"

我们在生活中有时会碰到特别爱说谎话的人,用一个谎去圆另外一个谎,结果啥也做不成。前些时候据新闻报道,现在从事网络诈骗的人达到60万,这些人就是彻头彻尾的"不诚",即便有些时候能获得一些小利,但走的不是人生正道,最终难免有牢狱之灾。

分论

其实，以前的中国人，尤其是乡下人，是极有诚信的。就是在现代，孔子家乡的人，即山东人，也还是很讲诚信的。他们卖东西很少要"谎价"。可是，在其他一些大的城市就未必如此。比如，北京潘家园、秀水街那些地方，商贩对价值十元钱的东西会喊价几百上千元。所以就有一个"砍价"之说，"漫天要价，就地还钱"，"腰斩"不行，"腿斩"也不行，要斩成"脚趾头"，才是物之所值。这正反映了当代的诚信危机问题。

最后，《中庸》中还有一段话也不是很好懂。《中庸》说："君子戒慎乎其所不睹，恐惧乎其所不闻。莫见乎隐，莫显乎微，故君子慎其独也。"这句话非常有名，自汉代以来被反复引用。子思认为，君子要对"天道"常存敬畏，于那目所不睹之处，虽是须臾之顷，也戒慎不敢轻忽；于那耳所不闻之处，虽是须臾之间，也恐惧不敢怠慢。"戒慎恐惧"是讲"敬"，古今圣学的"大源头"就是一个"敬"字。朱熹晚年将"敬"字解释为"畏"。他说："'敬'之为义，惟'畏'字足以尽之。"由上所论，"戒慎恐惧"的意思就是教人要懂得"敬畏"。

这个"敬"字在西周时候叫"敬德"，《尚书》《论语》里面屡屡谈"敬"。在唐代，禅宗惠能和尚有一部书叫《坛经》，里面讲到要修心成佛就必须通过"敬"来修。过去修道的人常讲"行走坐卧，不离这个"，"这个"是指啥？就是指"敬"。

宋明理学，讲本体与工夫。从工夫说，大体有两派：一派主"静"，周敦颐、陆九渊、王阳明等就偏爱这一种方法；另一派主"敬"，二程、朱熹等偏爱这一种方法。有学者曾提出，二程、朱子的主"敬"思想是从禅宗惠能那里偷来的。其实并非如此，从先秦开始，儒家就是非常看重"持敬"工夫的。

"莫见乎隐，莫显乎微，故君子慎其独也"是什么意思呢？"隐"指"幽隐"之处，"微"指念虑萌动之初，"独"指人尚不知而唯己独知。常言说："若要人不知，除非己莫为。"一个人在幽隐之处，刚有一个念头闪现，似乎没有别人知道，只有自己知道。但真的是这样吗？子思并不这样认为。在他看来，只要人的念头一闪，鬼神就知道了。邵雍说："思虑一萌，鬼神得而知之矣。故君子不可不'慎独'。"《列子》中记载了这样一个故事：有一个喜欢海鸥的孩子，每天早晨到海边与海鸥一起玩乐，有些海鸥也喜欢落在他的身上。他的父亲知道了这件事，对他说：明早你抓来一只给我玩。他答应了。第二天早上他到海边，海鸥在他头上飞舞，却不落下来。这是说：你的心思隐微之处，连禽鸟都会觉察，能不会为别人所觉察吗？所以圣贤教人做人要诚信，不要自欺欺人。

再讲一个故事，据《后汉书·蔡邕传》记载，蔡邕通晓音律，早年在陈留时，邻居请他赴酒宴，他来到主人家门前，听有人在里面弹琴，听了一会儿转头就走。有人报告主人，说蔡邕来到大门口又回去了。蔡邕一向为乡里人所尊重，主人听说他又转回去，马上追出来问其缘故。蔡邕说您请我饮酒听琴，我怎么听到琴音中含有杀机呢。主人感到很奇怪，便问琴师。琴师解释说：刚才弹琴时，看见一只螳螂在捕蝉，蝉要离去而未飞，螳螂在后面动作缓慢，琴师的心动了一下，怕蝉飞走了，螳螂捕不到蝉，就是这一个念头，便体现到琴声上了。所以琴师问：这是不是"杀心"反映到琴音中了？蔡邕说：正是这样。这个故事说明，人心一动，便有反映，不可欺人，更不可欺天、欺鬼神。

为什么人在幽隐之处要"慎独"呢？有一句话说："无事生非。"人在闲居无事时，会有许多闲臆想、闲言语、闲勾当，招惹是非，自以为隐秘，但终究会暴露出来，如是这样那你成了一个什么样的人呢？成了肆无忌惮的小人。作为君子便不能这样做。

《中庸》在另一处又引《诗经》来论证"戒慎恐惧"的主张："《诗》云：'相在尔室，尚不愧于屋漏。'故君子不动而敬，不言而信。"这一句诗后面还凝练出一个成语，叫"不愧屋漏"。"不愧屋漏"是什么意思呢？古人建房子是很有讲究的。"屋漏"，指房室的西北隅，是祭祀鬼神的地方，平时无人居住。"相"，是看的意思，看你一个人在平时无人居住之

分论

处，能不能做到对天无愧、对地无愧、对人无愧、对鬼神无愧。只有那种表里如一的人，才值得人们敬重和信任。

子思作《中庸》，意在教人平时谦恭谨慎，如临深渊，如履薄冰，敬慎修身，无须臾懈怠，常存敬畏之心。所以明代大儒薛瑄说："君子对青天而不惧，闻震雷而不惊。"做了亏心事的人心虚，一打雷就怕。老百姓也常说："平时不做亏心事，夜来不怕鬼叫门。"君子修德，不是为了修德而修德，也不是为了功利而修德。此正如孔子所说："芝兰生于深林，不以无人而不芳；君子修道立德，不以困穷而改节。"《中庸》教人慎独的道理，讲得非常透彻。

子思《中庸》与《论语》《大学》《孟子》《荀子》等儒家文献相比，的确有不少高深莫测的部分，而恰恰是因为这些高深莫测的部分，古往今来的学者都将它当作"体道"的必由之径。

本讲重点提示：《中庸》主要讲了"中"和"诚"两个概念。"中"有两层含义：一是"无过无不及"的"时中"，即在不同的时空条件下及时调整自己，做到恰到好处。二是宇宙本体的"中和"之"中"，即《中庸》所说："中也者，天下之大本也；和也者，天下之达道也。"此"中"即"天""帝""天命"。强调人做事要服从"天""帝""天命"。"天"或"上帝"高高在上，时时监视着人类。这也是今人所讲的"人在做，天在看"的意思。"诚"也有两层含义：一是"诚信"之"诚"；二是"诚者，天之道"的本体之"诚"。天不可欺，人不可欺。"举头三尺有神明"，任何时候都要心存敬畏，不要任性妄为。"中和""诚信"都是中华民族的核心价值观。

第十四讲

孝道与《孝经》

　　如果要用一个字来概括中国文化的基因，我会选择"孝"字。中国上古有"敬天法祖"的宗教，"法祖"自然是"孝"，"敬天"也是"孝"。古人是把天地作为大父母的。一般的宗教信仰可以归结为对至上神的尊奉和深爱，中国人看似宗教信仰淡薄，这是因为他们不善表曝，而是将爱深藏在内心，把一般宗教信仰那种对至上神的爱转为对父母亲人的爱。在人的生命观上，中华民族也与其他民族有所不同。中国人不是只把人的生命看作个体从生到死的过程，而是把自己作为祖祖辈辈与子子孙孙环链之间的一个环节，贯穿这个环链的精神便是"孝"。孝道是中国远古以来的一个悠久传统，而成书于战国时期曾子学派的《孝经》乃是对孝道思想的总结和升华。《孝经》成书之后，又对后世社会产生了深远的影响。

　　中国人从古到今都非常重视"孝"。传说时代的舜就因为"大孝"被推选为尧的接班人。而现当代，哪怕在"文化大革命"激进的"反传统"思潮里，孝道思想仍然深深扎根于人心之中，并没有被摧毁。

　　先秦时期，诸子百家的观点常常大相径庭，但在"孝道"上，各家

分论

的主张是近乎相同的。比如说：儒家倡导"父慈子孝"；墨家也批评当时社会"父子不慈孝"；道家批评儒家的"仁义"观念，却主张"孝慈"，认为"绝仁去义，民复孝慈"；秦始皇以法家学说统一天下，而后巡游各地，刻石称功，其中有许多宣扬"孝道"的文字，如《绎山刻石》即有"孝道显明"之语。我们可以这样说，"孝道"观念是中国古代儒家、墨家、道家和后期法家共同倡导的思想观念。即使是后来的儒、释、道三教并行的时代，"孝道"也是能为各家思想所认同的观念。这些现象都说明这样一点，孝道思想是中华民族共同的文化心理，并不因为学派不同、时代变迁而改变。

一　"孝道"观念是中华文化的内核

在中国哲学思想中，有许多重要的观念，如"天""道""德""理""仁""义""礼""孝"等，如果要说出这些观念哪一个是中华文化的内核，大家的看法可能不尽相同，而我的看法就是"孝"。

人们通常会认为孔子哲学思想的核心是"仁"。但《论语·学而》篇记载有子之语说："君子务本，本立而道生。孝悌也者，其为仁之本与！"若就此而论，"孝悌"又是"仁"的根本。有子是孔子的弟子。清儒阮元曾指出，这句话其实是孔子的话。阮元的根据是什么呢？

阮元指出，汉代刘向在《说苑·建本》篇引孔子之言说："君子务本，本立而道生。"同篇又引孔子的话说："立体有义矣，而孝为本。"刘向奉命领校秘书，即曾校阅皇家秘府所藏之书，所见古书甚多。因此，刘向所引孔子之语，应有所本。此外，在《后汉书》里有一篇《延笃传》，其中记载："笃乃论之曰：……夫仁人之有孝，犹四体之有心腹，枝叶之有根本也。圣人知之，故曰：'夫孝，天之经也，地之义也，人之行也。君子务本，本立而道生。孝悌也者，其为仁之本与！'"就文献而论，延笃所引圣人（即孔子）之言，前十四字载于《孝经》，已明标

"子曰"，即为孔子之言。后十九字则见于今本《论语》首篇第二章有子之言，汉儒延笃认为是孔子之语。阮元由此确信，此十九字应该就是孔子之言。在阮元看来，以孝悌为本来谈仁，将"孝"作为"仁"的基础，是孔子更为核心的思想。

中国人自古重视现实生活，不重视所谓"彼岸世界"；重视家庭生活，家庭往往为其精神寄托。而家庭伦理最重要的，就是一个"孝"字。所以胡适先生说：

> 外国人说我们没有宗教，我们中国是有宗教的，我们的宗教，就是儒教，儒教的宗教信仰，便是一个"孝"字。

胡适先生的话很有道理。中国许多人看似没有宗教信仰，但是他们把"精神家园"建立在现实的家庭生活之中，他们重视家庭、重视孝道的那种情感，实际颇类似于一种宗教感情。正因如此，现在的外国女孩很愿意嫁给中国男人，因为在她们看来，中国男人顾家、勤奋，愿意为家庭牺牲，也体贴自己的妻子。

中国文化中最有号召力的情感也是"孝"。平时大家看影视节目，可以发现剧中最煽情的情节就是"孝"。我记得那一年春节晚会，有一首歌叫《常回家看看》，让十几亿中国人感动得热泪盈眶。又比如，前两年春节期间播出一个节目，一位身在海外的男子不能及时回家过春节，通过电视跪着向父母拜年，也让很多人感动不已。相比之下，西方人对宗教虔诚至极，但"孝道"观念却很淡薄。

在中国人的心中，没有类似西方基督教那种对"上帝"的信仰，却有一种"良心"的自我坚守。这种"良心"的自我坚守由三条"公理"来支撑，而所谓"公理"是不言自明、无须论证的。

第一条公理，叫"报本反始"。万物本乎天，人本乎祖，"报本反始"就是尊礼天地，追孝始祖，由此而有"敬天法祖"的理念。有一位台湾

分论

歌手唱过《酒干倘卖无》，歌词说："没有天哪有地，没有地哪有家，没有家哪有你，没有你哪有我……"听到这些歌词，作为一个中国人，内心会感受到很大的震撼。在过去，很多人家的堂屋中会供着一个牌位，上面写着"天地君亲师位"。这是"报本反始"思想的体现。就人类而言，是天地所生，就个人而言，是父母所生，父母又有父母，一直可以上推至远祖。这样推上去，许多不同的族群即可能源出于共同的祖先。对中华民族来说，共同的祖先是炎帝和黄帝，所以我们都自称炎黄子孙。炎、黄同祖于天地，所以又有"协和万邦""四海之内皆兄弟"的理念，有"民胞物与"的理念，等等。

第二条公理，叫"知恩图报"。知恩图报是做人的起码道德，不能知恩图报，或者恩将仇报、以怨报德，那就是小人，甚至禽兽不如。中国文化中有君子、小人之分，有人、禽之分。对于儒家学者来讲，不仅父母有养育之恩，师友、乡里、社会、国家以至天地都有恩于自己，应该"知恩图报"。做人要时刻保持一种报答的感情和心态。在儒者看来，人一生下来，就欠社会许许多多，所以应该"报答"和"感恩"。"报答"与"感恩"是一种境界，报答越多，境界越高。世界上很多宗教都推崇"报答"与"感恩"，但儒学与基督教、伊斯兰教等宗教信仰不同，儒学是一种"意义的信仰"。所谓"意义"，是生命的意义，讲究对社会的贡献。一个人对社会报答越多，境界就越高，其生命就越有意义。现在，很多大企业家在致富之后，都将财产捐献给社会，这种境界令人赞赏。

第三条公理，叫"将心比心"。你孝敬父母，别人也孝敬父母；你慈爱幼子，别人也慈爱幼子。因而推己及人，"老吾老以及人之老，幼吾幼以及人之幼"，由此得出道德的最基本原则，所谓道德金律："己所不欲，勿施于人""己欲立而立人，己欲达而达人"。

中国人的"孝道"观，就建立在这三条公理之上。在中国人这里，不仅"孝道"观建立在这三条公理之上，一切道德理论都建立在这三条公理之上。现在有一个刊物叫《道德与文明》，为啥将"道德"与"文明"放在一起呢？这是因为中国人的"道德"源自"孝道"，将"孝道"扩展开来，施及万事万物，就形成了中华民族独特的道德价值体系、社会管理体系、人际交往体系等文明的组成部分，所以"孝"是中华文明的内核。

二 《孝经》的成书年代与作者问题

前面说到，《孝经》是对中国远古以来的孝道思想的总结和升华，那么《孝经》究竟成书于何时，作者是谁？关于这类问题向来意见不一。

我们先来讨论《孝经》的成书年代。

关于《孝经》的成书年代，有五条材料指向先秦。

其一，东汉蔡邕作《明堂论》，其中说："魏文侯《孝经传》曰：'太学者，中学明堂之位也。'"（蔡邕《蔡中郎集》卷三《明堂月令论》）魏文侯为战国初期有名的贤君，曾以子夏为师。

其二，吕不韦《吕氏春秋》曾两次援引《孝经》之文，其中一次明言"《孝经》曰：'高而不危，所以长守贵也；满而不溢，所以长守富也。富贵不离其身，然后能保其社稷，而和其民人'"。与《孝经》原文全同。

其三，《古文孝经》与《古文尚书》同出于孔子故宅屋壁之中。孔子屋壁藏书之年当在秦始皇焚书之时。由此推断先秦已有《孝经》。

其四，秦朝禁书之后，河间人颜芝藏《孝经》。

其五，陆贾《新语》卷上《慎微》中说："孔子曰：'有至德要道以顺天下。'言德行而天下顺之矣。"所引孔子之言，见于《孝经》。而陆贾是秦末汉初之人，则孔子此语当出自先秦之时。唯陆贾未说明称此语出自《孝经》，或可作别种解释。

魏文侯作《孝经传》之事，事涉太早，学者多不信从。秦末颜芝藏《孝经》之事，因为其说至唐初方出，似不宜作为证据。陆贾《新语》所引孔子之语因未明标出自《孝经》，似亦只可作为参考，而不作为证据。

分论

但《吕氏春秋》曾两次援引《孝经》之文，且孔子故宅屋壁中藏有《孝经》，据此两条资料，如说《孝经》成书于先秦，应该可以成立。《吕氏春秋》成书于秦始皇即位八年（公元前239年），这或许可以作为《孝经》成书的下限。

那《孝经》成书时间的上限大概是什么时候呢？我们可以通过一个间接的方法，就是《孝经》与《左传》文字多有雷同，有抄袭《左传》之嫌。既然是抄袭《左传》，那么它的成书时间上限就不可能早于《左传》的成书时间下限。这一点，宋代陈骙《文则》卷上已经指出，今条列如下：

1. 《左传·昭公二十五年》："夫礼，天之经也，地之义也，民之行也。天地之经，而民实则之。则天之明，因地之性。"

《孝经·三才章》："子曰：夫孝，天之经也，地之义也，民之行也。天地之经，而民是则之，则天之明，因地之利。"

（此条只有"孝""是""利"三字与《左传》不同。）

2. 《左传·襄公三十一年》北宫文子对卫襄公曰："故君子在位可畏，施舍可爱，进退可度，周旋可则，容止可观，作事可法，德行可象。"

《孝经·圣治章》："君子则不然，言思可道，行思可乐，德义可尊，作事可法，容止可观，进退可度。"

（此条"作事可法，容止可观，进退可度"三句皆见于前引北宫文子之言。其余文字虽不同，句法却相同。）

3. 《左传·宣公十二年》士贞子谏晋景公："林父之事君也，进思尽忠，退思补过。"

《孝经·事君章》："子曰：君子之事上也，进思尽忠，退思补过。"

（此条"进思尽忠，退思补过"两者相同。"君子之事上也"与"林父之事君也"句式亦相同。）

4. 《左传·文公十八年》季文子对鲁宣公："以训则昏，民无则焉。

不度于善,而皆在于凶德。"

《孝经·圣治章》:"以顺则逆,民无则焉,不在于善,而皆在于凶德。"

(此条文字稍有不同。)

两相比较,这里明显存在抄袭的问题。那是《左传》抄袭《孝经》,还是《孝经》抄袭《左传》?经过研究发现,《左传》中凡引《诗》《书》,皆明称"《诗》曰""《书》曰",为什么援引这么多次《孝经》之文,一次也不说明呢?朱熹同样看到了《孝经》与《左传》的雷同之处,他指出:这些雷同之语"在《左传》中自有首尾,载入《孝经》都不接续,全无意思,只是杂史传中胡乱写出来,全无义理,疑是战国时人斗凑出者"。虽然朱熹的指正之词颇为尖刻,但我赞同这个见解,这明显是《孝经》抄袭了《左传》。

那么《左传》成书在什么时候呢?《左传》中记载了陈敬仲后代田氏代齐的筮占预言。公元前386年,周安王正式册命田和为齐侯,姜姓齐国为田氏齐国所取代。《左传》之所以会记载这个预言,肯定是已经知晓了事情的结果,所以《左传》自当成书于"田氏代齐"事件之后。而《孝经》既然多处抄袭《左传》,则其成书不应早于此时。

综合上述考证,我们或许可以将《孝经》成书定在公元前386年至前239年的大致范围之间,这是战国中期至后期。具体一点说,这正是孟子生年与荀子卒年之间,儒家各个学派的发展均很活跃的时期。

关于《孝经》的作者,历史上有孔子、曾子、曾子后学等几种说法。我们比较认同《孝经》作者为曾子后学的说法。理由是:《孝经》开篇讲:"仲尼居,曾子侍。"仲尼是孔子的字,在古代,在姓氏后面加"子"或"夫子"是尊称,是"老师"的意思。若说《孝经》是孔子自作,孔子不应自称"仲尼",而称曾参为"曾子";若说《孝经》是曾参所作,曾参也不应自称"曾子"。从"仲尼居,曾子侍"的叙述方式看,《孝经》明白无误为曾子后学所作。

三　"天子之孝"与"以孝治天下"

《孝经》首章"开宗明义"说："仲尼居，曾子侍。子曰：'先王有至德要道，以顺天下，民用和睦，上下无怨。汝知之乎？'曾子避席曰：'参不敏，何足以知之？'子曰：'夫孝，德之本也，教之所由生也。'"在《孝经》的另一章载曾子言曰："敢问圣人之德，无以加于孝乎？"子曰："天地之性，人为贵。人之行，莫大于孝。"这也就是说，关于儒家的学问，抓住了"孝"，就是抓到了"至德要道"，就是抓到了政教的根本。

汉代皇帝除了个别一两人外，每一位皇帝的谥号中都要加上一个"孝"字，如汉武帝被称为"孝武帝"、汉宣帝被称为"孝宣帝"等。之所以如此，是因为汉代主张"以孝治国"。"以孝治国"很简单，只要从上往下提倡"孝"，国家就会治理得很好。史称，当时皇家禁卫军都被要求读《孝经》。读《孝经》的好处在于，一个人只要对父母尽孝，就一定会为国家尽忠。清代顾炎武认为，前代社会风气最好的是东汉，东汉士人最注重气节，大家都明白什么是大义。正因为如此，后世帝王纷纷为《孝经》作注，就是想效法汉代，"以孝治天下"。

《孝经》中有三个思想特色，值得我们特别提出来讨论。

第一，我们先来看《孝经》中的"五等之孝"，并着重讨论一下"天子之孝""诸侯之孝"。

先秦儒家文献谈"孝"，一般并不因为人的社会等级不同而谈不同类型的"孝"，而《孝经》则明确谈"五等之孝"，即天子之孝、诸侯之孝、卿大夫之孝、士之孝、庶人之孝五等。

《孝经》说："爱亲者不敢恶于人，敬亲者不敢慢于人，爱敬尽于事亲，而德教加于百姓，刑（型）于四海，盖天子之孝。"又说："在上不骄，高而不危；制节谨度，满而不溢。高而不危，所以长守贵也。满而不溢，所以长守富也。富贵不离其身，然后能保其社稷，而和其民人。盖诸侯之孝也。"这是对帝王和诸侯个人所提出的品德要求，即使贵为天子、诸侯，也有父母兄弟，也应该像所有人那样奉行"孝悌"之德。

为什么要讲"天子之孝""诸侯之孝"？我认为，这是当时儒者有意识地用"孝道"来压制统治者，使其行为不致放荡失检，而有所顾忌。研究汉代思想史的人都知道，董仲舒在当时提出了"屈君以伸天"，抬出"天"来压人君。但实际上，相比董氏的用天以"屈君"，《孝经》用"孝"来压人君，人君还是比较容易接受的。这里举两个例子。

第一个例子：昔日秦始皇母亲与嫪毐秽乱后宫，秦始皇得知后很生气，欲治嫪毐之罪。嫪毐恐惧，矫王御玺，发兵为乱。秦始皇使人击杀之，夷三族。秦始皇对其母后很怨恨，将其迁于雍，与世人隔绝。当时群臣进谏而死者十几人，齐人茅焦冒死进谏说："秦方以天下为事，而大王有迁母太后之名，恐诸侯闻之，由此倍（背）秦也。"秦始皇听后，乃迎太后于雍。这是说，即使一向崇尚法家、不可一世的秦始皇也怕背上"不孝"的恶名，而引起天下人的反感。

第二个例子：汉宣帝的第三个儿子叫刘宇，被封为东平王，他对母亲很不孝顺。汉宣帝死后，汉元帝即位。东平王母亲没有办法，只好告到汉元帝那里，说我没有这个儿子，我去给先皇守陵园。那时的制度是，嫔妃无子，才去为先王守陵。所以汉元帝派遣太中大夫张子蟜奉玺书责问东平王说："皇帝问东平王，盖闻亲亲之恩莫重于孝，尊尊之义莫大于忠。诸侯在位不骄，以致孝道；制节谨度，以翼天子。然后富贵不离其身，而社稷可保。今闻王自修有阙……惟王之春秋方刚，忽于道德……故临遣太中大夫子蟜谕王朕意。孔子曰：'过而不改，是谓过矣。'王其深惟孰思之，无违朕意。"你看，汉元帝的诏书就好像是给东平王上《孝经》课，这说明《孝经》乃至孝道思想对当时的皇亲贵族是有很大的制约力的。

这两个例子说明，《孝经》里强调"天子之孝"或"诸侯之孝"，一

分论

方面对皇帝本人和皇亲贵族有一定的约束力，另一方面也在鼓励他们为天下人做出表率。也正因为中国人讲"孝道"，所以历史上每当小皇帝即位时，便引出太后"垂帘听政"的事情来。小皇帝在亲政之前，即使有顾命大臣，许多大的决策都须由太后最后做出。皇帝如果不贤，太后作为家长是有权批评并罢免其权力的，比如那个只当了27天皇帝的海昏侯刘贺就是被霍光奏请太后废黜的。这种情况的发生，正是由传统文化中的孝道所内在决定的。由此可见，《孝经》中的"孝道"观念对中国古代社会政治生活影响之深远。

第二，我们再来讨论一下"以孝治天下"的问题。《孝经》中明确讲"明王之以孝治天下"，提倡孝道，对于治理天下真的有帮助吗？回答是肯定的。这个道理很简单，因为孝道可以诱导孩子在家庭成长过程中成为一个驯顺守规矩的人，这样的人将来为国家社会服务也会是一个驯顺守规矩的人。用《孝经》所引孔子的话说："君子之事亲孝，故忠可移于君；事兄悌，故顺可移于长。"这就叫"移孝作忠""移悌作顺"。

战国时期，秦国长期奉行法家政策，曾以"孝悌"为"六虱"之一，可是秦统一天下后不久便灭亡了。贾谊的千古名篇《过秦论》，总结秦王朝覆灭的教训说："仁义不施，而攻守之势异也。"清代阮元认为贾谊的认识还不够透彻。在他看来，秦朝早亡是因为"不孝"："秦祚不永，由于不仁，不仁本于不孝，故至于此也。贾谊知秦之不施仁义，而不知秦之本于不知《孝经》之道也。"因为"不孝则不仁，不仁则犯上作乱，无父无君，天下乱，兆民危矣"。相比较而言，阮元的认识是更深刻的。

我以前很纳闷：汉朝统治者"以孝治天下"，是谁教给他们的？史书上并未见有人建议他们"以孝治天下"。现在我明白这是因为此时《孝经》一书的出现，告诉了他们这个道理。所以汉代皇帝，自汉惠帝以下，几乎每个人的谥号都加一个"孝"字；汉代选拔官吏通常是通过"举孝廉"的办法，什么是"举孝廉"呢？颜师古注："孝"谓善事父母者，"廉"谓清洁有廉隅者。所以，汉代选拔官员注重人的"道德"，"求忠臣必于孝子之家",这是那时统治者的想法。东汉明帝甚至要求期门、羽林宿卫军士悉通《孝经》。这些都突显了汉代"以孝治天下"的特点。

汉王朝"以孝治天下",应该说是很成功的。特别是到了东汉时期,知识分子崇尚节操已经蔚成风气,"依仁蹈义,舍命不渝",被顾炎武称赞为"三代以下,风俗之美,无尚于东京者"。汉王朝"以孝治天下"的政治经验也影响到了后世,唐玄宗不仅亲自领衔为《孝经》作注,而且在全国发布诏令:"自古圣人皆以孝理(治),五常之本,百行莫先。移于国而为忠,事于长而为顺。永言要道,实在弘人。自今以后,令天下家藏《孝经》一本,精勤诵习。乡学之中,倍增教授。"对《孝经》的重视程度可见一斑。

北宋时期,礼部规定武学减去《三略》《六韬》《尉缭子》等兵学课程,让武勇之士增习《孝经》《论语》《孟子》,被人批评为"迂阔"。程颐出来帮助辩解说"尚未足为迂阔",而是加强思想修养。清朝初期的三位皇帝都曾大力弘扬《孝经》,连续出了三部"御定"本《孝经》:《御定孝经注》(顺治)、《御定孝经衍义》(顺治、康熙)、《御纂孝经集注》(雍正)。这些都是为"以孝治天下"作理论支撑的。

第三,我们来谈谈影响国人两千余年的"立身扬名"的思想。

依照中国古人的生命观,由先祖到自己,再到后代,是一个生命连续体。一个人虽然死了,但只要有后代接续,那他的血脉就没有断。而只要血脉没断,他的生命就在延续,他生前的未竟之志,还有机会由其后代来完成。这样一个生命的连续体非常重视荣誉。前人有德,后人有荣;后人显名,前人有光。所以古代士人,把"光宗耀祖"当作人生追求之一。

正是在这样一种文化心理下,曾子作为孔门之内最讲孝道的人就提出:"身也者,父母之遗体也。行父母之遗体,敢不敬乎?居处不庄,非孝也;事君不忠,非孝也;莅官不敬,非孝也;朋友不信,非孝也;战阵无勇,非孝也。五者不遂,灾及于亲,敢不敬乎?……父母既没,慎

> 分论

行其身，不遗父母恶名，可谓能终矣。"为什么许多事情没做好，都被归结为"不孝"呢？因为一个人立身处世，不仅要考虑到自己，也要考虑到父母和家庭，考虑到是否会因为自己的不良行为给父母和家庭带来恶名，这是做人最基本的人品问题。

正因为如此，《孝经》从一种较高的层次提出"立身行道，扬名于后世，以显父母，孝之终也"。孝的最高境界，就是要给家族和亲人带来荣誉。这种"立身行道，扬名于后世"的孝道思想对后世士人砥砺气节影响很大。

在这里，我与大家分享两个故事。第一个故事，《后汉书·范滂传》记载，范滂少厉清节，举孝廉。曾任清诏使、光禄勋主事，按察郡县不法官吏，举劾权豪，为此得罪了宦官权势集团。那时宦官集团势力极大，宦官集团制造"党锢之祸"，专门陷害忠良，范滂也在被抓之列。范滂本来可以逃走，但他怕逃走会连累别人，主动投案自首。他的母亲为他送行说："汝今得与李（膺）杜（密）齐名，死亦何恨！既有令名，复求寿考，可兼得乎？"意思是教导范滂，你现在可以同李膺、杜密齐名，为国尽忠，即便是死又有何恨？既想成就美名，又想苟活长寿，怎么可能兼得呢？范滂跪下受教，再拜而辞，非常悲壮。这位母亲通晓大义，真的很伟大！

另外一个故事是关于明代著名的理学家吕维祺的。《明史·吕维祺传》记载，吕维祺在崇祯年间，官至南京兵部尚书。后归居洛阳，李自成率领的农民军攻破洛阳，俘获吕维祺。农民军中有人认识他是"吕尚书"，欲释放他。吕维祺"不辱大节"，北向拜阙，复西向拜父母，乃从容就义。吕维祺著有《孝经本义》，他常说："我一生精神，结聚在《孝经》，二十年潜玩躬行，未尝少怠。"他不愿意让自己的名节受损，有辱祖先，以一死来实践《孝经》"立身扬名"的精神。这些故事都说明提倡孝道对士人砥砺名节起了很大的作用。

当然，我们也要看到提倡以孝治国也并非十全十美。历史上就有人为了"举孝廉"的晋身需要而弄虚作假,但那毕竟是少数人,这里我们就不去提它了。

四 《孝经》的历史地位及其影响

《孝经》只有近两千字,虽然篇幅很短,但在中华文化中却有十分重要的地位。概括地说,《孝经》是对中华"孝道"文化的高度提炼和升华。

在中国文化中,有这样一个现象:学者们时常会提到"十三经"中哪部经典最重要。对此,历来学者都有自己的看法,有认为《易经》最重要的(如刘歆等),有认为《尚书》最重要的(如刘知几等),有认为《论语》最重要的(如赵普等)……各种观点都有。但是,汉代的经学大师郑玄在《六艺论》中公开说《孝经》最重要,他说:"孔子以六艺题目不同,指意殊别,恐道离散,后世莫知根源,故作《孝经》以总会之。"他认为孔子纂修"六经"之后,有鉴于"六经"义理太多,怕人流入支流末节,故作《孝经》,用"孝道"来统会六经义理。

郑玄将《孝经》作者定为孔子,不可信之。但他关于《孝经》用"孝道"来统会六经义理的观点,则影响了后世许多思想家。明初大儒曹端解释"孝经"二字说:"'孝'云者,至德要道之总名也;'经'云者,出世立教之大典也。然则《孝经》者,其六经之精意奥旨欤!"明末黄道周为《孝经集传》作序,其中说:"《孝经》者,道德之渊源,治化之纲领也。六经之本皆出《孝经》。"近代大儒章太炎先生则将《孝经》看作"万流之汇归""国学之统宗"。这是说,《孝经》不仅是经学的根本,也是整个国学的"统宗"。

清代陈澧写了一部书叫《东塾读书记》,其中记载了他研读经典的心得。在此书中,他介绍的第一部经典就是《孝经》。朱维铮先生为《东塾读书记》写导言,批评陈澧把《孝经》作为全书首篇,是为了讨好当时的皇帝。朱先生的观点有失公允，他没有注意到中国历史上一直就有将《孝经》作为"众经之首"的思潮。但他也讲出一个事实，就是历朝历代的统治者对"孝"道都很重视，许多皇帝还为《孝经》作注。例如，第一个为《孝经》作注的皇帝就是早年曾励精图治的唐明皇，而在清代，好几个皇帝都曾为《孝经》作注。

孙中山先生曾说："《孝经》所讲的'孝'字，几乎无所不包，无所不至，现在世界上最文明的国家，讲到'孝'字，还没有像中国讲得这么完全。"一部《孝经》不到两千字，何以所涵盖的内容"无所不包""无所不至"呢？在这里，我举一部解释推衍《孝经》的书为例，这部书叫《御定孝经衍义》，是清代顺治皇帝诏令修纂的，其体例是模仿真德秀的《大学衍义》。

这本《御定孝经衍义》包含以下内容：因为《孝经》说"孝"反映了先王的"至德要道"，那"至德"和"要道"分别是什么呢？所谓至德，就是"仁、义、礼、智、信"，所以"孝"包含了"仁、义、礼、智、信"；所谓"要道"，就是父子、君臣、夫妇、兄弟、朋友的五伦之道，所以"孝"包含了这"五伦"之道。《孝经》又说"孝"是"教之所由生"，那什么是"教"呢？是"礼、乐、政、刑"，所以"孝"包含了"礼、乐、政、刑"。"孝"又分五等之孝，第一等是"天子之孝"，"天子之孝"包括哪些方面呢？包括爱亲，而爱亲又包括"早谕教、均慈爱、敦友恭、亲九族、体臣工、重守令、爱百姓、课农桑、薄税敛、备凶荒、省刑罚、恤征戍"十二项。"爱亲"之后，还要"敬亲"，"敬亲"包括哪些方面呢？包括"事天地、法祖宗、隆郊配、严宗庙、重学校、崇圣学、教宫闱、论官材、优大臣、设谏官、正纪纲、别贤否、制国用、厚风俗"十四项。第二等是"诸侯之孝"，"诸侯之孝"包括哪些方面呢？包括爱亲、敬亲、不骄、不溢。第三等是"卿大夫之孝"，"卿大夫之孝"包括哪些方面呢？包括爱亲、敬亲、法服、法言、德行。第四等是"士之孝"，"士之孝"包括哪些方面呢？包括爱亲、敬亲、事君忠、事长顺。第五等是"庶人之孝","庶人之孝"包括哪些方面呢？包括爱亲、敬亲、用天道、分地利、谨身节用。你看，一个"孝"字把一个国家上上下下、方方面面的事情都包括进去了！那这一部《孝经》不是正如中山先生所说的"几乎无所不包，无所不至"吗？

余 论

最后，我想谈一下由"孝道"所引申出的"尊老"的社会意义。

按古人定义，六十曰"耆"，七十曰"老"，八十、九十曰"耄"，百年曰"期颐"。在古代，"尊老"的"老"是一个泛称，是相对于青壮年而言的，六十岁以上都可以算作"老"。"尊老"的第一层含义是尊敬、孝养自己的亲族，包括父母、祖父母等。第二层含义是由尊敬自己的父老亲人，延伸、推扩至他人的父老亲人，所谓"老吾老以及人之老"。

中国古代的政治认知在于，如果国家最高执政者能率身作则，起到道德示范作用，臣民便会不令而行。《大学》曾提出"絜矩之道"说："所谓平天下在治其国者，上老老而民兴孝，上长长而民兴弟，上恤孤而民不倍（背叛），是以君子有絜矩之道也。""絜矩"是循守规矩的意思，领导者能树立其道德的规矩，臣民便会乐于效法遵守。而循守道德规范的首要一条便是"上老老而民兴孝"，"老老"就是"尊老"的意思。

古人还把"尊老"作为"四大儆"之一："褒忠，所以劝臣节也；旌孝，所以激人伦也；镇浇浮，莫如尚义；厚风俗，莫如尊老。举是四者，大儆于时。"其中"厚风俗"的要点在于"尊老"。因为在家庭中，父母亲人对于子女有养育之恩，当其老迈年高时，子女懂得报恩，能尽孝敬之道，这便是风俗淳厚的表现。反之，便是风俗浇薄的表现。在社会上，老人是曾经作过贡献的上代人，若得不到生活的保障和应有的尊重，不仅老人们会寒心，就是青壮年也不会心甘情愿地为社会作贡献。

古人又把"敬老"作为"七教"之首："敬老、尊齿、乐施、亲贤、好德、恶贪、廉让"。实行这"七教"会收到"三至"的效果："至礼不辞而天下治，至赏不费而天下悦，至乐无亲而天下和。"就是说，人们养成了"尊老"等习俗，就会自然而然表现出礼貌，心悦诚服地践行道德规范；社会也会因之和谐。"尊老"作为一种习俗文化，可以成为政治的软实力。举一个历史事例加以说明：相传当初周文王继承"小邦周"的君主之后，推行"敬老慈幼，礼贤待士"的政策，天下士人因此多归附于周邦。"（伯）夷、（叔）齐在孤竹（国），闻西伯善养老，往归之。然后曰太颠、闳夭、散宜生、鬻子、辛甲、太公之徒，皆往归之。"周文王得到天下尊宿贤人的辅助，周邦因而由小到大，由弱到强，为嗣后周武王伐纣取得天下，打下了坚实的基础。

再举一个历史事例：秦朝末年，有四位秦始皇时期的博士官（东园公唐秉、夏黄公崔广、绮里季吴实、甪里先生周术），曾任秦王朝"通古今、辨然否、典教职"的职责，后来隐居于商山（今陕西省商洛市境内），号为"商山四皓"。汉高祖久闻"四皓"大名，曾请他们出山为官，而被拒绝。汉高祖登基后，立长子刘盈为太子，封次子如意为赵王。后来，汉高祖有意废刘盈而立如意为太子，并不许大臣为此谏言。刘盈的母亲吕后闻听，非常着急，便求助于张良，张良建议她聘请"商山四皓"相助。一次刘邦与太子一起饮宴，见太子背后有四位白发苍苍的老人，问后才知是"商山四皓"。四皓上前谢罪道："我等听说太子仁厚，又有孝心，礼贤下士，便一齐来作太子的宾客。"刘邦见太子有四位大贤辅佐，便打消了改立赵王如意为太子的念头。刘盈后来继位，为汉惠帝。后来儒者将此历史经验概括为："尊师以广其聪明，敬老以全其羽翼，此所以懿文德也。"

以上两个历史事例足以说明"尊老"可以构成一种政治的软实力。

本讲重点提示："孝道"称得上中国文化的基因，也称得上中国人的宗教。中国人把一般宗教信仰那种对至上神的爱转为对父母亲人的爱。

中国人不是只把人的生命看作个体从生到死的过程，而是把自己作为祖祖辈辈与子子孙孙环链之间的一个环节。这是中国人"孝道"思想根深蒂固的原因。先秦时期，诸子百家思想观点常常大相径庭，唯独在"孝道"观上趋于一致。中国人的"孝道"思想及其他一切社会理论，皆由三条"公理"支撑，这三条"公理"是：一、"报本反始"；二、"知恩图报"；三、"将心比心"。由此而有"老吾老以及人之老"的"尊老"社会习俗。中国人有如此的文化情结，古代统治者便顺势而为，"以孝治天下"。所以，章太炎将集中反映中国人"孝道"思想的《孝经》看作"万流之汇归，国学之统宗"。我们则把"孝道"视为中华民族的核心价值观之一。

补 论

第十五讲

"新经学"与"人文信仰"

"新经学"以传统经学为基础，它的研究材料可以说全部来自传统经学。传统经学在近百年来经受了来自各方的拆解、批判和洗礼。今天我们在新的理论视域的观照下，在新的时代意识的引领下，将建构"新经学"的学术平台，其目的在于重建人们的"人文信仰"。关于"新经学"的意义，在本书序言中已经讲得很多，这里着重谈谈我对"重建人文信仰"的一些看法。

一　"信仰"是人类一个普遍的精神现象

"信仰"是一个严肃而敏感的话题。但越是这样，越需要把它说清楚，否则就会是一笔糊涂账。正如宋代王炎《西湖》诗句所说："山色湖光浑似旧，人间万事有乘除。"[1] 相比于自然界而言，人类社会尤为复杂

---

[1] （明）解缙编，（宋）王炎撰：《双溪集·西湖》，《永乐大典·全新校勘珍藏版》（第三卷），大众文艺出版社2009年版，第735页。

补论

多变。但"变"中仍有相对"不变"者,其间分分合合、加加减减,需要我们分疏清楚,不使自己陷于迷误。

在我国先秦时期,没有"信仰"一词,而有"信仰"之事。当时表达"信仰"意思时常用"敬"字,如《尚书·洛诰》所说的"敬天之休",此"敬天"二字,就是信仰上天的意思。"信仰"一词,大概至宋代始有。其意义一是对先贤的尊信敬仰,如萧楚《春秋辨疑》说:"大儒先生,世所信仰。"① 二是对某种宗教的信仰,如徐兢《宣和奉使高丽图经》卷十八载:"王俣笃于信仰,政和中,始立福源观,以奉高真道士十余人。"② 这是讲对道教的"信仰"。张浚《天宁万寿禅寺置田记》说:"勤公圆悟禅师,有大因缘于世,能以辩才三昧阐扬佛教,无论士庶,皆知信仰。"③ 这是讲对佛教的"信仰"。不过总体而言,中国古文献中所见"信仰"二字很少。

在西方,信仰(Faith)源自拉丁文 fides,其中有"信任"或"忠诚"的意义。意思是说,某些人自愿把某种观念认作"真理",但这种"真理"并不能得到理性或经验的支持。西方人开始也是用"信仰"指称对"宗教"信条的信奉。但后来"信仰"一词在哲学、伦理学上通行起来,在伦理学上意味遵守某种承诺。④

当世界进入近现代,由于各种思想学说、主义的兴起,关于人类"信仰"现象的认识和讨论,成了重要的话题。不仅政治学、宗教学、人文学等学界人物关注它、讨论它,甚至科学界人物也关注它、讨论它。

"信仰"一词,在有的科学家或理性哲学家那里带有贬义,认为它是

---

① (宋)萧楚:《春秋辨疑》卷三,中华书局1985年版,第48页。
② (宋)徐兢:《宣和奉使高丽图经》卷十八,《笔记小说大观》(影印民国进步书局刊本)第九册,江苏广陵古籍刻印社1983年版,第288页。
③ (宋)张浚撰:《天宁万寿禅寺置田记》,载龙显昭主编《巴蜀佛教碑文集成》,巴蜀书社2004年版,第158页。
④ 摘自[英]尼古拉斯·布宁、余纪元编著《西方哲学英汉对照辞典》,王柯平等译,人民出版社2001年版,第361页。

不讲逻辑、不顾证据的盲信盲从，如美国学者沃尔特·考夫曼所著的《宗教与哲学的批判》认为："信仰通常难以用充足证据去证明其真理性，这种真理性是指能使理性者所信服的真理性。"①

由于"信仰"一词在近现代已经不局限于"宗教"，因而一些科学家和理性哲学家对"信仰"的批评，便有"一竿子打翻一船人"的感觉。对于"信仰"，宗教界、政治界和人文学界的学者看问题的角度是不相同的。从人文学的角度看，"信仰"经常面对的是未来，未来有许多未知的、难以用现有知识证明的因素。而如果对于未来的发展目标已经确定，我们就要勇于探索、勇敢前行。这就像世界上本来没有路一样，需要一个寻路、探路、踏路的过程。在此过程中，就不能完全依靠推理逻辑和已有的经验知识来行事，作为"信仰"的精神支撑是少不了的。

在我们看来，"信仰"是人之所以为人的不可或缺的一部分，是人类的一种存在方式，一种生存和发展的精神支撑。

人刚出生时主要是靠本能活动，等他（她）慢慢长大，靠父母引领来活动，父母在引领孩子活动过程中会潜移默化地将他们的人生"信仰"传输给孩子。孩子成长进步之后，便会形成自主的人生"信仰"。从这个意义上来说，人人都会有人生"信仰"。我们在生活中会听到"某人没有信仰"一类话，外国人也常说"中国人没有信仰"。其实，我们所理解的信仰，不一定是宗教的信仰，家庭生活、社会生活也可以成为一种信仰。这里，我想讲我的一点观感。我所住的楼外有一位老汉，几十年都在做收废品的工作。有一次我路过看到他，突然想：一个人一生都在做收废品的工作，这种人生有什么意义？后来我间接了解到，老汉自己从来不这样想，他要通过这项工作养家糊口，培养子女。就社区居民而言，若

---

① "That faith is usually not supported by sufficient evidence to prove the truth of that which is believed to every reasonable person, has been admitted frequently by many prominent religious writers", by Walter Kaufmann, *Critique of Religion and Philosophy*, Anchor Books Doubleday & Company, Inc. Garden City, New York, 1961, p. 114.

没有他在做这个工作，周围的垃圾可能会堆积成山。所以我又觉得，他的人生并非没有意义。他也是有"信仰"的，而且，我佩服他的"信仰"坚韧强大。因为相比之下，一些人即使生活条件很优越，一旦不堪"无意义"生活的精神痛苦，便会选择结束自己的生命。"信仰"无关乎人的地位高低尊卑，也无关乎人有无文化，只在乎他内心有无强大的精神支撑，如同陆九渊所说："若某则不识一个字，亦须还我堂堂地做个人。"（《陆九渊集》卷三十五《语录下》）"堂堂地做个人"，便是他坚守的做人"信仰"，不能说这样的人没有信仰。在我看来，除了那些极少数的浑浑噩噩的人之外，世界绝大多数人都有其各自的"信仰"。我们或许可以说，"信仰"是人类一个普遍的精神现象。

然而，今天我们之所以关注"信仰"问题，不在于争论每个人是否都有"信仰"，而在于关注个体的信仰最后如何凝聚成"共同信仰"。我们从生活经历中认识到，相同的信仰，会使人们相互增加心理的认同感。作为一个族群，如果没有一种共同的信仰，那这个族群就不会团结，从而缺乏凝聚力和战斗力。历史上无数次上演这样一幕：如果一种信仰为其族群的成员所信奉，信仰者便会受到这种信仰的感召，愿意为之生、为之死。"信仰"的神圣性，使信仰者感到自己的目标具有崇高性，从而使其行动义无反顾。

正因为"信仰"蕴藏着巨大的力量，一些宗教家、政治家、理论家便在"信仰"上下功夫，争取民众的"信仰"，汇聚"信仰"的力量。汇聚的结果，形成三大"信仰"势力：政治信仰势力、宗教信仰势力、人文信仰势力。也因此"信仰"问题便成为政治学、宗教学、人文学研究的一个焦点问题。

我们对待信仰的看法和态度是这样的："信仰"是一种精神现象，既然信仰者都将之看作神圣或人生重大之事，我们也尊重他们的看法。如果这种信仰能产生社会正能量和积极的意义，我们应该鼓励人们有"信仰"。此正如习近平总书记所说:"人民有信仰,民族有希望,国家有力量。"①

二 "信仰"的分类及其相互关系

"信仰"一词最先用于宗教,因而"宗教"与"信仰"二词常常连用,合成为"宗教信仰"一词。"宗教信仰"带有一种强烈的情感,它反映宗教信仰者对信仰的神圣对象(包括特定的教理教义等),由竭诚信奉而产生坚定不移的信念及全身心的皈依。后来,人们对精神"信仰"现象的关注已经不限于宗教,而是延伸、扩大到政治领域和人文领域。如今天我们说的"儒学信仰""马克思主义信仰",属于"人文信仰"或"政治信仰",并不属于"宗教信仰"。胡适把中国人的"孝道"思想说成是"宗教信仰"是不对的②。实际上并非一切"信仰"都属于"宗教信仰","宗教信仰"只属于"信仰"的一种。当然,一些"政教合一"的政体,只承认其所承认的"宗教信仰",并用其宗教信仰指导和规范世俗社会中的所有行为。这在我们看来属于一种特例,不在本文讨论的范围。

中国文化是一种包容的文化,因而对待"信仰"问题,采取一种宽容而非垄断的态度,这使得学人能从客观、务实的角度对"信仰"问题进行学理性的分析。

关于"信仰"的分类,有"二分法"和"三分法"之别。"二分法"将"信仰"分为"政治信仰"和"人文信仰"。其所谓"人文信仰"是广义的,包括"宗教信仰"在其中。"三分法"将"信仰"分为"政治

---

① 习近平:《在会见第四届全国文明城市、文明村镇、文明单位和未成年人思想道德建设工作先进代表时的讲话》(2015年2月28日),《人民日报》2015年3月1日第1版。
② 胡适说:"外国人说我们没有宗教,我们中国是有宗教的,我们的宗教,就是儒教,儒教的宗教信仰,便是一个'孝'字。"转自严协和《孝经白话注释》,三秦出版社1989年版,第5页。

信仰""宗教信仰"和"人文信仰"。其所谓"人文信仰"是狭义的,专指文化思想学说或"主义"。我们认为"三分法"可以避免对"信仰"认识的混淆不清。

"政治信仰"实际是对一种政治理想,以及对与此政治理想相关的理论学说及其社会实践的坚信和执着。其理论学说是由政治理论精英为特定社会设计的。其中包括国家体制、法律体系、管理机制、社会发展道路和社会指导思想等。国家以法典的形式确定的"政治信仰"构成"国家政治信仰"。"国家政治信仰"对整个国家或民族的发展方向有一个总体擘画,具有全局性、法典性和前瞻性,代表着国家意志。

"宗教信仰"是一个总括的说法,如原始宗教、道教、佛教、基督教、伊斯兰教等信仰都包括在内。"宗教信仰"相信世界上有鬼神等超自然的力量,并以某种神明作为信仰对象。宗教创始人(教主)所创立的教义便是其教团的经典,信仰者对之有一种崇奉、敬畏之心。宗教往往有对"彼岸世界"的追求,它对信仰者而言,是一种超现实、超自然的心灵寄托。信仰者希望由此获得心灵解脱,超越有限,走向永恒。

"人文信仰"的"人文"二字,出自《周易·贲》卦象传:"观乎人文,以化成天下。""人文"的意思是指"人道",用人道精神来教导天下,以化民成俗。现代学科划分有"自然科学""社会科学""人文学科"的"三分法",文学、史学、哲学、伦理学、美学等都包括在"人文学科"内。这与我们所讲的"人文信仰"的内涵是一致的。若以中国先秦时期为例,以学派分类,士人或信奉儒学或信奉墨学或信奉法家之学等皆不属于"宗教信仰",而属于"人文信仰"。若以近现代而论,知识分子信奉中国或西方的某种思想学说或"主义",皆属于"人文信仰",而非"宗教信仰"。"人文信仰"的功能在于个人的心灵安顿和精神寄托。以行为主体而论,"人文信仰"分为个人信仰行为与民族共同信仰两种情况。全民族性质的"人文信仰"称作"民族人文信仰"。"民族人文信仰"反映一个民族全体成员共同文化的历史积淀,其主要部分就是该民族传统文化中的核心价值观，它通过潜移默化的方式塑造着人们的德性和智性，影响着人们生活日用的方方面面。在中国，作为主流文化的儒学实际构成了"民族人文信仰"，这种"人文信仰"看似只是学者和知识分子的专属，实际早已深入到人民大众之中，比如，人民大众对于"孝道"等儒学价值观的奉行不渝，对于教育的尊重与重视，等等，都是儒学"人文信仰"普及的结果。有人或许会问：儒学主张"敬天法祖"，不是也有"宗教信仰"的成分吗？为什么将它归类于"人文信仰"？儒学主张"敬天法祖"，的确有"宗教信仰"的成分，但还是与佛教、道教、基督教的"宗教信仰"有所不同，正如美国学者 J. M. Kennedy 所说：

> 中华民族是那种从野蛮状态进化到文化与文明之高级阶段而尚未发展成神灵观念的民族之一……尽管在古代我们可以找到"天地"（意味"主宰者"）名义下的祭天事实。但是，中国却从来没有发展出诸如印度的婆罗贺摩或阿拉伯的安拉那样的神灵。[1]

我们认为这一评估是准确的。从总体上说，儒学中并没有类似诸如彼岸世界、天帝救世一类话题，没有作为神的代言者传达所谓"天启""神意""福音"一类东西，也没有任何关于人的原罪与救赎，或成仙成佛的许诺。总之，没有那些类似宗教神学思想的内涵，更非将神放在首位。他们的思想学说主体上基本属于哲学的、政治学的内容。就其信仰的性质而言，我们可以将其归结为以道德、政治的主张来救世的"人文信仰"，而非以天帝鬼神为精神依归的"宗教信仰"。

在历史上，"国家政治信仰"有时需要"宗教信仰"来辅助，有时需要"人文信仰"来辅助。当"宗教信仰"和"人文信仰"共同面对"国

---

[1] ［美］J. M. 肯尼迪：《东方宗教与哲学》，董平译，浙江人民出版社1998年版，第150页。

家政治信仰"以争取自己的地位之时，二者区分的意义不是很大。当两者单独面对时，因为"宗教信仰"持有神论的立场，"人文信仰"基本持无神论的立场，两者区分的意义是很明显的。然而由于近年国外一些人将"宗教信仰"或"人文信仰"作泛化的解释，两者的区分变得混淆不清，为此美国学者罗纳德·L.约翰斯通特别加以澄清说："我们认为，宗教是以涉及神圣之物和超自然之物为特征的，这就完全清楚地把这些意识形态和思想体系置于宗教领域之外。"① 我认为，这种澄清是有必要的。宗教信仰以关涉神圣之物和超自然之物为特征，而对各种思想学说或"主义"的信仰则没有这种特征。正是为了将这类信仰与"宗教信仰"相区分，我们才称之为"人文信仰"。

"国家政治信仰"与"民族人文信仰"是一种"共时性"与"历时性"的关系。"国家政治信仰"代表"共时性"，是指在一个特定的历史时期全国各民族、各阶层所选择的政治体制、社会发展道路、政治指导思想等。"民族人文信仰"代表"历时性"，是指此一民族在其悠久的历史中所形成的核心价值观。

用一个比喻来说，"国家政治信仰"与"民族人文信仰"的关系，犹如"山"和"地"的关系。从"山"的角度说，"山"在"地"之上，有"居高临下、统摄全局"之意。从"地"的角度说，"山"附着于"地"，地厚则山安宅，地薄则山崩陷。以此为喻，"国家政治信仰"对于"民族人文信仰"既有指导性的意义，又有附托性的意义。归根结底，"国家政治信仰"虽有全局性、法典性和前瞻性的特点，但并不能与"民族人文信仰"相切割、相脱离。

常言说："得民心者得天下，失民心者失天下。"这个"民心"就是民众的"所思所善"，其具体的内涵就是我们所说的"民族核心价值观"。

---

① ［美］罗纳德·L.约翰斯通：《社会中的宗教》，尹今黎、张蕾译，四川人民出版社1991年版，第25页。

譬如，中华民族核心价值观中有"孝道"思想、"仁爱"思想和"大一统"观念等，如果民众要求在社会生活中能尽"孝道"，使得"老有所终"，统治者能基本满足民众这一要求，就会得到民众的拥护。反之，则不能得到民众的拥护。如果民众要求统治者对待他们有"仁爱"之心，统治者能满足民众这一要求，就会得到民众的拥护。反之，则可能会被人民推翻。如果民众要求"维护国家主权""维护国家统一"，统治者能做到这一点，就会得到民众的拥护，反之，其政权很容易垮台。

当年秦王朝以法家学说作为"国家政治信仰"，实行严苛统治，以吏为师，取消一切"人文信仰"，最后为农民起义所推翻。贾谊《过秦论》归之于"仁义不施"，就是这个道理。"汉承秦制"，继起的汉王朝在国家政治体制、管理机制等方面基本上是继承了秦朝的制度，换言之，在"国家政治信仰"方面只是作了部分调整，而又先后以黄老道家思想和儒家思想的"人文信仰"来作为辅助，实现了此后的长治久安。

因此，如要树立和巩固"国家政治信仰"，必先培固其根基，这个"根基"就是主要由传统文化核心价值观所构成的"人文信仰"。由此可见，"国家政治信仰"与"民族人文信仰"是可以相辅相成、并行不悖的。

需要指出的是，"人文信仰"与"政治信仰"可以相互转换。历史上经常发生这样的事：先前作为"人文信仰"，到后来转变为"政治信仰"；曾经是"政治信仰"，到后来转变为"人文信仰"。譬如，儒学并不天然构成国家的意识形态和"政治信仰"。在先秦，儒家只是诸子百家中的一家，儒者对于儒学的信仰属于一种"人文信仰"。但自汉武帝以后的王朝政治选择了儒学作为国家的意识形态，那儒学也便成了国家的"政治信仰"。而当民国初期儒学退出思想统治地位后，儒学不再是国家的"政治信仰"，而只构成社会中的一般"人文信仰"。虽然"人文信仰"与"政治信仰"可以相互转换，但"政治信仰"不能包揽、代替或取消其他"人文信仰"。

补论

从以往的历史看,"政治信仰""宗教信仰"和"人文信仰"各有侧重的群体,如传统社会的"政治信仰"(以王权为中心的官僚体制及其法律体系,以及意识形态)以官吏阶层为主。"人文信仰"以士人为主体(譬如士人对儒学的信仰),被称为中华文化的"大传统";"宗教信仰"以一些民众群体为主,被称为中华文化的"小传统"。当然这其中也不乏交叉的情况。另外,这几种"信仰"有时发生排他性的现象,如中国历史上的"三武一宗"(北魏太武帝拓跋焘、北周武帝宇文邕、唐武宗李炎、后周世宗柴荣)灭佛,原因来自"政治信仰"与"宗教信仰"的利益冲突,起因是这些君王认为佛教使得社会糜费资财、税赋和兵源减少,或认为佛教徒妖言惑众等。在西方"宗教信仰"之间具有排他性,不同的宗教之间绝对不能相容,如基督教国家与伊斯兰教国家长期进行着宗教战争。在印度,"宗教信仰"之间同样具有排他性,佛教产生于印度,却由于不为婆罗门教所容而被消灭。中华民族容许其他宗教传入,不过有一个明确的前提,就是要适应中国的社会习俗,不能危害中国的主权。

中国自宋代以后,从国家的层面说,儒、释、道三教并用,而以儒学为主,较好地处理了各种"信仰"之间的关系,再也没发生类似"三武一宗"消灭"宗教信仰"的事件。南宋孝宗的《三教论》说"以佛修心,以道养生,以儒治世",反映了宋以后王朝统治者对于"三教"的基本态度。在君主专制制度下,王朝统治者体现国家的意志,所谓"朕即国家"。当王朝统治者青睐某一学说时,那这种学说便成了国家的意识形态和"政治信仰"。宋孝宗说"以儒治世",意味此时儒学已经处于"国家政治信仰"的地位。此时的佛教、道教则属于民间社会的"宗教信仰"。这三种信仰互相包容,并不构成对立。王朝统治者一般并不直接干预人们的信仰,但却通过学校教育和科举制度来引领人们的信仰。

以同样的道理来看今日中国,马克思主义在其尚未取得国家思想支配地位的时候,它是中国共产党的"政治信仰"。而当中国共产党成为执政党之后,通过国家法典的形式将马克思主义作为了"国家政治信仰"。

哲学是文化的最高表现。中国哲学界现有三大主要研究领域：马克思主义哲学（简称"马哲"）、中国哲学（简称"中哲"）和西方哲学（简称"西哲"）。如上所论，"马哲"被国家以法典的形式定为"国家政治信仰"，而"中哲"和"西哲"并非"国家政治信仰"，如果有人想把"中哲"和"西哲"变成"国家政治信仰"，那便构成对现有的"国家政治信仰"的挑战。在我看来，"中哲"和"西哲"属于"人文信仰"。两者皆有宽广的发展空间。而在未来的发展中，"政治信仰"与"人文信仰"并不天然构成矛盾和对抗，两者可能而且应该互补共赢。

现在的问题是，由于人们对信仰问题认识不清，因而对"政治信仰"与"人文信仰"加以混淆，引起思想冲突，并由此产生心理纠结。在我看来，对于某种"文化"的热爱，本是人们的自由。热爱中国文化，可能会产生中国式的"人文信仰"；热爱西方文化，可能会产生西方式的"人文信仰"。从学理上而言，这都无可厚非。但在实际的现实生活中，两种"人文信仰"都感到有一种压迫感。例如：单讲中国传统文化，可能会被视为"复古"；不讲中国传统文化，又可能会被视为"弃古"。单讲西方文化，可能会被视为"崇洋"；不讲西方文化，又可能会被视为"排外"。那最好的办法是什么呢？就是在社会上赋予它们各自合适的位置。

"政治信仰"引领"政治生活"。但人类并不全是"政治生活"，还有"家庭生活"和社会方方面面的交往活动。后者需要"人文信仰"来引领。"政治信仰"不能取代"人文信仰"，来引领"家庭生活"和社会方方面面的交往活动，那样做是有些可悲也可笑的，是不能为人民群众所接受的。以"横眉冷对千夫指"的鲁迅来说，他的"政治信仰"是坚定的。但他在家庭中对待妻儿，在社会中对待朋友，都体现传统"人文信仰"的精神，他在《答客诮》一诗中写道："无情未必真豪杰，怜子如何不丈夫？"这便是他的家庭生活温情一面的写照。

有鉴于中国文化的传统价值观还在广大民众中默默延续，我们就应该承认这样的事实,把中国人的"人文信仰"堂皇正大地讲出来。

至于"西方文化"的价值观,也有许多好东西。譬如平等、民主、自由、法治等价值,虽然在中国传统文化中也有其因素,但在西方文化中显现得更为突出。这些价值理念为中国进步人士所欢迎,人们为之进行了近百年的奋斗,直到近年这些先进思想也被纳入了二十四字核心价值观中。

三 一段往事的回顾

说到这里,我想提及我自己的一段往事。1978 年我考入中国社会科学院研究生院。这一年中国正好实行"改革开放"政策,当年中国人均 GDP 是 156 美元。到了 2004 年,中国人均 GDP 是 1269 美元。中国经济发展步入了快车道。国际社会有一个经验,当一个国家或地区人均 GDP 超过 3000 美元,即人们走向富裕之时,精神需求也随之发生变化。这个时期很可能会爆发"信仰危机"。例如,新加坡在 20 世纪 70 年代末 80 年代初人均 GDP 上升到了 3000 美元以上,随即社会发生"信仰危机",李光耀为此提出"亚洲价值观"来应对。

我当时是社科院历史所中国思想史研究室主任。对这一国际社会经验比较敏感,对于中国社会不久可能爆发"信仰危机"有一种隐忧。为此我在这年精心写了一篇文章:《准备打好"人文信仰"领域的争夺战》。15 年后我重读这篇旧文,不胜唏嘘。今撮其大要,录之于下:

(一)问题的提出。从世界范围看,在科学昌明之前,人们相信上帝鬼神的存在多半由于无知;而在科学大行其道的今天,人们又倾心于宗教教义,多半是寻找精神寄托。……我们预计,在中国不久的将来,当人们基本的物质生活得到满足后,会有个性化的精神生活的要求,在精神"信仰"领域中可能会突然"爆发"宗教信仰日趋活跃的现象。因此,我们现在就应该未雨绸缪,为将来"人文信仰"领域的争夺战做好准备。

（二）当代中国人的"信仰"动态。中国在20世纪六七十年代的"文化大革命"运动中，强调文化意识形态领域里的阶级斗争，把政治信仰放在压倒一切的地位，提出与传统文化彻底决裂，以政治信仰取代人文信仰。在那时，人文信仰可以说完全没有地位。这种极左的错误政策，使得中国社会在政治、经济、文化教育等方面陷入了空前的危机。

中国共产党十一届三中全会实行"改革开放"政策之后，社会在经济、政治、文化诸方面发生了巨大的变化。从政治信仰方面说，马克思主义作为中国共产党的立党之本和法理基础没有变化；自"改革开放"政策实施之后，宗教信仰自由得到国家法律的确实保护。但现代中国社会除了一部分族群和个人信奉佛教、伊斯兰教、基督教等宗教之外，大部分中国人没有宗教信仰。

这些中国人真的什么"信仰"都没有吗？当然也不是。他们除了有其政治信仰之外，也有其人文信仰，其人文信仰主要体现在日常生活中，即体现在如何对待父母、亲人、朋友，如何对待集体、民族、国家问题上的"做人之道"和"价值理念"。他们的"做人之道"和"价值理念"在很大程度上受到传统文化特别是儒家文化潜移默化的影响，因而成为一种内在的、隐性的"信仰"，它虽然经历了无数次政治批判运动，依然传承不衰。

以上所说的中国人的"信仰"状况，只是一般的情形。这里需要特别指出的是，二十多年来中国社会一直处于一种"转型期"。在转型期之前，中国全面实行公有制的所有制形式，全国人民都被编制在全民所有制与集体所有制的经济体中，那时人们的经济生活水平虽然很低，但较为平均，人们的思想也较单纯，因此，以政治信仰取代人文信仰有其社会的基础。进入转型期之后，农村实行包产到户，民办企业大量涌现并迅速发展，许多国有企业或转型或倒闭，相当多的工人由企业主人转变为雇佣劳动者，同时社会中还出现了各种各样的自由职业者，如此等等。简言之，社会经济转型，使得许许多多社会集体组织的成员变成相对自由的个人。这种社会的转型，使得人们的物质追求变得现实而具体，使人们的精神追求变得更加多样化。从个人而言，在工作事业与感情生活上难免经历这样那样的失败与挫折；从社会而言，社会转型在带来经济的繁荣与发展的同时，也产生出诸如贫富两极分化、贪贿行为滋生，以及其他种种不公正的社会现象。以上种种情况引发相当普遍的心态失衡、信仰失落的精神性问题。预计在今后的若干年中，这些情况还会大量存在，而这正是许多人寻求精神寄托的社会心理基础。另外，从积极的方面说，成功的人士也会有个性化的精神追求。由于"改革开放"政策的实施，国际间文化交流的日趋频繁，国内文化思想政策的相对自由宽松，因而人们在人文信仰的取向上，也增加了许多选择的面向。

（三）儒学能否通过现代转化成为两岸中国人新的思想利器？1974年，国学大师钱穆先生在台湾开始讲授《经学大要》，他说："我们台湾怎么样呢？台湾是中国人的，将来要归并给中国大陆，还是此地仍是中华民国，这是我们中国人自己的事。可是要独立成为台湾国，则是另一件事了。你要做中国人有三千年、四千年的生命，你做台湾人，你的生命只从今天开始，只是世界上的一个婴孩，不能独立于天地之间。做一个中国人，或做一个台湾人，在人中间的价值是不相等的。"又说："我们不能不承认自己的民族、自己的历史有一个传统；否认了民族的历史传统，所谓民族精神就没有了。……中国人不要中国了，中国民族这样大，占了全世界五分之一的人口，我们用什么办法来维持这么庞大的中国民族呢？"钱穆先生的话对两岸的中国人来说都富有启迪性。

儒学是中国传统文化的主干，我们现在所要知道的是，传统儒学的文化资源是否已经完全枯竭？它有无可能通过创造性的现代转化，成为沟通两岸中国人心灵、共同面向世界未来的一种新的思想利器？

与佛教、道教、基督教、伊斯兰教等世界各大宗教相比，儒学具有鲜明的人文主义色彩。在两千多年的发展过程中，它几乎包容囊括了中国哲人学者所有的思想创造与智能，在近代西方科学文化产生之前，它可以说是世界最先进的思想文化体系。而即使在现代，就一种"信仰"体系而言，由于儒学一直是贴近中国民众日常生活的，并且从其整体发展上是反神学的，因此它比其他宗教体系具有更多的合理性。它的唯一缺憾是没有实现与完成近现代创造性的改造与转型。这个工作从现在开始努力来做，也许还不算晚。下面略谈几个儒学的价值理念及其现代意义。

1. 作为儒学核心"价值理念"的"孝道"及其现代意义。"孝道"作为中国文化的"核心价值"，它实际已经进入了"信仰"的层面，中国人普遍认为，对于父母尽"孝道"是天经地义的，不这样做，良心便会感到不安。

时代在发展，社会在进化，现代中国人对传统儒学的价值观常常会提出质疑，但对传统儒学的孝道观念，却情有独钟，奉行不渝。由此亦可见传统儒学的一些重要价值在现代社会仍然具有很强的生命力。现在，中国正在进入老龄化社会，倡导中国文化中的优良的"孝道"传统，对于减低人口老龄化对社会的负面影响具有重要的作用。现代西方老年人的晚年生活大多显得孤独与寂寞，他们之中对中国人的孝道有所了解的人，都表现出对中国传统道德的羡慕之情。从这个意义上讲，中国传统文化的"孝道"理念，绝不是封建的落后文化，而是至今仍有其合理性与生命力的"先进文化"。

2. 有关"炎黄子孙"的历史文化意涵。最近台湾亲民党主席宋楚瑜访问大陆，首站到陕西祭祀黄帝陵，并一路强调"炎黄子孙不忘本，两岸兄弟一家亲"，大陆同胞对宋楚瑜的心灵沟通方式虽然心知其意，但关于炎帝、黄帝历史文化意涵的认识却有相当的落差。而把这个问题搞乱的是20世纪二三十年代风行全国的疑古思潮，其代表人物是著名历史学家顾颉刚。顾颉刚曾在一封给朋友的信中提出一个假设，叫作"层累地造成的中国古史"，他认为，中国上古史的人物多是后人编造出来的，越是兴起得晚，越是排在前面，如他认为有关黄帝事迹的传说是战国时期才兴起的,等等。在当时疑古思潮弥漫于学术界的氛围中,这个假说不胫而走,一下子征服了学术界,以为揭示了千古之秘。

其实此说大谬不然。有关黄帝的传说已经记载于《逸周书·尝麦》篇中,此篇当是西周人的作品无疑。而孔子弟子所传《五帝德》《帝系姓》收于《大戴礼记》中,司马迁根据这些资料,并亲自走访炎帝、黄帝、尧、舜故地,对保留于当地的历史传说加以搜集、整理才写出《史记·五帝本纪》。

在各民族文明史中,大都有一个由口述历史到成文历史的过程。传说并不等同于神话。据古文字学家的考证,"帝"是一个象形字,其义是包孕种子的花"蒂",亦即子房。炎帝、黄帝时代是一个缔结部落联盟的时代。缔结部落联盟的理念便是认为大家同出一源,犹如众籽同出一植物之子房。炎帝、黄帝是当时的两个大的中心氏族,后来融合为一。在这样一种归"根"结"蒂"的大联盟中,主盟者便被尊为蒂,即"帝"。所以帝、蒂、缔数字本为一义。上古时代中国人在幅员广大的地区间组织社会的奥秘,就在于通过强调同本同根的民族同一性的理念,来增强华夏地区各部族之间政治团结的感情。这也可以解释数千年来华夏民族的凝聚力之所在。

3. 关于儒家"大一统"思想意涵的正确诠释。前些年,学术界中一些学者对儒学思想不分青红皂白,胡批乱批,如批判所谓的"大一统的封建专制主义"便是突出的一例。封建专制主义固应批判,而连带"大一统"的国家观念也一起批判就欠妥当了。在《春秋》公羊学中,"大一统"的"大"字是一个动词,是尊大、尊重之意,"大一统"的意思就是重视国家的统一。难道我们不应该重视国家的统一吗?在这方面,倒是国外的有识之士看得更清楚。早在1972—1973年,英国著名历史学家汤因比说:"就中国人来说,几千年来,比世界任何民族都成功地把几亿民众,从政治文化上团结起来。他们显示出这种在政治、文化上统一的本领,具有无与伦比的成功经验。这样的统一正是今天世界的绝对要求。

中国人和东亚各民族合作,在被人们认为是不可缺少和不可避免的人类统一过程中,可能要发挥主导作用,其理由就在这里。"① 实际上汤因比所看重的正是蕴含在中国儒家"大一统"思想中的政治智能,这种智能不值得我们认真加以学习和汲取么?

4. 关于"协和万邦"的邦交关系原则。"协和万邦"是中国文化整体和谐观的表现,是中国文化的一贯的精神和传统。在我们看来,"协和万邦"思想对于今天我们处理世界各国的邦交关系仍有很强的现实指导意义,并且它与20世纪80年代出现的崭新的人权理念有彼此呼应的关系。

美国斯蒂芬·P. 马克斯在20世纪80年代发表《正在出现的人权》,他批评现在世界所有的有关人权问题的宣言和公约在民族与民族、国家与国家之间皆未能有所规范,这其中实际依然存在着对人权的大规模的、公然侵犯的现象,如各种形式的种族歧视、殖民主义、外国统治、对国家主权和民族统一及领土完整的侵略和威胁等。所以从20世纪80年代起,一些国际人权学者呼吁制定新的第三代的人权法则,并称其为"团结权",以促进所有民族和国家之间建立国际合作与团结的政治责任。这种合作与团结在和平、发展、生态平衡、交往等方面具有全球性考虑的性质。而中国文化所讲的"协和万邦"思想正可作为第三代人权的基本准则。

以上所举儒学价值理念及其现代意义的几个例证,说明儒学中具有许多合理性的文化思想资源。在未来可能出现的"人文信仰"领域的争夺战中,儒学对于团结华夏儿女应该继续起文化纽带的作用。

(四)加强人文科学研究,强调两个传统的结合。我国历史文化悠久,可以称得上人文学的"超级大国",我们有什么理由不对这些宝贵的

---

① [日]池田大作、[英]阿·汤因比:《展望二十一世纪——汤因比与池田大作对话录》,荀春生、朱继征、陈国梁译,中国国际文化出版公司1985年版,第283—284页。

文化资源加以重视和开发利用呢？有鉴于此，我们主张积极开展人文科学的研究，并把儒学作为人文科学的重要研究对象。

在对待传统文化问题上，我们要防止和克服"左"的与"右"的两种错误倾向：一是强调近现代的革命传统，而把传统文化说成漆黑一团；二是强调弘扬优秀传统文化，而把近现代革命传统看作"弯路"。这两种倾向虽然相反，但却犯了一个同样的错误，即把古代优秀文化传统与近现代的革命传统加以绝对化，并将两者对立起来。因此我们主张将两个传统结合起来。两个传统，两个财富，都值得我们继承和发扬。

以上摘录了我那篇旧文的主要内容。15年前我谈到的人文信仰的观点，今天我仍然坚持。而"信仰危机"的问题在这个15年期间果然出现了。

人文信仰争夺战的焦点集中在价值观的认同和选择上。我那篇旧文中谈了几个中国传统文化的核心价值观，如"孝道""大一统""协和万邦"等，我是将之作为中国文化的"软实力"提出的。这样一种深藏于人民中间，特别是深藏于乡村人民中间内在的、隐性的"信仰"，在商品经济大潮的冲击之下，也出现了迷失和动摇。是的，商品经济大潮对于传统文化的冲击，甚至比"文化大革命"对传统文化那种疾风暴雨式的冲击还要大。

但是，面对商品经济大潮对于人们既有的"人文信仰"的冲击，中国的民间社会做出了自觉的抵制和抗衡。那就是从民间社会发起的"传统文化热"和"国学热"。是的，"传统文化热"和"国学热"不是由学术界发起的，而是由民间社会发起的。而"传统文化"和"国学"之所以会"热"，是因为"传统文化"自20世纪"五四新文化运动"之后，特别是"文化大革命"之中受到空前的冷落，几乎到了被完全抛弃的地步，现在的这种"热"是把那些曾经被当作垃圾的东西再作为"宝贝"请回来。这样的一些做法被一些人视为"复古"，是很看不惯的。但是，历史正在由人民来书写。

四 "价值观"问题的突出

人们想用中国传统文化重建"人文信仰",而"人文信仰"的核心问题,即价值观问题,便受到特别的重视。中国学术原来很少提到"价值观"问题,现在各种版本的《中国哲学史》《中国思想史》著作都很少提到"价值观"问题,那为什么现在却大讲特讲"价值观"呢?是因为中国经济转型期所带来的社会变动,使人们的思想发生了巨大变化,即人们通常所说的"信仰迷失""价值困惑"。因而"信仰"和"价值观"问题便成为近年最为重要而亟须讨论解决的问题。

关于"价值观"的理论,由于近几十年才刚刚兴起,学术界对它的研究还不够充分。"价值"原本是经济学概念,后来学者将之转用于伦理学中,讲的是"道德"价值,其中隐含经济价值与道德价值哪一种更有价值的比较。中国古代并没有"价值观"理论,甚至没有与"价值观"相接近、相类似的概念。为什么?价值观与其说是显性的,不如说是隐性的。人们在社会生活中不知不觉、潜移默化地形成了某种观念,确定什么是好的、什么是具有重要性的,应该怎样去做,去实现已经确定的奋斗目标,而这一切都以潜在意识和心理活动存在着。人们不会说:"我的价值观想要我做什么。"因为人们甚至意识不到它。而这正是《周易》所说的"百姓日用而不知",或者如西方现代心理学家荣格所说的"集体无意识"。

虽然它属于"百姓日用而不知"或"集体无意识",但它是真实存在的。作为一个民族的价值观是在长期的社会习俗和生活习惯中养成的。其中一些好的理念被那些仁智的圣贤发现,加以概括和提炼,使之彰显,并加以倡导,这也正是《周易》所说的"仁者见之谓之仁,智者见之谓之智"。这样的一些内容,被今日学者总结出来,称为"价值观"。

价值观的确立,自内出者易,自外入者难。自内出者,是其本来就

补论

有的。自外入者,是其本来所没有的。中华文化经典中本来有一套核心价值观。如本书所论,这些核心价值观是:(一)"民本"思想;(二)"德治"思想;(三)"修身"思想;(四)"孝道"思想;(五)"仁爱"思想;(六)"中和"思想;(七)"诚信"思想;(八)"大一统"的国家观念;(九)"天人合一"理念;(十)"协和万邦"理念;等等。

为了应对当代的"信仰"迷失、"价值"失落,2012年党的"十八大"提出了二十四字"社会主义核心价值观":"富强、民主、文明、和谐、自由、平等、公正、法治、爱国、敬业、诚信、友善。"这二十四字实际是十二个文化方面。这是一种提纲挈领的做法,十二个文化方面的背后,连着一套文化思想体系。习近平总书记特别强调:"培育和弘扬社会主义核心价值观,必须立足中华优秀传统文化。"[①]

中华传统文化的核心价值观与近年中国提出的"社会主义核心价值观"是一种什么关系呢?我认为是一种继承发展的关系。中国传统的核心价值观相比于"社会主义核心价值观",同中有异,异中有同。可以求同存异,相辅相成,共成其大。自其默契相通、互补递进的关系而言,"民主"思想是"民本"思想的高级形态,"法治"思想比"德治"思想更为有效,"爱国"思想包含了"统一"观念,"和谐"思想包含了"中和""天人合一""协和万邦"思想等。当然,其中也有不能相互包含的部分。中华传统文化的核心价值观的一些内容如"孝道"等,虽然显得有些"陈旧",但却在切实地"践行";"社会主义核心价值观"一些内容如"自由"等,虽然显得很"时尚",但却在培育过程中。

一个民族的价值观,是在历史中形成的。一种延续存在两千年的中华文化核心价值观,具有强大的内在力量,风云变幻、山崩地裂,也不曾动摇它;即使声称"与传统彻底决裂"的"文化大革命"也未能消解

[①] 习近平:《培育和弘扬社会主义核心价值观》,《习近平谈治国理政》(第一卷),北京外文出版社2014年版,第163—164页。

它。这使我们认识到：一个民族的核心价值观，需要通过长期历史的考察，那些亘古不变的元素，说明了这个民族的性格，乃至天性。但不是说，它是不能进步和发展的。所有的进步和发展都须立足于它。正因为如此，那种在历史中形成，已经成为民族文化心理的核心价值观特别值得我们珍视。

五 重建共同的"人文信仰"

在中国两千多年的历史中，居于主流思想文化地位的儒学影响面极广，影响度极深。过去有学者将儒学分为"庙堂（官方）儒学"和"平民儒学"。这是从信仰者的身份来区分的。前者强化"君权"，官方的意识形态很浓，如明太祖、清康熙皇帝、李光地等人为其代表，后者秉持孟子"民贵君轻"的思想，如明代泰州学派，清代黄宗羲、唐甄等人为其代表。若对之进行"信仰"分类，前者属于"政治信仰"，后者属于"人文信仰"。而当民国时期儒学退出思想统治地位之后，整个儒学就只具有"人文信仰"的地位，不再具有"政治信仰"的地位。从价值观的角度说，中华民族的核心价值观主要体现在儒家经典中。职此之故，我们所说的"重建共同的'人文信仰'"，主要是就儒学而说的。因为只有儒学这种历史底蕴才有可能成为"民族人文信仰"。之所以要讲"重建"，是因为自从20世纪初"废除尊孔读经""打倒孔家店"以来，直至"文化大革命"对孔子、儒学的"批倒批臭"，儒学已经被批得七零八落，就连"人文信仰"的地位也岌岌可危。而要解决中国目前的"信仰迷失""价值困惑"，除了坚持马克思主义的"政治信仰"之外，还要以儒家经学为平台，重建共同的"民族人文信仰"。

在新中国历届领导人中，习近平总书记关于传统文化的讲话最多，评价也最高。如他说："中国传统文化博大精深，学习和掌握其中的各种

补论

思想精华，对树立正确的世界观、人生观、价值观很有益处。"[1] 以前的讲法一般是：学习马克思主义的科学真理，可以改造我们的思想，树立正确的世界观、人生观与价值观。习总书记提出学习和掌握传统文化中的各种思想精华，"对树立正确的世界观、人生观、价值观很有益处"。将学习传统文化的重要性提到了前所未有的高度。

又如，以前我们通常讲"道路自信、理论自信、制度自信"。但习近平总书记又在这"三个自信"之外，加上了"文化自信"。2016年5月17日，习近平总书记在哲学社会科学工作座谈会上指出："我们说要坚定中国特色社会主义道路自信、理论自信、制度自信，说到底是要坚定文化自信。文化自信是更基本、更深沉、更持久的力量。"[2] "道路自信"的"道路"指的是"有中国特色的社会主义道路"。"理论自信"的"理论"是指马克思主义理论、毛泽东思想、邓小平理论、"三个代表"重要思想、科学发展观和习近平新时代中国特色社会主义思想。"制度自信"的"制度"是指有中国特色的社会主义制度。而在此之外，又加上"文化自信"。这个"文化"又是指什么？是指5000年"中华文化"。

五四运动以后，"科学"和"民主"被当作了文化优劣与否的最终衡量标准。凡是具有"科学"和"民主"精神的便是先进的"新文化"，凡是不具有"科学"和"民主"精神的便是落后的"旧文化"。在这个标准下，中国"五四"以前的文化，几乎都被贴上了落后的"旧文化""奴隶主文化""封建文化""专制文化"等标签，所谓"不破不立"，在"破旧立新"思想指导下，传统文化必在扫清、根除之列。

文化本来具有多重功能，诸如历史经验传递、社会道德教化、价值观念整合、审美情趣犀通、人格精神培育、民族凝聚力生成等，都是文化所具有的功能。没有民族文化，就没有民族的认同感和归属感，而中

---

[1] 习近平：《在中央党校建校80周年庆祝大会暨2013年春季学期开学典礼上的讲话》，《人民日报》2013年3月3日第2版。

[2] 习近平：《在哲学社会科学工作座谈会上的讲话》，《人民日报》2016年5月18日第1版。

华文化，乃是亿万炎黄子孙的精神家园。应该承认，"科学"和"民主"是引领中国走向现代化的必由之路。但若抽离中华文化的其他内涵，光有"科学"和"民主"，那中华民族便会成为无"根"无"魂"的民族，中国也便不成其为中国。

几十年来，在对待传统文化上，大约有两种态度和观点。一种态度和观点被称为"文化批判主义"，这是以西方文化为本位，以"科学"和"民主"为不二法宝，视数千年中国文化为沉重包袱、为历史垃圾而不屑一顾，将传统文化完全等同于专制主义文化。一种态度和观点被称为"文化保守主义"（或"文化守成主义"），这是以中国文化为本位，主张只有在继承和弘扬中国固有文化的基础上，吸收西方文化之优长，才能立足于世界民族之林。前者指责后者不能彻底抛弃传统的专制文化，后者指责前者必欲摧毁传统文化而以西方文化取代之。这两种对待传统文化的态度和观点目前尚不能完全沟通。

在我看来，"文化批判主义"更多的是看到传统文化中的负面的、糟粕性的东西；而"文化保守主义"更多的是看到传统文化中的正面的、优秀的东西。实际上，传统文化中既有正面的、优秀的东西，也有负面的、糟粕性的东西。如果我们只看到其中的一个方面，显然是不全面的。我们用中医理论打个比方，中医理论认为，在"攻除病邪"的同时，要注意"扶元固本"，不伤正气。如果只讲"攻除病邪"，不讲"扶元固本"，会把人治死的。即使"攻除病邪"也只做到八分，剩下二分由自己的正气（免疫系统）来慢慢克服。如果把"批判"和"弘扬"看作是对待传统文化的两种手段，那"弘扬"好比是"扶元固本"，"批判"好比是"攻除病邪"。在过去的一百多年里，人们对于传统文化的批判已经够多了，中国差不多是世界上讲"批判"最多最滥的国度，"批判"真的需要天天挂在嘴上、写在纸上吗？并不需要。在我看来正确的批判态度应该是"选择"，"选择"不言"批判"，而"批判"自在其中。譬如我们"吃鱼"，"吃鱼"选择的是吸收鱼肉，不是选择吸收鱼刺和鱼骨，在吃鱼的实际过程中，鱼刺和鱼骨被顺便吐弃，即被"批判"掉了。如果你天天对着鱼刺和鱼骨喊叫"批判"，忘记了吃鱼肉，那是正确的态度吗？对此，"文化批判主义"者应该反思！

我曾经问过杜维明先生："有人把你的学术归为'文化保守主义'，你愿意接受这个头衔吗？"他回答说："绝对不愿意。"我又问："如果把你的学术归为'人文主义'，你愿意接受吗？"他说："我愿意接受。"我很欣赏杜维明先生这种态度。在中国的语汇中，"保守"或"守成"都有一种不思进取的消极意味。这对于主张尊重和守护民族文化的人来说，当然是不愿意接受的。因为对于中国传统文化的尊重和守护，并不意味就是保守或守成。文化是要发展的、与时俱进的。但文化的发展进步只能植根于自己的文化基础上。这就要求对待自己民族的文化有充分的自信。

在19世纪中期以前的中国人是充满文化自信的，自19世纪中期以后中国人开始对自己的文化不自信了，在此后各时期这种文化不自信的程度虽然有所不同，但一直没有完全消除。习近平总书记近年提出"文化自信"，虽然只有短短四字，却在中国近现代史上具有特殊的、标志性意义。我们现在讲"文化自信"，既与19世纪以前中国人的文化自信有所不同，也不意味要否定近百年来向西方学习科学和民主的过程，而是强调在向西方文化学习之时，不能失掉中国文化的主体意识。

在当代中国，非常重要的三个"自信"，要建立在对中华文化"自信"的基础上。其中的道理，就像前文所说，"国家政治信仰"与"民族人文信仰"的关系，犹如"山"和"地"的关系。"国家政治信仰"虽然有"居高临下、统摄全局"的指导性意义，但又必须附托在"民族人文信仰"之上。

如上所述，习总书记将学习传统文化提到帮助人们树立正确的世界观、人生观、价值观的高度，将对中华文化的"自信"作为马克思主义指导的发展道路、思想理论、社会制度的"基础"，我们怎样来评估这一思想的重要性呢？在我看来，习近平总书记已经把中华文化作为了"人文信仰"来对待。

最后再回到"新经学"的话题上来。这里有两个问题：一是我们今天讲"新经学"，出于社会何种需要，换言之，今天这个时代为何需要"新经学"。在我看来，传统经学中的核心价值观对于今日而言，仍有其重要的价值。譬如，"大一统"可以说是中华民族重要的核心价值。而要维护国家的统一，中华民族就要有共同的人文信仰。而"新经学"正是重建共同人文信仰的思想平台。

二是中国经典文化中的智慧是否真能解决我们现实中遇到的困难。我记得2004年到北京光华经济管理学院讲"《周易》关于境遇与境界的智慧"，在座的学员都是EMBA，各大公司的高管，他们听后群情亢奋。他们对我说西方MBA那一套他们都已熟悉，但在中国却不太行得通。他们缺的是中国式的智慧。还有一位特地从台湾赶来听课的公司老总，课后对我说"不虚此行，远超预期"。我虽然并不懂企业管理，但我讲的中国式智慧，他们感到特别有用。

"新经学"的理念虽然是由少数人提出来的，但"新经学"的建设却是大家的事情。白居易的诗句说："离离原上草，一岁一枯荣。野火烧不尽，春风吹又生。"中国经学正好比那有枯有荣的原上之草，迎着吹来的春风。那春风就是民众对传统文化的回归性需求。

谢谢大家有耐心读完这部小书。